"十四五"高职院校财经精品系列教材

经济学原理

JINGJIXUE YUANLI

主 编／骆 俊 汪 飙

副主编／鲁 艳 程小玲

产教融合　　校企合作

工学结合　　知行合一

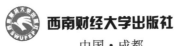
西南财经大学出版社

中国·成都

图书在版编目(CIP)数据

经济学原理/骆俊,汪飙主编;鲁艳,程小玲副主编.—成都:西南
财经大学出版社,2022.12
ISBN 978-7-5504-5646-4

Ⅰ.①经…　Ⅱ.①骆…②汪…③鲁…④程…　Ⅲ.①经济学—高等
职业教育—教材　Ⅳ.①F0

中国版本图书馆 CIP 数据核字(2022)第 224840 号

经济学原理

主　　编:骆　俊　汪　飙

副主编:鲁　艳　程小玲

责任编辑:雷　静

责任校对:高小田

封面设计:墨创文化

责任印制:朱曼丽

出版发行	西南财经大学出版社(四川省成都市光华村街55号)
网　　址	http://cbs.swufe.edu.cn
电子邮件	bookcj@swufe.edu.cn
邮政编码	610074
电　　话	028-87353785
照　　排	四川胜翔数码印务设计有限公司
印　　刷	郫县犀浦印刷厂
成品尺寸	185 mm×260 mm
印　　张	15
字　　数	328 千字
版　　次	2022 年 12 月第 1 版
印　　次	2022 年 12 月第 1 次印刷
印　　数	1— 2000 册
书　　号	ISBN 978-7-5504-5646-4
定　　价	39.80 元

Q 前言
QIANYAN

目前，有关经济学的教材版本非常多。特别是近年来，随着国家大力发展高职教育，一批专门为高职高专学生编写的经济学教材应运而生。但是这些高职高专经济学教材有一些基本相同的不足。第一，不太符合高职高专教育特色。高职经济学教材的体系大多沿用了传统本科教材《西方经济学》的体系，这些教材基本上是本科教材的压缩版，理论偏深，实践性内容严重不足。第二，教材编写体例陈旧。高职经济学教材大多数沿用传统的章节编排方式，实操类练习题或案例分析题很少。第三，实践性不强。在教材编写过程中没有真正做到校企合编，产学研结合，与高职高专设置的要求，即紧密联系生产、服务管理一线不相适应。

为此，我们在新编教材中严格遵守高职高专教材编写要求，大胆创新编写模式，将理论知识紧密联系实际。我们的新编经济学教材充分考虑高职学生的认知特点，采用任务驱动和案例导入的方式编写。本教材的编写模式顺应了高职教材建设的需求。

经济学原理是高职院校经济管理类专业基础课程，重在培养学生在实践中对经济学原理的理解和运用能力。"以项目为导向，以任务为驱动"的编写体系正好可以解决"目前高职高专经济学教材难以提高学生知识的实践运用能力"的问题，让老师们能在教学实施过程中，很好地将理论和实践相结合，利用具体任务在"教""学""练"中帮助学生达到教学目标，使学生通过本课程的学习掌握经济学的基本思维方式，以体现高职应用型人才的培养要求。

本教材包括 11 个项目 34 个任务。项目一~项目八为微观经济学的内容，主要介绍走进经济学、无形的手、花钱的诀窍、盈利的秘密、付出的成本、竞争和垄断、收入分配的奥秘、市场失灵；项目九~项目十一为宏观经济学的内容，主要介绍推开宏观经济之窗、认识失业与通货膨胀、逆向行事的宏观调控。本教材所有内容都是由湖北财税职业学院的骨干教师参与讨论和编写的，其中项目一~项目四由骆俊老师编写，项目五~项目八由汪飙老师编写，项目九由程小玲老师编写，项目十~项目十一由鲁艳老师编写。

本教材特色与创新主要有以下三方面。

（1）精选教学内容，重构编排体系，符合高职学生认知特点。

第一，精选内容，化解难点，降低难度，删除了以往教材中一些较难且与现实联系不紧密的经济学知识和一些繁琐的经济学理论推导，用了大量的图形和表格来直观说明，编写做到通俗易懂，适应高职学生的认知水平和特点。

第二，重构编排体系，变"章、节"为"项目、任务"。本教材在每个项目中都有案例导入，每个项目有多个任务，在每个任务上采用"任务描述"提出问题，然后通过"任务精讲"来讲述每个任务对应的经济学知识点，最后通过课堂提问和与学生讨论任务，来解决"任务描述"中提到的问题，这样的体系更符合学生的认知规律，具有很强的实用性。另外，为了推进课程思政教学方法和教学手段的改革创新，本教材通过"思政园地"中的资料，深入发掘经济学课程的思政元素，重构教学内容。

（2）新增多个环节，强化思维能力，提高学习兴趣。

为培养学生和思维能力，提高其学习兴趣，扩大其知识面，我们在原有教材基础上加入了大量的"小案例""小知识"等环节。本教材本着"提高学生学习兴趣，让学生学到实用且必要的经济学理论"的宗旨来编写。

（3）案例导入，融理论于实际，内容更有实用性和针对性。

每个项目采用案例导入到任务，每个任务穿插了大量经典案例，案例均来自历史上重要的经济学事件，或身边普通的经济学现象，或是企业中的经济学问题，有很强的针对性和现实意义。这些案例的学习有助于加深学生对经济理论的认识和理解，提高他们的学习兴趣。

本教材在编写的过程中借鉴了目前已出版的国内外西方经济学方面的优秀教材、专著和相关资料，引用了一些相关的内容和研究成果，在此我们一并表示感谢。由于编者水平有限，加上时间仓促，书中难免有疏漏，敬请批评指正。

编者

2022 年 11 月

M目录
ULU

项目一　走进经济学 ……………………………………………………… (1)

　　任务一　了解经济学的研究对象 ……………………………………… (3)

　　任务二　熟悉经济学的主要内容及其发展 …………………………… (7)

　　任务三　掌握经济学的研究方法 ……………………………………… (13)

项目二　无形的手 ………………………………………………………… (21)

　　任务四　需求理论分析 ………………………………………………… (22)

　　任务五　供给理论分析 ………………………………………………… (27)

　　任务六　均衡价格分析 ………………………………………………… (33)

　　任务七　弹性理论分析 ………………………………………………… (37)

项目三　花钱的诀窍 ……………………………………………………… (46)

　　任务八　认识效用与效用理论 ………………………………………… (47)

　　任务九　学习基数效用论——边际效用分析 ………………………… (49)

　　任务十　学习序数效用论——无差异曲线分析 ……………………… (54)

项目四　盈利的秘密 ……………………………………………………… (71)

　　任务十一　熟悉厂商类型及生产目标 ………………………………… (72)

　　任务十二　生产理论分析 ……………………………………………… (78)

项目五　付出的成本 ……………………………………………………… (88)

　　任务十三　成本理论分析 ……………………………………………… (89)

　　任务十四　厂商收益分析 ……………………………………………… (94)

项目六　竞争和垄断 ……………………………………………………… (102)

　　任务十五　熟悉市场结构及其特点 …………………………………… (103)

　　任务十六　熟悉完全竞争市场 ·· （106）

　　任务十七　熟悉完全垄断市场 ·· （110）

　　任务十八　熟悉垄断竞争市场 ·· （115）

　　任务十九　熟悉寡头垄断市场 ·· （117）

项目七　收入分配的奥秘 ··· （124）

　　任务二十　理解生产要素的需求曲线 ····································· （125）

　　任务二十一　熟悉劳动市场和工资的决定 ······························ （129）

　　任务二十二　熟悉资本市场和利息的决定 ······························ （135）

　　任务二十三　熟悉土地与地租的决定 ····································· （139）

项目八　市场失灵 ··· （149）

　　任务二十四　认识公共物品 ·· （151）

　　任务二十五　认识外部效应 ·· （154）

　　任务二十六　认识垄断与反垄断 ··· （157）

　　任务二十七　认识不完全信息 ·· （161）

项目九　推开宏观经济之窗 ·· （168）

　　任务二十八　了解国民收入核算体系 ····································· （169）

　　任务二十九　熟悉国民经济的流转过程 ·································· （178）

项目十　认识失业与通货膨胀 ··· （187）

　　任务三十　熟悉失业理论 ·· （188）

　　任务三十一　熟悉通货膨胀理论 ··· （194）

项目十一　逆向行事的宏观调控 ·· （206）

　　任务三十二　了解宏观经济政策目标 ····································· （207）

　　任务三十三　熟悉财政政策 ·· （211）

　　任务三十四　熟悉货币政策 ·· （221）

参考文献 ·· （236）

项目一　走进经济学

【学习目标】

思政目标

1. 正确理解"经济人""自私"假设，平衡个人利益与社会利益的关系，树立正确的价值观、人生观。

2. 学习稀缺概念，充分认识"绿水青山就是金山银山"的发展理念。

3. 学习经济制度，以我国高效统筹社会资源抗击新冠肺炎疫情的重大成果为例，阐述社会主义制度的优越性，增强制度自信和道路自信。

4. 学习经济学的基本假设，正确认识西方经济学的困境和我国不断深化经济改革的必要性。

5. 学习经济学的发展进程，了解马克思主义政治经济学的历史地位及当代中国社会主义经济理论的继承与创新。

知识目标

1. 了解经济学的研究对象，了解经济学要解决的基本问题。

2. 熟悉经济学理论的发展历程及其研究的主要内容。

3. 掌握经济学主要研究方法。

能力目标

1. 能运用经济学方法来思考、分析问题。

2. 能正确理解"经济人"假设，摒弃极端个人主义。

3. 能区分实证分析和规范分析。

【案例导入】

我们身边的经济学

《哈姆雷特》里有一句经典台词："生存还是死亡，这是一个问题。"哈姆雷特面临着生存和死亡的选择。在实际生活当中，我们也不得不面对众多的选择，有些时候我们真的是为此一筹莫展。

例如，即将毕业的大学生会面临是工作还是继续深造的两难选择，以及在就业的时候是选择国有企业还是私营企业，深造的话是进入名校还是进入一般高校等问题。

又如，上班族是选择休假还是继续加班呢？家里来了多年未见的朋友，是在家里做饭吃还是到饭店就餐呢？面对如此多的选择，我们究竟该何去何从呢？

在面对如此之多的选择时，只有在学习有关经济学知识之后，利用经济学知识分析每一种选择可能会给我们带来哪些收益或者会让我们受到哪些损失，才能做出更好的选择，促进我们进步。

微观经济学讲的就是个体（包括家庭、企业和单个市场）如何选择的问题，例如，企业扩大产量是通过提高技术还是增加要素投入量呢？消费者是购买普通商品还是高档商品呢？在宏观经济学中也存在这样的问题。国家有钱了，是去消费还是投资呢？国家在同时面对通货膨胀和失业的时候，到底应先解决哪个问题呢？这些都说明在经济学中选择无处不在！

（资料来源：《100个经济学经典案例分析》）

一、经济学是什么？

"经济学"一词在西方具有较广泛的含义，总结起来包括三个方面：

第一，企业、事业管理的经验、方法总结。如企业质量管理分析，强调形成完整的研究体系而非一个具体操作方法，特点是偏重于纯粹的管理技术。

第二，对某一领域专题研究成果。如环境经济学、资源经济学等，特点是仅涉及经济生活中的某一特定领域，技术分析较上一类更少，经济理论成分较上一类更多。

第三，对经济理论的研究。其主要内容为经济理论及根据经济理论指定的经济政策和有关问题的解决途径，包括对经济的历史性研究、经济问题的研究方法论体系、对经济现象的纯理论研究。

这里涉及的主要是纯理论研究中的微观经济学与宏观经济学，并且是占主导地位的。一般来说，我们通常所说的现代西方经济学是指20世纪30年代以来特别是第二次世界大战后在西方经济理论界有重要影响的经济学家的经济学说或基本理论。

二、为什么学习经济学？

第一，学习经济学有助于了解我们生活的世界。有许多经济问题会引起我们的好奇心：为什么市中心的房价高？为什么航空公司往返机票价格更低？为什么明星得到的报酬更高？为什么有时通货膨胀，有时通货紧缩……这些问题恰恰是经济学课程可以回答的问题。

第二，经济学将使我们精明地参与经济生活。在日常生活中，我们要做出许多经济抉择，是升学还是就业？多少收入用于支出，多少用于储蓄，多少用于投资？假如你是一个公司老板，你的产品应收取多高的价格……学习经济学本身不会使我们富有，但它将带给我们一些有助于我们努力致富的手段。

第三，经济学将使我们更加理解经济政策的潜力与局限性。为什么我国要加入世界贸易组织（WTO）？为什么我们要实行再就业政策？这些问题不仅是决策者们要解决的事，也是我们老百姓牵挂的事。

因此，经济学可以运用到生活中的许多方面。无论以后是管理企业者、政府机关职员或者一个普通的消费者，我们都会为学习过经济学而感到欣慰。

任务一　了解经济学的研究对象

【学习目标】

1. 了解欲望和资源的特点，进而了解经济学的含义。
2. 了解经济学要解决的三大基本问题和三种主要经济制度。

任务描述

齐国有个女孩要出嫁，当时有两个人同时来向她求婚。东家的儿子很丑，但是家财万贯；西家的儿子相貌英俊，但是很穷。女孩的父母无法决定选谁，就去问他们的女儿想嫁给谁。女孩不好意思，母亲就对她说："你想嫁哪个人就露出哪边的胳膊吧！"结果女孩露出两个胳膊。母亲奇怪地问她原因，女孩说："我想在东家吃饭，在西家住。"

思考：

这个故事中蕴含了人性什么样的特点？

笔记：

_____

_____

_____

任务精讲

一、经济学的含义

自古以来，人类社会就为经济问题所困扰，生存与发展始终是各个社会所关心的问题。进入21世纪之后，经济失衡、贫富对立、失业、通货膨胀、经济衰退、国际经济冲突等问题，仍然是各国面临的难题。在众多经济问题中，有一个问题始终伴随着人类社会经济生活，这就是人类欲望的无限性与资源相对稀缺之间矛盾的问题。

（一）欲望

欲望，是指人们想得到某种东西或想达到某种目的的要求。人的欲望分为多个层次。

在较低的欲望满足以后，人就会产生新的更高层次的欲望。

人的欲望是无限的，永远无法满足。在没有东西吃的时候想吃的东西，有了吃的东西以后想吃更好吃的山珍海味；在没有衣服穿的时候想穿的衣服，在有了穿的衣服后想华丽的新潮时装；在没房子住的时候想住的房子，有了住的房子以后想住更好的高楼、别墅；在步行的时候想拥有汽车，在有了普通汽车以后想要豪华轿车。正是人的欲望的难以满足性和多层次性，导致了人的欲望的无限性。

【小资料】

欲壑难填

欲壑难填形容人的欲望像山谷一样，无法填满。为了劝诫人们不要有贪欲之心，清朝胡澹庵编辑的《解人颐》中有一首打油诗《南柯一梦西》：

终日奔忙只为饥，方才一饱便思衣；

衣食两般皆俱足，又想娇容美貌妻；

娶得美妻生下子，恨无田地少根基；

买到田园多广阔，出入无船少马骑；

槽头扣了骡和马，叹无官职被人欺；

县丞主簿还嫌小，又要朝中着紫衣；

做了皇帝求仙术，更想登天跨鹤飞；

若要世人心里足，除是南柯一梦西。

（二）资源

人类要生存，社会要发展，资源必不可少。物质资料的生产是人类经济活动的基础。在物质资料的生产过程中，必须具备一些基本的生产要素或经济资源，如劳动者的劳动、劳动对象、劳动资料、经济信息等。这些要素或资源在生产过程中结合起来，生产出满足人们各种需要的产品。

资源是指用于生产满足人类需要的有形产品和无形产品的物品和劳务。资源按其是否可以自由取得，可分为自由资源和经济资源。自由资源是指可以无代价地获得的资源，比如空气、阳光等。经济资源是指必须付出代价才能获得的资源。经济资源包括劳动、土地、资本、企业家才能等。

人类的欲望是无限的，但资源是稀缺的。这里的资源稀缺性也叫资源的有限性，是指相对于人类社会的无穷欲望而言，经济资源或者说生产这些满足需要的物品和劳务的资源总是不足的。

二、经济学的产生——最优选择

既然人的欲望是无限的，而资源是相对稀缺的，那么必须有效地对资源加以利用。这就涉及选择问题。经济学中的"选择"是指如何利用现有的有限的资源去生产最经济实用的物品来有效地满足人类的需要。

经济学上的选择问题包括：对于消费者而言，选择如何配置现有的资金以达到最佳的消费效果或投资效果，选择如何利用有限的时间，选择如何满足自己的欲望，在必要时如何牺牲某种欲望来满足另外一种欲望；对于生产者而言，选择生产什么物品和劳务及各生产多少，选择如何生产，选择为谁生产这些物品和劳务。这是每个消费者和生产者面临的问题，也是经济学需要解决的基本问题。

简单地说，经济学就是一门研究人和社会如何进行选择，如何将有限或稀缺的资源进行合理配置的科学。选择问题是经济学需要解决的基本问题，它主要包括三个方面。

（一）生产什么和生产多少？

由于资源稀缺，而人的欲望无限，就存在人的欲望只能部分地被满足，存在既定资源条件下生产什么、生产多少的问题。有些产品可以被安排生产，有些产品不能被安排生产，这就是生产什么的问题。在被安排生产的产品中，用于生产某种产品的资源多一些，用于生产其他产品的资源就少一些，这就是生产多少的问题。为了欲望满足程度的最大化，就要科学地确定生产项目和生产数量之间的比例关系，以让整个社会经济结构更加合理。

【小案例】

要大炮还是要黄油？

有一个国家由于资源有限，只能生产黄油（代表民生物资）和大炮（代表国防物资）。如果所有资源都生产大炮，就不能生产黄油；如果所有物资都生产黄油，就不能生产大炮。而大炮和黄油对这个国家来说都是不可缺少的：没有大炮，就无法抵御外敌入侵；没有黄油，生活就会困难。所以他们只能既生产大炮，又生产黄油。现在的问题是：他们该用多少资源来生产大炮，多少资源来生产黄油？

"大炮与黄油的矛盾"根源于资源的有限性，生产大炮与黄油需要各种资源（资本、劳动、土地、企业家才能），如果这些资源是无限的，能生产出来的大炮与黄油也是无限的，那么就不会存在大炮与黄油的矛盾了。

事实上，人类社会的资源是有限的，我们不得不去分析各种诸如"大炮与黄油"的选择问题，经济学就是为了解决这样的问题而产生的。

（二）如何生产？

如何生产是指生产既定产品采取何种生产方式。生产同样数量的产品，如果资源用得多一些，技术用得少一些，或资源用得少一些，技术用得多一些，前者就是粗放经营，后者就是集约经营。如果劳动力用得多一些，机器设备（资本）用得少一些，或机器设备（资本）用得多一些，劳动力用得少一些，前者就是资本密集型生产，后者就是劳动密集型生产。采取何种生产方式，取决于人力、物力和技术等多种因素。

经济资源用于生产过程时叫投入，一种投入可以用来生产不同的产品，同一种产品也可以由不同的投入来生产，这就是经济资源用途上的替代性。这就会使生产者面临一种选择，应该如何在各种替代性用途中去分配资源，才能最有效地生产出最优的产品。可以采用不同的设备、不同的材料、不同工种的工人在不同的地方生产等，这里有很多种组合，生产者究竟选择哪种组合、生产多少数量，经济效益才最好？这时又产生了成本和收益的比较。同时，又有多个生产者生产同一产品，对生产者来说又会面临竞争。这些对怎样生产都起着决定性的作用。

（三）为谁生产？

为谁生产是指社会决定生产的产品和劳务如何在社会成员之间进行分配。资源的有限性决定了产出的有限性。产品生产出来，应该先满足谁？后满足谁？应该满足到什么程度？通过什么方式来满足？当产品作为物质内容的财富生产出来，应该如何分配？在市场价格一定的条件下，消费者如何将他的收入在不同的商品之间进行分配？作为消费者的劳动者，其收入又是由什么来决定的……在经济活动中，如何实现产品分配，最终可以归结为凝结于产品中的劳动和生产资料的分配问题。社会必须正确解决这些问题。

三、经济制度

所有的社会和国家都面临资源稀缺性问题，也就是说要选择一定的资源配置与利用的方式。由于历史和现实的原因，不同国家选择的资源配置与利用的方式是不尽相同的。经济资源配置和利用的具体方式就是经济制度（也称经济体制）。根据资源配置和利用方式的不同，我们可以将当前世界各国的经济制度划分为三大类：计划经济（也称命令经济或指令经济）制度、自由放任的市场经济制度和混合经济制度。

（一）计划经济制度

所谓计划，是指社会按照预先确定的目标，运用各种力量和形式调节国民经济运行的过程。无论这种调节以何种力量和形式去实施，只要它是由社会按照预先确定的原则和目标进行的，就可以看作是计划，都属于计划调控的范围。所以，计划和计划调控实际上是一个含义相当广泛的范畴。计划经济制度的基本特征是生产资料归政府所有，一个国家类似一个单一的大公司，政府用计划或指令来解决资源配置和利用问题，经济物品的数量、品种、价格、分配，以及工人的就业与工资水平等均由中央当局的指令性计划来决定，苏联和原东欧社会主义国家的经济制度均属于这种类型。在现实当中，这种制度由于很难解决信息的传递问题和经济主体的激励问题，因而效率不高。大多数实行计划经济的国家自20世纪80年代后期开始了经济体制改革，以实现从计划经济向市场经济的转轨。

（二）自由放任的市场经济制度

自由放任的市场经济制度是指完全没有政府干预，而由企业和个人自主决策和自主行动的市场经济，即完全由市场经济机制安排和决定企业与个人经济行为的一种经济制度。市场的原义是商品交换场所或交换关系的总和，市场调节的实质是通过价值规律、供求关系、竞争机制等作用来配置资源的一种方式。市场经济制度的基本特征是产权明晰，经济决定高度分散。这种经济制度为一只"看不见的手"所指引，资源的配置和利用由自由竞争的市场中的价格机制解决。英国经济学家亚当·斯密在代表作《国富论》一书中指出，在市场经济制度下，即使每个人纯粹追求自身的利益，丝毫不关心别人的利益，也将在市场经济的约束下增进社会的利益。也就是说，我们之所以能够吃到可口的面包，并不是因为面包师的仁慈，而是因为面包师需要追求其自身的利益。当然，在现实社会中，纯粹的自由市场经济国家是不存在的，每个市场经济国家或多或少地都存在着政府干预的情况，也就是下面要讨论的混合经济。

（三）混合经济制度

混合经济制度的基本特征是生产资料的私人所有和国家所有相结合，自由竞争和政府干预相结合，因而也是垄断和竞争相混合的制度。所谓混合经济，是指既有市场调节，又有政府干预的经济制度。在这种制度下，市场机制和政府干预互相协调，取长补短，能够较好地解决资源配置和资源利用问题。当今世界上经济比较发达的国家，如美国、日本和欧盟国家等都采用了这种经济制度，我国经济体制改革的目标也是朝着这个方向进行的。

任务二　熟悉经济学的主要内容及其发展

【学习目标】

1. 熟悉微观经济学和宏观经济学的内容，知道"看得见的手"和"看不见的手"在经济学中的含义。

2. 了解经济学发展的几个主要阶段，了解经济学产生和发展过程中的关键人物，明白他们对经济学的突出贡献。

任务描述

人类早在几千年前就有了哲学和社会科学，但经济学的历史很短。经济学是200多年前才产生的一门学科，有人戏称经济学是"文科中最老、科学中最新"的学科。

思考：

你怎么看待经济学这门科学呢？

笔记：

任务精讲

一、经济学的主要内容

(一) 微观经济学

1. 微观经济学的基本含义

"微观"的英文是"micro",来源于希腊文,原意是"小"。微观经济学(microeconomics)是以单个经济单位为研究对象,通过研究其经济行为和经济变量,来说明社会资源如何配置的理论。

在理解微观经济学的上述含义时,要注意这样几点:

(1) 研究的对象是单个经济单位,即单个居民(消费者)、单个厂商(企业生产者)的经济行为。

(2) 研究方法是个量分析,即研究经济变量的单项数值是如何决定的。

(3) 解决的问题是资源配置问题,即从研究单个经济单位的最大化行为入手,来解决社会资源的最优配置问题。

(4) 中心理论是价格理论。在市场经济中,单个经济单位的一切经济行为都受价格的支配,价格就像一只看不见的手,调节着社会的经济活动和每个经济单位的经济行为,即通过价格的调节,社会资源配置达到最优化。

2. 微观经济学的基本假设

经济学的研究都是以一定假设为前提的,微观经济学也不例外。其基本假设有三个:

第一,完全理性,即参与经济活动的每一个经济主体都是有意识的和理性的,其经济行为也是理性的,都是按照自身利益最大化的目标来选择自己的行为的。

第二,完全信息,即参与经济活动的个体对自己所必需的信息都能完全、及时地掌握,从而实现其行为的最优化。

第三,市场出清,即假设在资源充分利用的常态下,通过价格可以自由、充分地波动,自发调节社会资源配置,使市场实现充分就业的供求均衡状态。

3. 微观经济学的基本内容

微观经济学的内容十分广泛,主要包括以下几个方面:

第一,需求与供给理论,也叫价格理论,它是微观经济学的核心。

第二,消费者行为理论,即研究消费者如何把有限的收入分配到各种物品的消费上,从而实现效用最大化。

第三,生产者行为理论,即从生产要素和生产函数入手,研究生产者如何把有限的资源用于各种物品的生产中,从而实现利润的最大化。

第四,成本理论,即从短期成本和长期成本分析入手,研究生产要素投入与产出之间的关系、成本与收益的关系。

第五，市场结构理论，即从完全竞争市场、完全垄断市场、垄断竞争市场和寡头垄断市场这四种市场类型入手，研究这些市场类型的基本特征、均衡条件及对这四种市场的分析。

第六，市场失灵与政府干预理论，即分析造成市场失灵的垄断、外部效应、公共产品、不完全信息等现象的原因。

（二）宏观经济学

1. 宏观经济学的基本含义

"宏观"的英文为"macro"，来源于希腊文，愿意为"大"。宏观经济学是以整个国民经济为研究对象，通过研究经济总量的决定与变化，来说明资源如何才能得到充分利用的理论。

在理解宏观经济学的上述含义时，要注意以下几点：

（1）研究的是经济总量和经济整体状况。

（2）采取的是总量分析方法。

（3）重点解决资源利用的问题。

（4）中心理论是国民收入决定理论。

2. 宏观经济学的基本假设

宏观经济学的基本假设有两个：

第一，市场机制是不完善的。自从市场经济产生以来，市场经济国家不断发生危机，特别是 20 世纪 30 年代爆发的空前严重的经济危机，使经济学家意识到，单靠市场经济的自动调节，是无法克服危机，无法解决失业问题，无法解决经济滞胀问题，无法避免资源浪费的。仅靠市场机制的作用是不够的，还必须建立政府宏观调控政策，因此，宏观经济学应运而生。

第二，政府有能力进行宏观调控。政府通过观察与研究经济运行的规律，通过行政、经济、法律等手段，通过财政、货币、产业等政策进行宏观调控，纠正市场经济运行过程中出现的偏差。

3. 宏观经济学的基本内容

宏观经济学的基本内容主要包括以下几个方面：

第一，国民收入决定理论。国民收入是衡量一个国家经济资源利用情况和整体国民经济状况的基本指标。国民收入决定理论就是要从总需求和总供给的角度出发，分析国民收入决定及其变动规律。这是宏观经济学的中心问题。

第二，失业通货膨胀理论。失业与通货膨胀是各个国家经济中最主要的问题。宏观经济学把失业与通货膨胀和国民收入联系起来，分析其主要原因及其相互关系，以便找出解决这两个问题的途径。

第三，经济周期与经济增长理论。经济周期是指国民收入的短期波动，经济增长是指国民收入的长期增加趋势。这一理论主要分析国民收入短期波动的原因、长期增长的源泉等问题，以期实现经济长期稳定的发展。

第四，开放经济理论。现实的经济都是开放型的经济。开放经济理论要研究的是一个国家国民收入的决定与变动是如何影响别国及如何受到别国的影响，同时也要分析开放经济下一个国家经济的调节问题。

第五，宏观经济政策。宏观经济学是为国家干预经济服务的，宏观经济学理论要为这种干预提供理论上的依据，而宏观经济政策则要为这种干预提供具体的措施。政策问题包括政策目标，即通过宏观经济政策的调节要达到什么目的；政策工具，即通过什么样的办法来达到那些目的；政策效应，即宏观经济政策对经济的作用。

对宏观经济运行的不同分析，以及由这些分析所得出的不同政策，构成了不同经济学流派的基本内容。

（三）微观经济学和宏观经济学的联系

第一，微观经济学是宏观经济学的基础。

第二，微观经济学和宏观经济学互为补充。

微观经济学和宏观经济学互相把对方所考察的对象作为自己的理论前提，互相把对方的理论前提作为研究的对象。一个国家，不仅有资源配置问题，也有资源利用问题，只有把这两个方面的问题解决了，才能解决整个国家的经济问题。

【小案例】

观一叶可否知秋

微观行为与宏观结果甚至可能是背离的。对此，萨缪尔森在他经典的教科书上曾打过一个精辟的比方。他说，好比在一个电影院看电影，有人被前面的人挡住了视线，如果他站起来的话，他看电影的效果将会改善。因此，站起来就微观而言是合理的。但是，如果大家都站起来的话，则大家看电影的效果都不能得到真正的改善，站着和坐着的效果是一样的，不过是徒然增加了一份"折腾"的成本而已。这个例子足以说明，在微观上合理的事情在宏观上未必合理，在个体是理性的事情在总体上未必理性。

另一个例证是金融危机。当有人发现银行不稳定，他的最佳办法就是将存款取出，以保全自己。但是这样做否能确保全体的安全呢？恰恰相反，如果所有人都这么做的话，金融危机就会发生，个人也将受损。亚洲金融危机就是这样，有人看到本币不稳，纷纷抛售本币，购买外币，其结果是本币一落千丈，从而引发金融危机，全国人民都受损。

我们经常会发现个体最优与集体失败的例子。前边有堵车现象，有的司机看旁边还有一条路，就闯了进去，结果这条路也被堵上，最后到处都堵得严严实实，连清路的交警车也挤不进来。这就是个人最优让集体彻底失败的典型案例。

因此，我们无法从微观现象简单推导出宏观结论。在宏观经济学方面，所谓"观一叶而知秋"的说法是靠不住的。

二、经济学的产生和发展

经济学作为一门社会科学，主要研究人类的行为，尤其是市场体系中人的行为，而市场经济则是随着资本主义生产方式的兴起而产生的，因而在历史上的绝大部分时间里，经济学不是脱离一般社会思想的独立体系，甚至到了 18 世纪晚期，亚当·斯密还把经济学看作是法律学的一个分支。经济学根据不同历史时期的思想与理论的发展特点，可以分为这样几个阶段：前古典经济学、古典经济学、新古典经济学和当代经济学。

（一）前古典经济学

经济学思想最早产生于古希腊思想家的著作中，色诺芬在其《经济论》中第一次提出了经济学这个词，柏拉图和亚里士多德等均在其著作中或多或少地涉及了经济学的一些理论和概念。他们的经济学思想经古代罗马人、早期基督教和欧洲中世纪的经院学派的继承与发展，到了资本主义早期发展阶段时，产生了一个有较大影响的思想流派，即重商主义。

重商主义产生于 15 世纪，终止于 17 世纪中期，其代表人物包括英国人约翰·海尔斯、托马斯·曼，法国人安·德·孟克列钦和德国人让·巴蒂斯特·柯尔培尔等。重商主义体系的基本内容是国家干预主义、贸易顺差和外汇管制。他们认为金银形态的货币是财富的唯一形态，一国增加财富的唯一手段就是发展对外贸易，因此，重商主义非常重视对外贸易。他们主张国家采取各种措施和政策鼓励出口、限制或禁止进口，通过贸易顺差来使一国积累大量财富，同时对外汇进行管制，不让货币外流。

重商主义的这些主张反映了原始积累时期资本主义经济发展的要求。从现在观点来看，他们很多的观点是错误的，同时还没有形成一个完整的经济学理论体系，并且他们的研究领域主要集中于流通领域。因而，这些主张和观点还不能称为真正的经济学，而只能说是处于经济学的早期阶段。

（二）古典经济学

古典经济学从 1776 年开始，至 1870 年结束，是经济学的形成时期。1776 年，英国经济学家亚当·斯密发表其代表作《国民财富的性质和原因的研究》（又称《国富论》），标志着现代经济学的诞生，也宣布了古典经济学派的诞生。古典经济学的其他代表人物主要有大卫·李嘉图、约翰·斯图亚特·穆勒等。

古典经济学的研究中心是如何增加国民财富，与重商主义不同，他们认为财富是物质产品而不仅仅是货币，增加财富的途径是通过增加资本积累和分工来发展生产。在政策主张上，古典经济学主张自由放任，即政府不干预经济。他们认为市场体系中的价格是只"看不见的手"，由其来调节经济，可以把个人的利己行为引向增加国民财富和社会福利的方向。因此，价格调节经济就是正常的自然秩序，政府也就没有必要去干预经济的运行了。

自由放任是古典经济学的核心，反映了自由竞争时期经济发展的要求。古典经济学家把经济研究从流通领域转移到生产领域，使经济学真正成为一门有独立体系的科学。

【小知识】

亚当·斯密与"看不见的手"

亚当·斯密是18世纪的英国经济学家，人们把他称作"经济学之父"，可见他对经济学的贡献之大。1776年，亚当·斯密在《国富论》的扉页上写道："献给女王陛下的一本书！"他说："女王陛下，请您不要干预国家经济，回家去吧！国家做什么呢？就做一个守夜人，当夜晚来临的时候就去敲钟，入夜了看看有没有偷盗行为，这就是国家的任务。只要国家不干预经济，经济自然就会发展起来。"

在《国富论》这本书中，亚当·斯密提出了这样一个理论，叫作"看不见的手"。他说，经济中有一只看不见的手，人们在做事的时候，没一个人想到为了促进社会利益，他首先想到的是怎样实现自己的利益，都是从个人的利益出发去做事的。但当他真正这样做的时候，就像有一只看不见的手在引着他，其结果要比他真想促进社会利益的效果要好得多。

什么是"看不见的手"呢？"看不见的手"指的是个人利益，是市场机制，是价格机制。他的思想非常深刻，非常精彩。从他开始，人类有了经济学。所以，人们称他为经济学的鼻祖。他主张国家不要干预经济，要让经济自由发展，让价格机制自发地起作用。

在亚当·斯密"看不见的手"的思想指引下，欧美经济得到迅速发展，他的思想统治资本主义世界150年之久，直到1929年爆发的世界经济危机。

（三）新古典经济学

19世纪70年代的奥地利经济学家门格尔、英国经济学家杰文斯和法国经济学家瓦尔拉斯等人不约而同地提出边际效用价值论，即认为商品的价值取决于人们对商品效用的主观评价，这被称为"边际革命"，标志着古典经济学的结束。1890年，英国经济学家马歇尔出版其代表作《经济学原理》，综合了上述三人和当时其他一些经济学家的代表观点，从而形成了一个综合的、折中的经济学理论体系。

新古典经济学坚持自由放任思想，认为政府不要干预经济，因而是古典经济学的延续。之所以称其为新，是为了表明其与古典经济学的区别与不同之处：其采用了一种新的分析方法——边际分析法，同时也将经济学的研究重点从生产转向消费和需求，将资源配置作为经济学研究的中心，主要探讨价格如何调节经济达到资源的最优配置，因而也被称为价格理论。这一阶段是微观经济学的形成时期。

（四）当代经济学

20世纪30年代发生了蔓延整个资本主义社会的大危机，新古典经济学论述的市场能比较完善地调节经济的神话被打破，新古典经济学理论在面对新的问题时显得无能为力。在这种情况下，1936年，英国经济学家凯恩斯出版了其代表作《就业、利息和货币通论》，凯恩斯打破了自由放任的经济学传统思想，主张国家干预经济，同时提出了以国民收入决定为理论中心，以国家干预为政策基调的现代宏观经济学体系，以应对当时的资本主义大危机，这也是经济学史的第三次革命——凯恩斯革命。凯恩斯革命标志着宏观经济学的产生。

在凯恩斯经济理论的指导下，第二次世界大战后西方各国都加强政府干预，美国经济学家保罗·萨缪尔森把凯恩斯的宏观经济学与新古典经济学的微观经济学结合在一起，形成了新古典综合派，也形成了当代经济学的由微观和宏观两部分共同组成的格局。新古典综合派是20世纪50年代到60年代的主流经济学派别。20世纪60年代末美国等国出现的滞胀又引起了经济学家对国家干预主义的再思考，从而导致自由放任思想的再度复兴，以弗里德曼和卢卡斯、科斯等为代表的一大批当代著名经济学家都是自由放任思想的拥护者。

【小知识】

凯恩斯与"看得见的手"

1929年，一场持续数年、席卷整个资本主义世界的经济危机爆发了。危机首先从美国开始，股市崩盘、企业破产、银行倒闭、工人失业，经济陷入大萧条，然后波及整个资本主义世界。这时人们不禁要问：亚当·斯密那只"看不见的手"哪儿去了？他不是说国家不管经济就可以自动发展吗？这时英国又出现了一个伟大的经济学家，名字叫约翰·梅纳德·凯恩斯。1936年，凯恩斯出版了一本书，名字叫作《就业、利息和货币通论》，这就是著名的《通论》，这本书是经济学上的一个里程碑。凯恩斯说，那只"看不见的手"解决不了经济危机问题，只有靠国家"看得见的手"了。国家用经济学理论指导、干预经济生活的历史是从凯恩斯开始的。从此以后，经济学从微观走向宏观，从个量分析走向总量分析。所以说，宏观经济学是从凯恩斯开始的。在凯恩斯宏观经济学理论的指导下，西方国家经济开始复苏，并使西方经济从20世纪40年代到70年代蓬勃发展。

当代经济学是一个综合了微观经济学和宏观经济学的庞大理论体系，在经济学的内部派系林立，分歧巨大，但是我们可以根据其他经济哲学思想的不同而将其划分为两大派别：一派是新古典主义经济学，也称新自由主义经济学，它坚持古典经济学和新古典经济学的传统，主张自由放任，政府不干预或少干预经济；另一派是新凯恩斯主义经济学，它继承和发展了凯恩斯的经济学理论，主张政府干预经济的运行，也称新干预主义经济学。

任务三　掌握经济学的研究方法

【学习目标】

1. 掌握经济学中的各种研究方法的基本含义。
2. 能够运用经济学的研究方法分析经济生活中的各种问题。

任务描述

有一个经济学的笑话说，对于同一个经济问题的看法，十个经济学家有十一种不同的解释。这听起来十分荒谬。

思考：

请问，你怎么看待这种说法？

笔记：

_____

_____

任务精讲

一、实证分析法与规范分析法

西方经济学在分析经济活动时，将经济学的分析方法分为两类：规范分析法和实证分析法。

（一）实证分析

实证分析是指在研究经济问题时，企图超脱一切价值判断，只研究经济本身的内在规律；并根据这些规律，分析和预测人们经济行为的效果。

我们在理解实证分析方法时，应该注意这样一些问题：

（1）价值判断是指对经济事物是与非、好与坏、积极意义与消极意义等的判断。实证经济学就是避开这些带有一定主观性、阶级性的价值判断，从客观的角度来分析研究有关经济问题。

（2）实证分析所要解决的"是什么"的问题，即只确认经济事实的本身，研究经济本身的内在规律，分析经济变量之间的关系，并用于分析和预测。

（3）实证分析的研究内容具有客观性，所得出的结论是可以进行事实检验的。

（二）规范分析

规范分析是指在研究经济问题时，以一定价值判断为基础，提出某些标准作为分析处理经济问题的标准和基础，确立经济理论的前提，作为制定经济政策的依据，并研究如何才能符合这些标准。

我们在理解规范分析方法时，应该注意这样一些问题：

（1）规范分析以一定的价值判断来研究经济问题，即判断某一具体经济问题的是与非、好与坏、积极意义与消极意义，带有一定的主观性和阶级性。

（2）规范分析所要解决的"应该是什么"的问题，即要说明事物本身的好坏、是非及社会意义等。

（3）规范分析研究得出的结论会受到不同价值观的影响，其研究得出的结论，是无法进行事实检验的。

（三）实证分析与规范分析的关系

两者并不是绝对相互排斥的。规范经济学以实证经济学为基础，而实证经济学则以规范经济学为指导。一般来说，具体经济问题和微观经济现象具有实证性，高层次的、决策性的宏观经济问题和现象具有规范性。

二、均衡分析法与非均衡分析法

（一）均衡分析法

均衡本来是物理学概念。引入经济学后，均衡是指经济体系中各种相互对立或相互关联的力量在变动中处于相对平衡而不再变动的状态。对经济均衡的形成与变动条件的分析，叫作均衡分析法。均衡分析法又可以分为局部均衡分析法和一般均衡分析法。局部均衡分析法，是在不考虑经济体系某一局部以外的因素的影响的条件下，分析这一局部本身所包含的各种因素相互作用时，均衡的形成与变动的方法。一般均衡分析法，是相对于局部均衡分析法而言的，是分析整个经济体系的各个市场、各种商品的供求同时达到均衡的条件与变化的方法。

（二）非均衡分析法

非均衡是相对于均衡而言的。非均衡分析法认为，经济现象及其变化的原因是多方面的、复杂的，不能单纯用有关变量之间均衡与不均衡来加以解释，主张将对历史、制度、社会等因素的分析作为基本方法。

当然，在经济学研究中，主要的研究方法还是均衡分析法，非均衡分析法只是均衡分析法的有益补充。

三、静态分析法、比较静态分析法与动态分析法

自 1899 年美国经济学家 J. B. 克拉克在其《财富的分配》一书中，首先提出了静态经济学和动态经济学以来，经济学中使用的分析方法又可以分为静态分析、比较静态分析和动态分析三大类，由此建立的经济学相应地称为静态经济学、比较静态经济学和动态经济学。

静态分析是分析经济事物的均衡状态，以及有关经济变量达到均衡状态所需要具备的条件的方法。它以经济事物的均衡位置为分析中心，在假定分析对象自变量既定的条件下，分析因变量如何达到均衡状态。例如，假定某种商品的需求状况和供给状况为既定条件，就可以根据这些条件，确定该商品需求和供给达到均衡时应该有的价格和产量。只要既定的条件不发生变化，由此达到的均衡价格和均衡产量就将处在均衡不变的状态。

比较静态分析是分析在原有的、已知的条件发生变化以后，分析和比较新的均衡状态相应发生了哪些变化的方法。这种方法研究在某些已知的自变量发生变化的情况下，相应的因变量的均衡值会发生什么样的变化。因此，它要对两套或者两套以上的均衡的位置进行分析比较。例如，假定人们收入增加导致对某种商品的需求有所提高，则在供给状况不变的情况下，可以推断出该商品在供给和需求达到新的均衡状态时，其价格和产量都将比原来的均衡状态下高。

无论是静态均衡分析，还是比较静态均衡分析，它们都只是集中在均衡位置上，既不涉及一个均衡位置所需要的时间，也不涉及各个变量趋向均衡所经过的路线。与此相反，动态均衡分析则是对相互联系的各个变量，在一定条件下从前到后变化和调整过程的分析方法。其实质是探讨不均衡状态及其运动，无论这种不均衡是由缺乏短期均衡造成的，还是一个经济社会不曾满足长期均衡的条件和运动，都属于动态均衡的分析范畴。

四、边际分析法

边际分析法是指利用边际概念对经济行为和经济变量进行数量分析的方法。所谓边际，就是额外或增加的意思，即所增加的下一个单位或最后一个单位。

边际分析法在经济学中运用极广，边际这个概念和边际分析法的提出被认为是经济学方法的一次革命。在经济学中，边际分析法的提出不仅为我们作出决策提供了一个有用的工具，而且还使经济学能运用数学工具。边际分析所表示的自变量与因变量之间变动的关系可以用微分来表示。由此数学方法在经济学中可以得到广泛应用。现在数学在经济学中的运用十分广泛，对推动经济学的发展和解决实际经济问题起到了重要作用。

技能训练

一、单项选择题

1. 经济学可定义为（　　）。

　　A. 政府对市场制度的干预

　　B. 消费者如何获取收入

　　C. 研究如何最合理地配置稀缺资源于诸多用途

　　D. 企业取得利润的活动

2. 经济学主要是研究（　　）。

　　A. 与稀缺性相关的问题　　　　　　B. 如何在股票市场赚钱

　　C. 为什么无法作出选择　　　　　　D. 用数学方法建立理论模型

3. 经济中的永恒矛盾是（　　　）。

    A. 宏观与微观之间的矛盾

    B. 个人与集体之间的矛盾

    C. 资源的有限与欲望的无限之间的矛盾

    D. 理论与现实之间的矛盾

4. 选择具有重要性，基本上是因为（　　　）。

    A. 人们是自私的，他们的行为是为了个人利益

    B. 选择导致稀缺

    C. 用于满足所有人的资源是有限的

    D. 政府对市场经济的影响有限

5. 微观经济学中的中心问题是（　　　）。

    A. 失业问题　　　　　　　　　　B. 通货膨胀问题

    C. 经济增长问题　　　　　　　　D. 价格问题

6. 经济学研究的基本问题是（　　　）。

    A. 生产什么，生产多少　　　　　B. 怎样生产

    C. 为谁生产　　　　　　　　　　D. 以上问题均正确

7. 下列命题中哪一个不是实证经济学命题？（　　　）

    A. 1982 年 8 月美联储把贴现率降到 10%

    B. 1981 年失业率超过 9%

    C. 联邦所得税对中等收入家庭是不公平的

    D. 社会保险税的课税依据现已超过 30 000 美元

8. 下列哪一项是规范经济学的说法？（　　　）

    A. 医生挣的钱比蓝领工人多　　　B. 收入分配中有太多的不平等

    C. 通货膨胀率用于衡量物价变化水平　D. 去年计算机的价格是 2 500 美元

9. 经济学中"看得见的手"和"看不见的手"分别是指（　　　）。

    A. 市场和政府　　　　　　　　　B. 政府和市场

    C. 企业和个人　　　　　　　　　D. 个人和企业

10. 在任何时间生产出来的汽车、电视机和面包的数量是以下（　　　）经济学基本问题的答案。

    A. 商品如何被生产　　　　　　　B. 生产什么和生产多少

    C. 为谁生产　　　　　　　　　　D. 何时由谁做出经济决策

二、判断题

1. 稀缺性仅仅是市场经济中存在的问题。　　　　　　　　　　　　　　（　　　）

2. 在一个由行政指令来协调经济活动的社会经济中，生产什么、如何生产和为谁生产的决策是价格调节的结果。（　　）

3. 稀缺性意味着竞争是要被消灭的。（　　）

4. "中国应该限制私人小轿车的发展"，这是一个实证表述的例子。（　　）

5. 实证表述的是关于"是什么"的问题，规范表述的是关于"应该是什么"的问题。（　　）

6. 如果社会不存在资源的稀缺性，也就不会产生经济学。（　　）

7. 资源的稀缺性决定了资源可以得到充分利用，不会出现资源浪费现象。（　　）

8. "人们的收入差距大一点好还是小一点好"的命题属于实证经济学问题。（　　）

9. 规范经济学的结论以研究者的阶级地位和社会伦理观为基础，不同的研究者对同样的问题会得出不同的结论。（　　）

10. 只要有人类社会，就会存在稀缺性。（　　）

三、讨论题

1. 人的一生充满着不同的选择，请问，你如何理解经济学是一门关于选择的学问？

2. 你是否认为对工作的喜爱、社会责任感、成就感可以取代个人的利益动机？亚当·斯密说："我从来没有看到那些假装为了公共利益而从事贸易的人做出什么好事来。"请谈谈你对这句话的理解。

【思政园地】

不断开拓当代中国马克思主义政治经济学新境界

有些人认为，马克思主义政治经济学过时了，《资本论》过时了。这个论断是武断的，也是错误的。远的不说，就从国际金融危机来看，许多资本主义国家经济持续低迷、失业问题严重、两极分化加剧、社会矛盾加深。事实说明，资本主义固有的生产社会化和生产资料私人占有之间的矛盾依然存在，但表现形式、存在特点有所不同。国际金融危机发生后，不少西方学者也在重新研究马克思主义政治经济学、研究《资本论》，借以反思资本主义的弊端。去年，法国学者托马斯·皮凯蒂撰写的《21世纪资本论》，在国际学术界引发了广泛讨论。他用翔实的数据证明，美国等西方国家的不平等程度已经达到或超过了历史最高水平，认为不加制约的资本主义加剧了财富不平等现象，而且将继续恶化下去。他的分析主要是从分配领域进行的，没有过多涉及更根本的所有制问题，但得出的结论值得我们深思。

党的十一届三中全会以来，我们党把马克思主义政治经济学基本原理同改革开放新的实践结合起来，不断丰富和发展马克思主义政治经济学。1984年10月《中共中央关于经济体制改革的决定》通过后，邓小平同志评价说，"写出了一个政治经济学的初稿，是马克思主义基本原理和中国社会主义实践相结合的政治经济学"。30多年来，随着改革开放不断深入，形成了当代中国马克思主义政治经济学的许多重要理论成果，比如，关于社会主义本质的理论，关于社会主义初级阶段基本经济制度的理论，关于树立和落实创新、协调、绿色、开放、共享的发展理念的理论，关于发展社会主义市场经济、使市场在资源配置中起决定性作用和更好发挥政府作用的理论，关于我国经济发展进入新常态的理论，关于推动新型工业化、信息化、城镇化、农业现代化相互协调的理论，关于农民承包的土地具有所有权、承包权、经营权属性的理论，关于用好国际国内两个市场、两种资源的理论，关于促进社会公平正义、逐步实现全体人民共同富裕的理论，等等。这些理论成果，马克思主义经典作家没有讲过，改革开放前我们也没有这方面的实践和认识，是适应当代中国国情和时代特点的政治经济学，不仅有力指导了我国经济发展实践，而且开拓了马克思主义政治经济学新境界。

现在，在风云变幻的世界经济大潮中，能不能驾驭好我国经济这艘大船，是对我们党的重大考验。面对极其复杂的国内外经济形势，面对纷繁多样的经济现象，学习马克思主义政治经济学基本原理和方法论，有利于我们掌握科学的经济分析方法，认识经济运动过程，把握社会经济发展规律，提高驾驭社会主义市场经济能力，更好回答我国经济发展的理论和实践问题。

学习马克思主义政治经济学，是为了更好指导我国经济发展实践，既要坚持其基本原理和方法论，更要同我国经济发展实际相结合，不断形成新的理论成果。

第一，坚持以人民为中心的发展思想。

第二，坚持新的发展理念。

第三，坚持和完善社会主义基本经济制度。

第四，坚持和完善社会主义基本分配制度。

第五，坚持社会主义市场经济改革方向。在社会主义条件下发展市场经济，是我们党的一个伟大创举。我国经济发展获得巨大成功的一个关键因素，就是我们既发挥了市场经济的长处，又发挥了社会主义制度的优越性。我们是在中国共产党领导和社会主义制度的大前提下发展市场经济，什么时候都不能忘了"社会主义"这个定语。之所以说是社会主义市场经济，就是要坚持我们的制度优越性，有效防范资本主义市场经济的弊端。我们要坚持辩证法、两点论，继续在社会主义基本制度与市场经济的结合上下功夫，把两方面优势都发挥好，既要"有效的市场"，也要"有为的政府"，努力在实践中破解这道经济学上的世界性难题。

第六，坚持对外开放基本国策。

总之，我们坚持马克思主义政治经济学基本原理和方法论，并不排斥国外经济理论的合理成分。西方经济学关于金融、价格、货币、市场、竞争、贸易、汇率、产业、企业、增长、管理等方面的知识，有反映社会化大生产和市场经济一般规律的一面，要注意借鉴。同时，对国外行进的理论知识特别是西方经济学，我们要坚持去粗取精、去伪存真，坚持以我为主、为我所用，对其中反映资本主义制度属性、价值观念的内容，对其中具有西方意识形态色彩的内容，不能照抄照搬。经济学虽然是研究经济问题，但不可能脱离社会政治，纯而又纯。在我们的经济学教学中，不能食洋不化，还是要讲马克思主义政治经济学，当代中国社会主义政治经济学要大讲特讲，不能被边缘化。

马克思主义政治经济学要有生命力，就必须与时俱进。实践是理论的源泉。我们用几十年的时间走完了发达国家几百年走过的发展历程，我国经济发展进程波澜壮阔、成就举世瞩目，蕴藏着理论创造的巨大动力、活力、潜力。当前，世界经济和我国经济都面临许多新的重大课题，需要作出科学的理论回答。我们要立足我国国情和我们的发展实践，深入研究世界经济和我国经济面临的新情况新问题，揭示新特点新规律，提炼和总结我国经济发展实践的规律性成果，把实践经验上升为系统化的经济学说，不断开拓当代中国马克思主义政治经济学新境界，为马克思主义政治经济学创新发展贡献中国智慧。

（来源：习近平. 不断开拓当代中国马克思主义政治经济学新境界 [J]. 国家电网，2020（9）：10.

项目二　无形的手

【学习目标】

思政目标

1. 从需求供给理论角度学习袁隆平先进事迹，树立崇高的人生目标。

2. 从消费者预期角度看待家庭教育需求和支出的变化，构建和谐友爱的家庭观。

3. 学习炫耀性商品的例外及其经济理性本质，培养学生正确的消费观。

4. 学习供给理论，充分理解我国供给侧结构性改革的经济学意义。

5. 学习从疫情下产品价格的剧烈波动到"看得见的手"的干预，提升对我国市场运行机制的深入认识。

6. 从弹性理论角度解释"谷贱伤农"现象，领会我国消除贫困和乡村振兴的伟大意义。

知识目标

1. 了解需求、供给的定义，导致需求变动和供给变动的因素，进而理解需求量的变动与需求的变动、供给量的变动与供给的变动，了解弹性的定义。

2. 熟悉需求函数、供给函数，均衡价格理论的应用，弹性理论的应用。

3. 掌握需求定理、供给定理，均衡价格的决定及变动，需求弹性和供给弹性的类型及影响因素。

能力目标

1. 能对市场上某商品的供需情况进行调查了解，并能够总结出它们的供求规律。

2. 能判断某种商品的需求价格弹性，并了解价格变动对总收益的影响。

【案例导入】

是先有蛋还是先有鸡？

当然，有一个问题还不能说清：究竟是先产生需求再产生供给呢，还是先产生供给再产生需求？这有点像问"是先有蛋还是先有鸡"。我想，可能有时候是需求带动供给，很多的新产品就是在人们强烈的需求下产生的；也有时候是供给诱导需求，比如新潮的时装常常是提供出来之后，左右了人们的视线，诱导了人们的需求。但在某一种商品的价格决定中，供给与需求就像一把剪刀的两个刀片，作用是不分彼此共同决定一种商品的价格；

同时价格又像一只无形的手在市场经济中自发地调节需求，调节供给，调节的最后结果使市场达到了均衡——社会资源配置合理。

总之，许多的东西在经济学家眼里都成了产品，都可以从供给和需求的角度来进行分析。需求是提供产品的动力，供给是满足需求的前提。比如要兴办教育，是因为存在大量的对"教育"产品有需求的人，而有了"教育"产品的供给，才能满足"教育"产品的需求。如果想上学的都能上学，教育资源得到充分利用，也就达到了教育市场的供求平衡。

（资料来源：梁小民. 微观经济学纵横谈［M］. 北京：读书·生活·新知三联书店，2000.）

任务四　需求理论分析

【学习目标】

1. 了解需求的定义、影响需求的因素。
2. 理解需求函数及其曲线，能区分需求的变动与需求量的变动。
3. 掌握需求定理。

任务描述

我们在生活中发现这样一个现象：下雨了，雨伞卖得更贵了，而且买伞的人越来越多了。

思考：

请问怎么解释这种现象，这符合需求定理吗？

笔记：

_____

_____

_____

任务精讲

一、需求及影响因素

（一）需求的概念

需求（demand）是指在某一特定时期内，在每一价格水平上消费者愿意且能够购买某种商品或劳务的数量。需求实际上反映了人们购买商品的数量与商品价格这两个变量之间的关系。从日常生活中我们可以发现，人们购买的数量一般随着价格的变化而变化。例如，当某种食品的价格为每千克 5 元时，某人会购买 2 千克；当价格上涨到每千克 8 元时，他也许只会购买 1 千克。

（二）需求的影响因素

在实际生活中一种商品的需求是由多种因素决定的，归纳起来主要有以下几个方面：

1. 商品自身的价格

一般而言，价格是影响消费者需求量最直接的因素。商品的价格与需求量呈反方向变动，即商品价格越高，需求量越少；商品价格越低，需求量越多。价格与需求量之间的这种关系对大部分商品都是适用的，而且，实际上这种关系也很普遍，经济学家称其为需求定理：在其他条件相同时，需求量随着商品本身价格的上升而减少，随着商品本身价格的下降而增加。

2. 消费者的收入

收入对需求的影响由商品的不同特性决定。在其他条件不变的情况下，对大部分正常商品来说，消费者的收入越高，对其需求越多，反之越少。而对一部分劣等商品来说，随着收入水平的提高，消费者对它们的需求减少。因此，经济学把需求的变动与消费者收入同方向变化的物品称为正常品，把需求的变动与消费者收入反方向变化的物品称为劣等品。例如，化纤服装、黑白电视机等一些较低档的日用消费品属于劣等品。

3. 相关商品的价格

当一种商品本身价格不变，而其他相关商品价格发生变化时，这种商品的需求也会发生变化。按照商品的消费功能，商品之间的关系有两种：替代关系和互补关系。具有替代关系的商品称为替代品，具有互补关系的商品称为互补品。

替代品是指两种可以互相替代来满足同一种欲望的商品，如猪肉和牛肉，茶叶和咖啡，馒头和花卷等。对于替代品，随着一种商品的价格上升，消费者对另一种商品的需求增加；反之亦然。例如，馒头的价格不变而花卷的价格上升时，馒头的需求会上升。因此一种商品的价格与其替代品的需求呈同方向变化。

互补品是指两种互相补充使用以共同满足人们的同一种欲望、完成同一个消费功能的商品，如羽毛球和羽毛球拍，汽车与汽油，电脑与软件等。对于互补品，随着一种商品价格上升，消费者对另一种商品的需求就会减少；反之亦然。例如，照相机和胶卷，胶卷的需求与照相机的价格有着密切关系，一般而言，照相机价格上升，胶卷的需求下降。因此，一种商品的价格与其互补品的需求呈反方向变化。

4. 消费者的偏好

消费者的偏好是消费者心理需求和社会需求的具体表现，一般与所处的社会环境及当时当地的社会风俗习惯等因素有关。消费者的偏好对需求的影响是显而易见的，例如，爱喝茶的人对茶有较大的需求，而不爱喝茶的人对茶有较少的需求甚至完全没有需求。

5. 消费者的预期

消费者的预期主要包括对消费者的收入和对商品价格的预期。当消费者预期收入在将来某一时期会上升时，会刺激消费，消费者目前的需求会增加；当消费者预期收入在将来某一时期会下降时，会减少对商品的现期需求。当消费者预期某种商品的价格在将来某一时期会上升时，就会增加目前对该商品的需求；当消费者预期某商品的价格在将来某一时期会下降时，就会减少对该商品的现期需求。

此外，影响商品需求的因素还有很多，如人口的数量、结构和年龄，政府的消费政策等。

这里需要指出的是，在影响需求的因素中，商品自身的价格实际上是影响需求量的因素，而不是影响需求的因素。

（三）需求函数、需求表及需求曲线

1. 需求函数

需求函数是指某一特定时期内，某种商品的需求量与影响需求量的因素之间的函数关系。记作：$Q_d = f(P, I, T, E, \cdots, n)$。如果只考虑需求量与价格之间的关系，则需求函数的形式为：$Q_d = f(P)$，式中，p 为商品的价格；Q_d 为商品的需求量。

若需求曲线是一条直线，这种需求函数是线性需求函数，则需求函数可写为：

$$Q_d = a - b \cdot p$$

式中 a 和 b 为正的任意常数，p 为价格。

2. 需求表

商品的需求表是用来表示某种商品的各种价格水平与各种价格水平相对应的该商品的需求数量之间关系的数字序列表。例如，某一时期某一市场某一时间内苹果的市场需求可用表 4-1 来表示，我们可以清楚地看到苹果的价格与需求量之间的函数关系。

表 4-1　某家庭苹果的需求

价格/ （元·千克$^{-1}$）	需求量/千克
1.8	4
1.6	5
1.4	6
1.2	7
1.0	8

3. 需求曲线

商品的需求曲线是根据需求表绘出的用来表示商品价格和需求量之间对应关系的曲线。或者说需求曲线是以几何图来表示商品的价格和需求量之间的函数关系。

在图4-1中,横轴代表需求量,纵轴代表商品的价格,D为需求曲线。需求曲线是根据需求表画出来的,是表示某种商品的价格与需求量之间关系的曲线,向右下方倾斜。

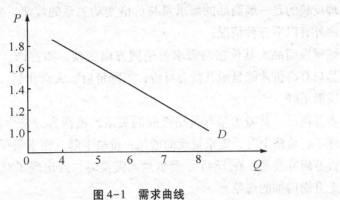

图4-1 需求曲线

二、需求定理和需求定理的例外

(一)需求定理

我们从需求表和需求曲线中可以看出,某种商品的价格和需求量之间呈反方向变动的关系。这种现象普遍存在,被称为需求定理。需求定理是说明商品本身价格与其需求量之间关系的理论。其基本内容是:在其他条件不变的情况下,某商品的需求量与其价格之间呈反向变动,即需求量随着商品本身价格的上升而减少,随商品本身价格的下降而增加。

在理解需求定理时,也同样要注意"在其他条件不变的情况下"这个假设前提。这也就是说,需求定理是在假定影响需求的其他因素不变的前提下,研究商品本身价格与需求量之间的关系。离开了这一前提,需求定理就无法成立。

需求定理说明的需求量与价格反方向变动的原因可以用替代效应(substitution effect)与收入效应(income effect)来解释。

替代效应是指实际收入不变的情况下某种商品价格变化对其需求量的影响。这也就是说,如果某种商品价格上涨了,而其他商品的价格没变,那么,其他商品的相对价格就下降了,消费者就要用其他商品来代替这种商品,从而对这种商品的需求量就减少了。

收入效应是指货币收入不变的情况下某种商品价格变化对其需求量的影响。这也就是说,如果某种商品价格上涨了,消费者的货币收入并没有变,那么,消费者的实际收入就减少了,从而对这种商品的需求量也就减少了。例如,如果猪肉价格上升而消费者的货币收入不变,则消费者实际收入减少,对猪肉的需求量必然减少。这种由于某种商品价格上升而引起实际收入减少,从而导致商品需求量减少就是收入效应。

替代效应强调了一种商品价格变动对其他商品相对价格水平的影响,收入效应强调了一种商品价格变动对实际收入水平的影响。需求定理所表明的商品价格与需求量反方向变动的关系正是这两种效应共同作用的结果。

（二）需求定理的例外

需求定理反映的是一般商品的需求量与价格变动关系的规律，但这一规律也有例外。需求定理的例外有以下三种情况：

第一，炫耀性商品。其价格与需求量呈同方向变动，如首饰、豪华型轿车、奢侈品等。这些商品只有高价才能显示其社会身份；当降价后、大众化后，高档消费群对该类产品的需求量反而下降。

第二，吉芬商品。其需求量与价格之间的关系，被西方经济学家称为"吉芬之谜"，即在特定条件下，价格上升，需求量反而增加；价格下降，需求量反而减少。英国经济学家罗伯特·吉芬研究发现，在1845年爱尔兰大灾荒时，曾出现了对马铃薯的需求量随马铃薯的价格上升而增加的现象。

第三，投机性商品。其价格大幅度升降时，由于人们采取观望态度，需求曲线会呈现不规则的变化，有时出现"买涨不买落"现象。

三、需求量的变动和需求的变动

（一）需求量的变动

在某一时期内，其他因素不变的情况下，商品本身价格的变动所引起的数量的变动，我们称为需求量的变动。在几何图形中，需求量的变动表现为商品的价格与需求数量的组合点沿着同一条既定的需求曲线的运动。

如图4-2所示，当商品价格为P_0时，需求量为Q_0，当价格下降为P_2时，需求量由Q_0增加到Q_2，在需求曲线上表现为从b点运动到c点；当价格上涨为P_1时，需求量由Q_0减少到Q_1，在需求曲线上表现为从b点运动到a点。

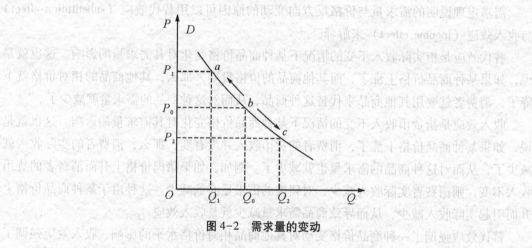

图4-2　需求量的变动

注意：需求量的变动表现为从同一条需求曲线上的一点移动到另一点，虽然表示需求数量的变化，但是并不表示整个需求情况的变化，因为这些变化的点都在同一条需求曲线上。

（二）需求的变动

需求是在一系列价格水平时的一组购买量，在商品价格不变的条件下，非价格因素的变动引起了数量变动（如收入变动等），我们称为需求的变动。在几何图形中，需求的变动表现为需求曲线的平行移动。

如图4-3所示，图中原有的需求曲线为D_0，在商品价格不变的前提下，如果其他因素的变化使得需求增加，则需求曲线向右移动，由图中的D_0曲线向右移到D_2曲线的位置；如果其他因素的变化使得需求减少，则需求曲线向左移动，由图中D_0曲线移到D_1曲线的位置。

注意：需求的变动表现为需求曲线的移动，表示在每一个不同价格水平下，需求数量都增加或者都减少了，显然表示整个需求情况发生变化。

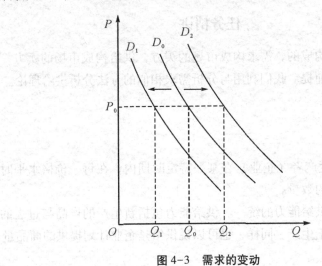

图4-3 需求的变动

任务五 供给理论分析

【学习目标】

1. 了解供给的定义、影响供给的因素。

2. 理解供给函数及其曲线，能区分供给的变动与供给量的变动。

3. 掌握供给定理。

任务描述

20世纪80年代，个人计算机的价格按运算次数、速度和储存能力折算，每台为100万美元。虽然价格如此高昂，但供给量极少，只有少数工程师和科学家才能使用。如今同样算力的个人计算机已降至1 000美元左右。价格只是当初价格的千分之一，但供给量增加了不止上万倍。现在个人计算机的普及程度是许多未来学家所未预见到的。

思考：请问是什么因素导致电脑的供给大大增加？

笔记：

任务精讲

市场是由需求与供给构成的，需求构成市场的买方，供给构成市场的卖方，需求与供给一起构成经济学的基本前提。我们利用与分析需求相似的方法分析供给理论。

一、供给及影响因素

（一）供给的概念

供给（supply）是指生产者（企业）在某一特定时期内，在每一价格水平时愿意且能够提供的某种商品或劳务的数量。

供给也是供给欲望与供给能力的统一。供给能力包括新生产的产品与过去的存货。供给是商品的供给，它取决于生产。同样，也可以说供给是企业计划提供的商品量。

【小知识】

20世纪80年代初时，彩电相当紧俏，有人就是靠"倒彩电"发了财。虽然国家控制着价格，但与当时的收入水平相比，彩电的价格还是相当高。20世纪90年代之后，彩电供求趋于平衡，再以后就是彩电卖不出去，爆发了降价风潮，拉开了中国彩电价格战的序幕。回顾这一段历史我们可以认识到决定价格的另一种因素——供给的规律。

供给要受供给能力的限制。生产者愿意多供给并不等于它能多供给。供给是供给愿望与能力的统一，仅有愿望而没有能力是不行的。当时中国的彩电企业正是这种情况。

（二）供给的影响因素

影响供给的因素有很多，包括影响企业供给愿望与供给能力的各种经济与社会因素，概括起来主要有：

1. 商品本身的价格

一般来讲，商品本身价格越高，供给量越大；商品本身价格越低，供给量越小。例如，当某地农贸市场上鸡蛋的价格为 3 元/千克时，市场上的月供给量为 18 万千克，当鸡蛋价格上涨为 3.5 元/千克时，月供给量增长到 28 万千克。准确来说，商品本身的价格是影响供给量的因素。

2. 生产要素的价格

商品是用人力、资本等各种生产要素生产出来的，生产要素的价格是决定供给的因素之一。生产要素价格的变化直接影响到商品的生产成本，从而影响供给。在商品价格不变的情况下，生产要素价格下降，生产成本下降，利润增加，供给会增加；生产要素价格上涨，供给会减少。例如，在葡萄酒价格等因素不变的条件下，如果葡萄的价格上涨，意味着厂商的生产成本增加，供给将会减少。

3. 生产技术

生产技术是把生产要素变为商品的方法。在生产要素既定时，技术越先进，效率越高，所能提供的产品就越多。生产技术的提高会使资源得到更充分的利用，从而增加供给。例如，某炼钢厂采用了新的燃煤技术，煤的使用量降低三分之一，生产成本大大下降，因而在产品价格保持不变的情况下，厂商愿意供应更多的产品。

4. 预期

预期主要是指企业对未来价格的预期。如果企业预期未来价格会上升，就会把已生产出来的商品储存起来，或者现在减少生产，这样就会减少当前的供给，以便在未来价格上升时增加供给。

5. 政府的政策

政府采取鼓励投资与生产的政策，可以刺激生产增加供给；反之，政府采取限制投资与生产的政策，则会抑制生产减少供给。例如，如果政府采取了利率上调政策，生产者的投资成本将增加，因而供给将会减少。

此外，影响商品供给的因素还有很多，如天气、自然灾害等。

这里需要指出的是，在影响供给的因素中，商品自身的价格实际上是影响供给量的因素，而不是影响供给的因素。

（三）供给函数、供给表与供给曲线

1. 供给函数

如果把影响供给的各种因素作为自变量，把供给作为因变量，则可以用函数关系来表示影响供给的因素与供给之间的关系，这种函数称为供给函数。

$$Q_s = f(P, C, T, E, \cdots, n)$$

我们进行经济分析时，通常假设其他因素不变，只分析商品的供给量与该商品价格之间的关系，此时供给函数可表示为：

$$Q_s = f(P)$$

式中，P 表示价格。

这个公式表明了某种商品的供给量 Q_s 是其价格 P 的函数。供给函数可以用代数表达法、表格或曲线来表示。

若供给曲线为一条直线，则供给函数可以表示为：

$$Q_s = -c + dp$$

式中，Q_s 为供给量，p 为价格，c、d 为正的任一常数。

2. 供给表

供给表是表示某种商品的各种价格水平和与各种价格水平相对应的该商品的供给数量之间关系的数字序列表，如表 5-1 所示。

表 5-1 供给表

价格/（元·千克$^{-1}$）	供给量/千克
1.0	4
1.2	5
1.4	6
1.6	7
1.8	8

这个表示某种商品（苹果）的价格与供给量之间关系的表就是供给表。

3. 供给曲线

我们根据供给表可以在平面坐标图上绘制出商品的供给曲线。供给曲线是描述一种商品供给量与价格之间相互依存关系的图形，如图 5-1 所示。

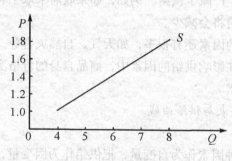

图 5-1 供给曲线

在图 5-1 中，横轴代表供给量，纵轴代表价格，S 为供给曲线。曲线 S 表示在不同价格水平下生产者愿意且能够提供商品的数量。供给曲线向右上方倾斜，是因为在其他条件相同的情况下，价格越高意味着供给量越多。

二、供给定理和供给定理的例外

(一) 供给定理

我们从供给表和供给曲线中可以看出，某种商品的供给量与其价格是呈同方向变动的。这种现象普遍存在，被称为供给定理。供给定理是说明商品本身价格与其供给量之间关系的理论。其基本内容是：在其他条件不变的情况下，一种商品的供给量与价格之间呈同方向变动，即供给量随着商品本身价格的上升而增加，随商品本身价格的下降而减少。

在理解供给定理时，也同样要注意"在其他条件不变的情况下"这个假设前提。这也就是说，供给定理是在假定影响供给的其他因素不变的前提下，研究商品本身价格与供给量之间的关系。离开了这一前提，供给定理就无法成立。

(二) 供给定理的例外

供给定理反映的是一般的商品的供给量与价格变动关系的规律，但这一规律也有例外。供给定理的例外主要有两种情况。第一，有些商品由于受各种条件的限制，其供给量随着价格上升而保持不变，即不论价格怎样变化，其供给量总是一个固定的常数。例如，土地的供给就属于这种情况。第二，在劳动市场中，当工资（劳动力的价格）增加时，劳动力的供给量开始也会随着工资的增加而增加。但当工资增加到一定程度时，如果工资继续增加，劳动力的供给量不仅不会增加，反而会减少。

三、供给量的变动和供给的变动

(一) 供给量的变动

在某一时期内，其他因素不变的情况下，商品本身价格的变动引起供给量的变动，它表现为该曲线上的点的变动。可以用图5-2来说明这一点。

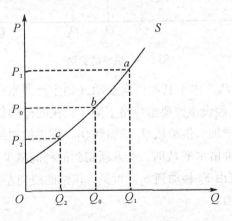

图5-2　供给量的变动

图 5-2 中，当价格 P_0 上升 P_1 为时，供给量从 Q_0 增加到 Q_1，在供给曲线 S 上则是从 b 点向右上方移动到 a 点。当价格由 P_0 下降到 P_2 时，供给量则从 Q_0 减少到 Q_2，在供给曲线 S 上则是从 b 点向左下方移动到 c 点。可见，在同一条供给曲线上，向右上方移动表示供给量增加，向左下方移动表示供给量减少。

（二）供给的变动

供给是在一系列价格水平时的一组供给量，在商品价格不变的条件下，非价格因素的变动所引起的供给变动（如技术等因素变动）称为供给的变动。它表现为供给曲线的平行移动。

供给是指在不同价格水平时的不同供给量的总称。在供给曲线图中，供给是指整个供给曲线。供给的变动是指在商品本身价格不变的情况下，其他因素变动所引起的供给的变动。例如，生产技术水平和管理水平、生产要素的价格、生产者对未来价格的预期等因素发生变动，就会引起供给的变动。供给的变动表现为供给曲线的平行移动。可以用图 5-3 来说明这一点。

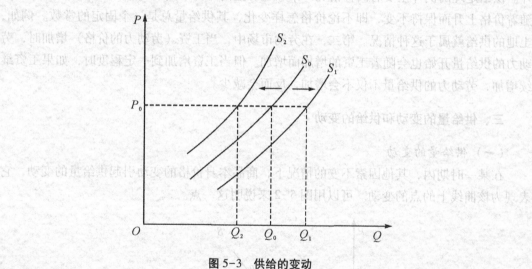

图 5-3 供给的变动

在图 5-3 中，价格是 P_0。由于其他因素变动（如生产要素价格变动而引起的供给曲线的移动是供给的变动），假设生产要素价格下降了，在同样的价格水平 P_0 时，企业所得到的利润增加，从而产量增加，供给从 Q_0 增加到 Q_1，则供给曲线由 S_0 移动到 S_1。生产要素价格上升了，在同样的价格水平 P_0 时，企业所得到的利润减少，从而产量减少，供给从 Q_0 减少到 Q_2，则供给曲线由 S_0 移动到 S_2。可见，供给曲线向左方移动是供给减少，供给曲线向右方移动是供给增加。

任务六　均衡价格分析

【学习目标】

1. 了解均衡价格的定义及其形成。
2. 掌握均衡价格变动，供求定理。
3. 熟悉均衡价格理论的应用。

任务描述

1967年，一场大暴雪使得美国芝加哥市区的交通瘫痪，外面的生活必需品难以进入，当时还是大学生的詹姆斯的住所附近有两家杂货店。一家杂货店坚持在大雪天时店内商品不涨价，其店中的商品很快被抢购一空，因为如此低的价格难以使其以高价向外界继续采购新的商品，这家店很快就关门大吉。另外一家杂货店则将所有的商品和价格暂时提高到原来的两倍，同时这家杂货店的老板出高价请当地的孩子乘雪橇从外地运进当地市民需要的各种商品。涨价的杂货店因为能够支付较高的雇佣雪橇拉货的成本，一直在雪暴过程中保证了对居民的基本供应，同时高的价格也自然促使居民根据新的价格状况理调整自己的需求，将自己采购的物品控制在自己能够承担的、确实也是必需的范围内。

思考：

该案例蕴含了什么样的经济学道理？

笔记：

_____

_____

_____

任务精讲

在分别讨论了供给与需求之后，现在我们把它们结合起来，说明它们将如何决定市场上一种商品的销售量和均衡（equilibrium）价格，以及均衡价格如何随供求关系而变动。

一、均衡

需求表和需求曲线只说明消费者对某种商品在每一个价格下的需求量是多少，同样，供给表和供给曲线也只说明了生产者对某种商品在每一个价格水平下的供给量是多少，它们都没有说明这种商品本身的价格究竟是多少。微观经济学中的商品价格是指商品的均衡价格。

（一）什么是均衡价格

一种商品的均衡价格是指该种商品的市场需求量和市场供给量相等时的价格。在均衡价格水平下相等的供求数量被称为均衡数量。从几何意义上说，一种商品的市场均衡出现在该商品的市场需求曲线和市场供给曲线相交的点上，该交点被称为均衡点。均衡点上的价格和相应的供求量分别被称为均衡价格和均衡数量。市场上需求和供给相等的状态，被称为市场出清。

均衡价格可以用同一坐标图上所绘出的需求曲线和供给曲线的相交点来表示，可以用图 6-1 来说明均衡价格。

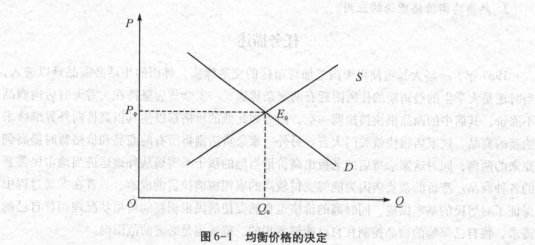

图 6-1　均衡价格的决定

在图 6-1 中，横轴表示数量（需求量与供给量），纵轴表示价格（需求价格与供给价格）。D 为需求曲线，S 为供给曲线，D 与 S 相交于 E 点。E 是均衡点。这就决定了均衡价格为 P_0，均衡数量为 Q_0。

（二）均衡价格的决定

英国经济学家阿尔弗雷德·马歇尔把需求与供给比作一把剪刀的两个刀刃，我们很难说究竟是哪一个刀刃在裁剪时起到的作用更大。同样的道理，我们很难说需求与供给究竟哪一方决定了市场价格。实际上均衡价格是由市场上的供给与需求共同决定的，是在市场上供求双方的竞争过程中自发地形成的。均衡价格的形成也就是决定价格的过程，因此，价格就是由市场供求双方的竞争所决定的。需要强调的是，均衡价格形成，即价格的决定完全是自发的，如果有外力的干预（如垄断力量的存在或国家的干预），那么，这种价格就不是均衡价格。

（1）当市场价格高于均衡价格时，需求少，供给多，一方面会使需求者压低价格来得到他所要购买的商品量，另一方面，又会使供给者减少商品的供给量。这样，必将导致价格下跌。在此过程中，只要供求曲线不发生移动，价格就会一直下跌到均衡价格为止，从而使供求量相等，就恢复了均衡。

（2）当市场价格低于均衡价格时，需求量大于供给量，一方面迫使需求者提高价格来得到他所要购买的商品量，另一方面，又会使供给者增加商品的供给量。这样，必使价格上升。在此过程中，只要供求曲线不发生移动，价格就会一直上升到均衡价格为止，从而使供求量相等，恢复了均衡。

总之，市场均衡价格的形成，取决于供需双方。均衡是市场的必然趋势，也是市场的正常状态，脱离均衡点的价格必然形成供过于求或求过于供的失衡状态。市场中供求双方竞争力量的作用，使自我调节的机制存在，失衡将趋于均衡。

二、均衡价格的变动

一种商品的均衡价格是由该商品的市场需求曲线和市场供给曲线的交点所决定的。因而，需求曲线和供给曲线的位置移动都会使均衡价格发生变动。

（一）需求的变动对均衡价格的影响

需求的变动表现为需求曲线的位置发生移动。在商品价格不变的前提下，如果其他因素变化引起需求增加，则需求曲线向右平移，如图 6-2 中的 D_1 曲线向右平移到 D_2 曲线的位置；反之，如其他因素变化引起需求减少，则需求曲线向左平移，如图 6-2 中的 D_1 曲线向左平移到 D_3 曲线的位置。由需求变动所引起的需求曲线的位置发生移动，表示在每一个既定的价格水平，需求量都增加或减少了。

在供给不变的前提下，需求增加，则需求曲线向右平移，从而使均衡价格和均衡数量都增加，如图 6-2 中的均衡点由 E_1 移至 E_2，相应，均衡价格由 P_1 上升至 P_2，均衡数量由 Q_1 增加至 Q_2；需求减少，则需求曲线向左平移，从而使均衡价格和均衡数量都减少，如图 6-2 的均衡点由 E_1 移至 E_3，相应，均衡价格由 P_1 下降至 P_3，均衡数量由 Q_1 减少至 Q_3。在其他条件不变的前提下，需求变动分别引起均衡价格和均衡数量的同向变动。

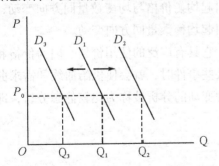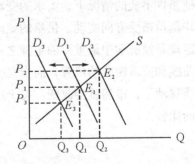

图 6-2　需求的变动对均衡价格的影响

（二）供给的变动对均衡价格的影响

供给的变动表现为供给曲线的位置发生移动。在商品价格不变的前提下，如果其他因素变化引起供给增加，则供给曲线向右平移，如图 6-3 中的 S_1 曲线向右平移到 S_2 曲线的位置；反之，如其他因素变化引起供给减少，则供给曲线向左平移，如由下图中的 S_1 曲线向左平移到 S_3 曲线的位置。由供给变动所引起的供给曲线的位置发生移动，表示在每一个既定的价格水平，供给量都增加或减少了。

在需求不变的前提下，供给增加，则供给曲线向右平移，从而使均衡价格下降和均衡数量增加，如下图中的均衡点由 E_1 移至 E_2，相应，均衡价格由 P_1 下降至 P_2，均衡数量由 Q_1 增加至 Q_2；反之，供给减少，则供给曲线向左平移，从而使均衡价格上升和均衡数量减少，如下图中的均衡点由 E_1 移至 E_3，相应，均衡价格由 P_1 上升至 P_3，均衡数量由 Q_1 减少至 Q_3。在其他条件不变的前提下，供给变动分别引起均衡价格的反向变动和均衡数量的同向变动。

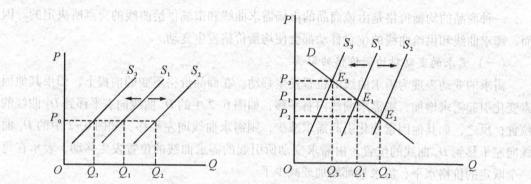

图 6-3　供给的变动对均衡价格的影响

三、供求定理

通过以上的分析，我们可以得出以下的结论：

在其他条件不变的情况下，需求的变动引起均衡价格与均衡数量同方向变动；供给的变动引起均衡价格反方向变动，供给的变动引起均衡数量同方向变动。

供求定理是经济学中最重要的定理之一，它具有广泛的使用价值。因为价格和产量取决于供给曲线和需求曲线的位置，而当发生某些事件时，就会使供给曲线和需求曲线发生移动，曲线移动了，市场就会改变。关于这种变动的分析被称为比较静态分析，即原均衡与新均衡的比较。

任务七 弹性理论分析

【学习目标】

1. 了解弹性、需求弹性、供给弹性的定义，了解影响供给的因素。

2. 掌握需求弹性的计算方法、分类、影响因素，需求收入弹性、需求交叉弹性，供给弹性的计算分类、影响因素。

3. 熟悉弹性理论的应用。

任务描述

叶圣陶在新中国成立前写过一篇小说《多收了三五斗》。在这部小说中作者描述了一种丰收成灾的情形。虽然由于风调雨顺，农民喜遇大丰收，但农民很快就发现他们的收益比往年少了。农民感到非常迷茫，去年是水灾，收成不好，亏本；今年算是好年景，收成好，却还是亏本！于是，"希望犹如肥皂泡"一个个破裂了。

思考：

请问，这个故事蕴含着什么样的经济学道理？

笔记：

_____

_____

_____

任务精讲

商品的需求量大小是受各种因素影响的，影响因素发生变动，商品需求量也会随之发生变动。商品种类不同，反映各种影响因素变动的程度也各不相同。对于商品需求量变动对其影响因素变动的反应程度，经济学引出了商品需求弹性的概念来加以分析和说明。商品需求弹性主要包括：需求价格弹性、需求的交叉价格弹性、需求的收入弹性和供给弹性。

弹性（elasiticity）原是物理学名词，指一种物体对外部力量的反应程度。在经济学中，弹性是指经济变量之间存在函数关系时，因变量对自变量变化的反应程度。弹性的大小可用弹性系数来表示。弹性系数是因变量 Y 变动的比率与自变量 X 变动的比率的比值，用 E 来表示，公式为：

$$E = \frac{因变量变动的百分比}{自变量变动的百分比}$$

即
$$E = \frac{\Delta Y / Y}{\Delta X / X}$$

注意：弹性概念是就自变量和因变量的相对变动而言的，因此，弹性数值与自变量和因变量的度量单位无关。

一、需求价格弹性

需求价格弹性通常被简称为需求弹性。

（一）需求价格弹性的定义

需求定理表明，一种商品的价格下降使其需求量增加。需求价格弹性是指商品价格变动所引起的需求量变动的比率，它反映了商品需求量变动对其价格变动的反应程度。不同商品需求量变动对价格变动的反应敏感程度不同，需求价格弹性就不同，一般用需求价格弹性系数来表示其弹性的大小，以 E_d 来表示，Q 代表需求量，ΔQ 代表需求量的变动量，P 代表价格，ΔP 代表价格的变动量，则需求价格弹性系数可用下列公式表示：

$$E_d = \frac{\text{需求量变动的百分比}}{\text{价格变动的百分比}} = \frac{\Delta Q / Q}{\Delta P / P} = -\frac{\Delta Q}{\Delta P} \cdot \frac{P}{Q}$$

由于商品需求量与其价格之间呈反方向变动，因而需求价格弹性系数为负值。在实际运用中，为方便起见，一般加一个负号，把需求价格弹性系数表示成正数。如 $E_d = 2$，其含义是价格每上升 1%，会引起需求量下降 2%，或是价格每下降 1%，会引起需求量上升 2%。

（二）需求价格弹性的计算

1. 一般计算法

计算公式为：

$$E_d = \frac{-\Delta Q / Q}{\Delta P / P}$$

根据上述公式计算的弹性值，虽然 ΔQ 与 ΔP 的数值不变，但据以计算价格变动百分率（$\Delta P / P$）的 P 和据以计算需求变动百分率（$\Delta Q / Q$）的 Q，在两种场合（价格上升、价格下降）各不相同。就是说，价格变动的绝对值与由此引起的需求量变动的绝对值相同，只是由于计算的基数值不同，所以得出的弹性值不同。

为解决上述问题，可采用另一种计算方法，即求其弧弹性。

2. 中点法

用这种方法计算出的需求价格弹性称为弧弹性。

求弧弹性，把一般计算法中的价格变动的百分率所用价格，用变动前与变动后的价格的值的平均数来代替；计算需求变动百分率的需求量，则用变动前与变动后的价格与需求量的值的平均数来代替。这样，不管价格下降还是上升，据以计算变动百分率的 P 和 Q 的数值都相同，于是得出弹性系数的另一种计算方法。其公式为：

$$E_d = \frac{\Delta Q/(Q_1 + Q_2)}{\Delta P/(P_1 + P_2)}$$

（三）需求价格弹性的分类

需求价格弹性可以分为以下五种类型：

（1）需求富有弹性：$1 < E_d < \infty$，表示需求量的变动率大于价格的变动率。在这种情况下，需求量变动的比率大于价格变动的比率。日常生活中的奢侈品（如汽车、珠宝、国外旅游）与享受性劳务多属于这类，需求富有弹性其需求曲线比较平坦。

（2）需求缺乏弹性，即 $0 < E_d < 1$，在这种情况下，需求量变动的比率小于价格变动的比率。生活必需品如粮食、蔬菜等属于这种情况。

（3）单位需求弹性，即 $E_d = 1$，在这种情况下，需求量变动的比率与价格变动的比率相等，这时的需求曲线是一条正双曲线。

（4）需求完全有弹性，即 $E_d = \infty$，在这种情况下，当价格为既定时，需求量是无限的。例如，银行以一固定价格收购黄金，无论有多少黄金都可以按这一价格收购，银行对黄金的需求是无限的。

（5）需求完全无弹性，即 $E_d = 0$，在这种情况下，无论价格如何变动，需求量都不会变动。例如，糖尿病人对胰岛素这种药品的需求就是如此。

（四）影响需求价格弹性的因素

为什么不同的商品的需求弹性不同呢？一般来说，有这样几种因素影响着需求弹性的大小：

（1）消费者对某种商品的需求强度取决于产品的性质，即该商品是生活必需品还是奢侈品。一般来说，消费者对生活必需品的需求强度大且稳定，所以生活必需品的需求弹性小；相反，消费者对奢侈品的需求强度小且不稳定，所以奢侈品的需求弹性大。

（2）可替代商品的多少。如果一种商品有许多替代品，那么，该商品的需求就越有弹性。因为价格上升时，消费者会购买其他替代品；价格下降时，消费者会购买这种商品来取代其他替代品。

（3）消费者调整需求量的时间。一般来说，消费者调整需求的时间越短，需求的价格弹性越小；相反调整时间越长，需求的价格弹性越大。例如，某商品价格上升，短期内不会影响其需求量，但长期人们可能寻找到其替代品，从而对需求量产生明显影响。

（4）商品在家庭支出中所占的比例。在家庭支出中占比例小的商品，价格变动对需求的影响小，所以其需求弹性也小；在家庭支出中占比例大的商品，价格变动对需求的影响大，所以其弹性也大。

在以上四种影响需求弹性的因素中，需求强度、可替代商品的多少和在家庭支出中所占的比例这三种的影响更大。某种商品的需求弹性到底有多大，是由上述这些因素综合决定的，不能只考虑其中的一种因素，而且，某种商品的需求弹性也因时期、消费者收入水平和地区的不同而不同。

(五) 需求价格弹性的应用

合理运用需求价格弹性，对分析许多现实经济问题和做出经济决策是十分重要的。这里分析需求弹性与总收益的关系，我们可以看出如何运用需求价格弹性来做出正确的决策。

总收益（total revenue）也可以称为总收入，指企业出售一定量商品所得到的全部收入，也就是销售量与价格的乘积。

$$TR = P \cdot Q$$

特别要注意的是，总收益并不是出售商品赚到的钱，即不是利润，而是所得到的钱。总收益中包括了成本与利润，只有扣除成本之后的净收益才是利润。我们这里要分析的是需求弹性对包括成本在内的总收益的影响，而不是对扣除成本之后净收益的影响。由于有成本变动的关系，总收益增加并不一定是净收益增加；总收益减少也不一定是净收益减少。

此外，总收益也就是总支出。这就是说，从企业的角度来看，总收益是出售一定量商品的总收入；从家庭来看，就是为购买一定量商品而付出的总支出。所以，分析需求弹性对企业总收益的影响实际上也就是分析需求弹性对家庭总支出的影响。

某种商品的价格变动时，它的需求弹性的大小与出售该商品所能得到的总收益是密切相关的，因为总收益等于价格乘以销售量。价格的变动引起需求量的变动，为了简单起见，我们假设需求量就是销售量，这样，价格的变动就引起了销售量的变动。不同商品的需求弹性不同，价格变动引起的销售量的变动不同，从而总收益的变动也就不同。下面，我们分析需求富有弹性的商品与需求缺乏弹性的商品，其需求弹性与总收益之间的关系。

1. 富有弹性的商品价格变动与总收益变动的关系

需求富有弹性的商品，如果该商品的价格下降，需求量增加的幅度大于价格下降的幅度，其总收益会增加。

富有弹性商品的价格与总收益呈反方向变动：价格上升，总收益减少；价格下降，总收益增加。

2. 需求缺乏弹性的商品需求弹性与总收益的关系

需求缺乏弹性的商品，如果该商品的价格下降，需求量增加的幅度小于价格下降的幅度，因而总收益会减少。

缺乏弹性的商品的价格与总收益呈同方向变动，价格上升，总收益增加；价格下降，总收益减少。

需求价格弹性与总收益之间的关系对我们理解许多经济现象和做出经济决策具有指导意义。例如，怎样给出口物资定价？如果出口的目的在于增加外汇收入，那么对价格弹性大的物资应规定较低的价格，对弹性小的物资应规定较高的价格。又如，为了提高生产者的收入，人们往往对农产品采取提价的办法，对电视机、洗衣机、手表等高级消费品采取降价的办法，就是因为前者弹性小，后者弹性大。

二、供给价格弹性

（一）供给价格弹性

供给价格弹性通常被简称为供给弹性。供给弹性表示在一定时期内一种商品的供给量的相对变动对该商品的价格的相对变动的反应程度。它是商品供给量的变动率与价格的变动率之比。

$$供给弹性 = \frac{供给量变动百分比}{价格变动百分比}$$

用 E_s 表示供给弹性的弹性系数，$\triangle Q / Q$ 表示供给量变动的百分比，$\triangle P / P$ 表示价格变动的百分比，则供给弹性系数的计算公式是：

$$E_s = \frac{\Delta Q}{Q} \div \frac{\Delta P}{P} = \frac{\Delta Q}{\Delta P} \cdot \frac{P}{Q}$$

供给价格弹性的定义与需求价格弹性的定义是相通的，唯一差别是：对供给而言，数量对价格的反应是正的；而对需求而言，其反应是负的。

（二）供给价格弹性的分类

供给价格弹性也分为五种类型：

（1）富有弹性：$E_s > 1$，表示供给量的变动率大于价格的变动率。例如，汽车、电视机这类商品的供给就是富有弹性的。富有弹性的供给曲线相对平缓。

（2）缺乏弹性：$E_s < 1$，表示供给量的变动率小于价格的变动率。例如，资本技术密集型产品、土地等的供给就缺乏弹性。缺乏弹性的供给曲线相对陡峭。

（3）单位弹性：$E_s = 1$，表示供给量的变动率等于价格的变动率。

（4）完全弹性：$E_s = \infty$，表示价格的变动会引起供给量无限的变动。完全弹性的供给曲线是水平的。

（5）完全无弹性：$E_s = 0$，表示在任何价格水平，供给量都固定不变。例如，一些无法复制的珍贵名画。完全无弹性的供给曲线是一条垂直曲线。

（三）供给价格弹性影响因素

1. 生产时期的长短

当产品的价格发生变化时，厂商对产量的调整需要一定的时间。在短期内，厂商要及时地增加产量或及时地减少产量，都存在不同程度的困难，如农业、石油的开采、规模巨大的企业等，相应的供给弹性是较小的。但是在长期内，生产规模的扩大与缩小，甚至转产都是可以实现的，供给量可以对价格变动做出较充分的反应。

2. 生产的难易程度

一般而言，在一定时期内，容易生产的产品，当价格变动时其生产量变动的速度快，因而供给价格弹性大；较难生产的产品则供给价格弹性小。

3. 成本的变化

如果产量的提高只引起单位成本的轻微提高，则供给价格弹性大；而如果单位成本随着产量的提高而明显上升，则供给价格弹性就小。

4. 生产规模和规模变化的难易程度

一般而言，生产规模较大的资本技术密集型企业，其生产规模较难变动，调整的周期长，因而其产品的供给弹性小；规模较小的劳动密集型企业，则应变能力强，其产品的供给价格弹性较大。

技能训练

一、单项选择题

1. 在其他条件不变的情况下，牛奶价格的下降将导致牛奶的（ ）。

    A. 需求增加   B. 需求减少

    C. 需求量减少   D. 需求量增加

2. 当（ ）时，猪肉的供给曲线右移。

    A. 养猪的成本下降   B. 养猪的成本上升

    C. 消费者的收入增加   D. 养猪者的收入减少

3. 在需求和供给同时减少的情况下，（ ）。

    A. 均衡价格和均衡交易量都下降

    B. 均衡价格下降，均衡交易量的变化无法确定

    C. 均衡价格上升，均衡交易量下降

    D. 均衡价格的变化无法确定，均衡交易量将减少

4. 若商品需求量的增加百分比小于价格下降百分比，则需求价格弹性（ ）。

    A. 大于1   B. 等于1

    C. 小于1   D. 等于0

二、计算题

1. 某商品价格 $P_1 = 500$ 元时，销售量 $Q_1 = 100$ 件，此时总收益是多少？如果价格下跌了 10%，而该商品是富有弹性的商品，价格弹性系数 $E_d = 2$，销售量将是多少，总收益是

多少？是增加还是减少？如果该商品是缺乏弹性的商品，价格弹性系数=0.5，则销售量将是多少，总收益是多少？是增加还是减少？（用一般计算法计算弹性）

2. 已知某一时期内某商品的需求函数为 $Q_d=50-5P$，供给函数为 $Q_s=-10+5P$。

（1）求均衡价格 P_e 和均衡数量 Q_e，并作出几何图形。

（2）假定供给函数不变，由于消费者收入水平提高，使需求函数变为 $Q_d=60-5P$，求出相应的均衡价格 P_e 和均衡数量 Q_e，并作出几何图形。

（3）假定需求函数不变，由于生产技术水平提高，使供给函数变为 $Q_s=-5+5P$，求出相应的均衡价格 P_e 和均衡数量 Q_e，并作出几何图形。

3. 假定表1是需求函数 $Q_d=500-100P$ 在一定价格范围内的需求表，运用中点法，求出价格2元和4元之间的需求的价格弹性。

表1　某商品的需求表

价格/元	1	2	3	4	5
需求量	400	300	200	100	0

三、技能分析

报纸上曾有篇报道：某乳业巨头企业的工人把成吨的鲜牛奶倒入下水道，以避免巨额的损失。很快和其有合同关系的奶牛养殖户也不得不把部分牛奶倒入下水道。这与20世纪30年代美国经济萧条时的一幕非常非常相似：工人把成吨的鲜牛奶倒入下水道，以避免巨额的损失。新鲜牛奶为什么不做降价销售，而选择倒掉呢？请用弹性的相关知识来解释。

四、讨论题

1. 近几年北上广深等超大城市的房价居高不下，如果对超大城市的房价采取限价措施有利于解决住房问题吗？

2. 根据需求弹性和总收益的关系，你认为航空公司在旅游淡季和旺季的销售措施有什么不同？

五、综合实训

综合实训：水果市场的供需规律

项目名称：苹果和橘子的市场供需情况调查

实训目的：引导学生参加日常生活中成本理论的实践训练，在讨论和撰写报告中，增强学生的团队意识，同时加深其对供需定理的认识。

实训内容：学生分组，在调研的基础上进行讨论，集体分析，通过对水果市场上苹果和橘子的供需情况进行调查了解，总结出它们的供求规律。

实训时间：结束本章学习后，课外进行。

操作步骤：

（1）将班级每5名同学分成一组，每组确定一名负责人。

（2）以小组为单位，在队长的带领下，通过对学校周边的水果市场进行实地调研，搜集一段时期内苹果和橘子的价格变动数据及供求数据。

（3）运用供需理论，对数据进行整理分析，总结出两种水果的供需规律，并进一步探索两种水果的供需之间是否存在一定的影响。

（4）撰写一篇综合分析报告。

（5）各组在班内进行交流和讨论。

成果形式：撰写一篇《我们身边的供求规律——以水果市场为例》综合分析报告，字数500字左右。

【思政园地】

外媒眼中的袁隆平：为全球粮食安全作出了杰出贡献

5月22日13时许，中国"杂交水稻之父"、中国工程院院士、"共和国勋章"获得者袁隆平逝世，享年91岁。外国媒体和网友也十分关注袁隆平去世的消息，纷纷赞颂袁隆平对中国和世界粮食安全的卓越贡献，赞扬他的壮举"成功养活了世界近五分之一人口"。

美联社发表题为《中国科学家袁隆平去世，其水稻研究帮助养活全球人口》的文章称，袁隆平一生致力于水稻研究，在中国家喻户晓，被誉为"杂交水稻之父"，并且在2004年获颁世界粮食奖。20世纪70年代，袁隆平在杂交水稻上取得突破，当时他研究出的杂交水稻相比其他品种年产量提高了20%，意味着每年可多养活7 000万人口。在30年的时间里，袁隆平的研究帮助中国从粮食短缺迈向了粮食充足供应。不仅如此，袁隆平及其团队还与数十个国家开展合作，帮助它们解决粮食安全和营养不良问题。即使在晚年，袁隆平也没有停止研究工作。

西班牙《世界报》发表题为《"杂交水稻之父"袁隆平逝世》的报道，赞扬袁隆平的壮举"成功养活了世界近五分之一人口"。作为成功研发杂交水稻的第一人，袁隆平被视为"亚洲英雄"。同时，他带领团队连续攻关，不断打破自己的纪录。为表彰他对中国粮食安全、农业科学发展和全球粮食产量增长所作的贡献，2019年袁隆平获得中国最高荣誉"共和国勋章"。

韩联社、韩国《中央日报》等韩国主流媒体以《中国"杂交水稻之父"袁隆平离世，全民哀悼》为题，报道袁隆平离世及中国人民的深切哀悼。韩联社报道称，袁隆平被称为"中国杂交水稻之父"，备受尊敬。他不顾年岁已高，2021年年初还去水稻培育现场开展研究。文章引用人民日报、新华社、中国农业农村部消息，全面报道了袁隆平研发杂交水稻的历程、对中国和世界的贡献以及国内民众通过线上、线下对他的离世表达哀悼的情况。

巴西《水稻星球》杂志刊文表示，对于许多中国人来说，袁隆平"解决了吃不饱的问题"，在中国受到人民的敬爱。为表彰袁隆平在水稻产量及粮食安全方面做出的重要贡献，一颗小行星以他的名字命名，即"袁隆平星"。

韩国《中央日报》报道称，袁隆平开发的水稻品种在印度、孟加拉国、印度尼西亚、越南、菲律宾、美国、巴西等地普及，为解决世界粮食问题作出巨大贡献。

阿拉伯网站"almuheet"推出《谁是中国"杂交水稻之父"》人物专篇，介绍了袁隆平为推进中国和世界粮食安全所作的杰出贡献。文章提到，中国杂交水稻在非洲的种植和推广促进了非洲国家的粮食安全，推动了许多非洲发展中国家的农业和经济发展。

《纽约时报》在文章中称，袁隆平的研究成果使水稻收成大幅上升，挽救了无数生命，是中国的民族英雄。

西班牙埃菲社和《国家报》均对袁隆平逝世的消息进行了报道，盛赞他为推动全球粮食安全所作的杰出贡献。

联合国、联合国粮农组织等也在其社交平台悼念袁隆平：袁隆平院士为推进粮食安全、消除贫困、造福民生作出了杰出贡献！

来自世界各地的网友也在相关报道的评论区表达对袁隆平的缅怀和敬意。

智利网友对袁隆平的贡献表达了感谢："感谢袁隆平院士发现了杂交水稻，愿他安息。"

"电视上直播了袁隆平院士的送别仪式，可以看出人们对这位伟大科学家的爱戴。因为他的贡献，我们如今才能吃上一盘'智利炒饭'，向他致以拥抱。"

巴西网友也纷纷缅怀袁隆平："他为人类的生存和中国人民的发展作出了卓越贡献，愿他安息。"

"他为世界人民留下了光辉的遗产。"

"我们必须向中国人的智慧脱帽致敬。他们动手创造的一切都取得了良好的成果。无论是经济还是科学方面，中国成为世界上最强大的国家之一绝非偶然。"

在马达加斯加，杂交水稻被印在了当地最大面额的纸币上，一位成功种植中国杂交水稻的民众说道："我们不再忍受饥饿。"

一些阿拉伯网友也在社交媒体上发表评论，深切缅怀袁隆平："他为人类作出了杰出贡献，将永远活在我们的心中。"

"我们多么需要像他这样的伟人啊！"

（来源：佚名. 外媒眼中的袁隆平：为全球粮食安全作出了贡献［N］. 慈溪日报，2021-05-26.

项目三　花钱的诀窍

【学习目标】

思政目标

1. 学习萨缪尔森幸福方程式，在不断提升和实现自我价值并为社会作贡献的同时克制欲望，树立乐观的人生态度。

2. 学习效用的概念，比较游戏与学习的效用，树立正确的人生观、价值观和世界观。

3. 学习边际效用递减规律，理解共同富裕下的社会总效用的提升。

4. 比较劳动价值论和效用价值论，了解各自的贡献与不足，正确理解西方经济学的局限性。

5. 学习消费者均衡，树立正确的消费观念，避免非理性消费，远离校园贷。

知识目标

1. 了解效用、总效用、边际效用的定义，基数效用论与序数效用论的内容、两者关系、分析工具。

2. 熟悉消费者均衡的变动。

3. 掌握边际效用递减规律、边际替代率递减规律、消费预算线、消费者均衡、边际效用分析法与无差异曲线分析法。

能力目标

1. 能运用边际效用分析工具及无差异分析工具解释简单的消费者行为。

2. 能理性消费。

3. 能提升幸福感。

【案例导入】

一个农民的5袋谷物

19世纪80年代著名的奥地利经济学家庞巴维克在其1888年出版的《资本实证论》中讲了一个十分通俗的例子：一个农民在原始森林中建了一座小木屋，独自在那里劳动和生活。他收获了5袋谷物，这些谷物要用到来年秋天，但不必留有剩余。他是一个善于精打细算的人，因而安排了一个在一年内使用这些谷物的计划。第一袋谷物是他维持生存所必需的。第二袋是在维持生存之外用来增强体力和精力的。此外，他希望有些肉可吃，所以留第三袋谷物来饲养鸡、鸭等家禽。他爱喝酒，于是他将第四袋谷物用于酿酒。对于第五袋谷物，他觉得最好用它来养几只他喜欢的鹦鹉，这样可以解闷儿。显然，这5袋谷物的用途不同，其重要性也是不同的。假如以数字来表示的话，将维持生存的那袋谷物的重要性可以确定为12，其余的依次确定为10、8、6、4。现在要问的问题是：如果有一袋谷物遭受了损失比如被小偷偷走了，那么他将失去多少效用？

假如损失了一袋谷物，这位农民面前只有一条唯一合理的道路，即用剩下的四袋谷物供应最迫切的四种需要，而放弃最不重要的需要，或者说是放弃边际效用。边际效用由谁来决定呢？庞巴维克发现，边际效用量取决于需要和供应之间的关系。要求满足的需要越多和越强烈，可以满足这些需要的物品量越少，那么得不到满足的需要就越重要，因而物品的边际效用就越高。反之，边际效用和价值就越低。

（资料来源：金立其. 经济学原理［M］. 杭州：浙江大学出版社，2004.）

任务八　认识效用与效用理论

【学习目标】

1. 了解效用的定义，基数效用论与序数效用论的内容。
2. 理解效用与幸福之间的关系，并能用幸福方程式解释简单的社会现象。
3. 理解基数效用论与序数效用论的异同。

任务描述

经济学所研究的实际是面对限制条件下的最大化问题。这就是说，社会和每个人都面临稀缺性的问题（这就是限制条件），因此进行选择的目标就是实现利益最大化。这适用于各种决策，也同样适用于家庭。

家庭或者个人追求的是自己的最大幸福。这就是说，人要使自己这一生过得尽可能幸福。对于幸福，不同人有不同的理解，哲学家把实现个人自由作为幸福，文学家把浪漫情调作为幸福，政治家把实现自己的理想抱负作为幸福，企业家把商业成功作为幸福，而凡夫俗子往往觉得"平平淡淡就是幸福"。

思考：

1. 不同的人对幸福有不同的理解。作为一名大学生，你追求的幸福是什么？

2. 经济学家是怎样理解幸福的呢？

笔记：

_____

_____

_____

任务精讲

在前面的任务分析中，我们已经了解到消费者追求的目标是效用最大化。因此要研究消费者行为理论，就必须从研究效用理论出发。

一、效用（utility）

【小案例】

钻石和木碗

一个穷人家徒四壁，只得头顶着一只旧木碗四处流浪。一天，穷人上一艘渔船去帮工。不幸的是，渔船在航行中遇到了特大风浪，船上的人几乎都淹死了，穷人抱着一根大木头，才得以幸免于难。

穷人被海水冲到一个小岛上，岛上的酋长看见穷人头顶的木碗，感到非常新奇，便用一大口袋最好的珍珠宝石换走了木碗，派人把穷人送回了家。

一个富翁听到了穷人的奇遇，心中暗想："一只木碗都能换回这么多宝贝，如果我送去很多可口的食物，该换回多少宝贝！"于是，富翁装了满满一船山珍海味和美酒，找到了穷人去过的小岛。

酋长接受了富人送来的礼物，品尝之后赞不绝口，声称要送给他最珍贵的东西。富人心中暗自得意。一抬头，富人猛然看见酋长双手捧着的"珍贵礼物"，不由得愣住了！

效用是满足人们欲望的能力，或者是指消费者在消费商品或劳务时所得到的满足程度。西方经济学认为，商品或劳务价值的多少，是由其效用大小决定的。一种商品或劳务对消费者是否具有效用，取决于消费者是否有消费这种商品或劳务的欲望，以及这种商品或劳务是否具有满足消费者欲望的能力。消费者消费某种商品或劳务时得到的满足程度越强，效用就越大；反之，得到的满足程度越弱，效用就越小。如果消费者从消费的某种商品或劳务中感到痛苦，则是负效用。物品有无效用及效用大小更多取决于消费者的主观感受。例如，一个肉包子对一个饥饿者来说，有很大的效用，但对一个酒足饭饱者而言，可能没有效用，甚至具有负效用。同一物品对不同的人的效用不同，即使是对同一个人，在不同时间或不同地点其效用也可能不同。

二、基数效用论与序数效用论

效用既然是一种人的主观感受，那么效用能不能测量呢？不同的经济学家对此的回答截然不同。在西方经济学中，先后出现过两种衡量效用大小的观念，这就是基数效用论和序数效用论。

（一）基数效用论

在 19 世纪末 20 世纪初，西方经济学中普遍使用基数效用概念。基数是指 1、2、3……是可以加总求和的。基数效用论认为，效用可以具体衡量并加总求和，具体的效用量之间的比较是有意义的。表示效用大小的计量单位被称作效用单位。例如，假定对某人来说，听一场高水平的音乐会的效用是 10 个单位，吃一顿丰盛的晚餐效用是 5 个单位，那么我们就可以说，此人听音乐会的效用是吃晚餐的效用的 2 倍。所谓效用可以加总求和，是指消费者消费几种物品所得到的满足程度可以加总而得出总效用。例如，在上述例子中，消费者消费这两种物品所得到的总效用为 15 个单位。根据这种理论来研究效用最大化问题，其采用的是边际效用分析法。

（二）序数效用论

20 世纪 30 年代至今，西方经济学中多使用序数效用概念。序数是指第一、第二、第三……序数只表示顺序或等级，是不能加总求和的。例如，成绩列第一和第二，仅表明第一优于第二，至于第一、第二各自的具体数量是没有意义的。序数效用论是为了弥补基数效用论的缺点而提出来的，很多经济学家认为既然效用是表达主观心理感受的抽象概念，那么效用无法具体衡量，效用之间的比较只能通过顺序或等级来表示。例如，消费者喝了一杯茶和一杯咖啡，从中得到的效用无法衡量或加总求和，但它可以比较消费这两种物品得到的效用。如果他认为一杯茶的效用大于一杯咖啡的效用，那么也可以说，茶的效用第一，咖啡的效用第二。并且，就分析消费者行为来说，以序数来度量效用的假定比以基数来度量效用的假定所受到的限制要少，可以减少一些被认为是值得怀疑的心理假设。序数效用论研究效用最大化问题，采用无差异曲线分析法。

任务九　学习基数效用论——边际效用分析

【学习目标】

1. 熟悉总效用和边际效用的概念。

2. 理解总效用与边际效用之间的关系。

3. 掌握边际效用递减规律并能运用于实践，掌握消费者均衡及其应用。

任务描述

傻子吃大饼的故事可以说是家喻户晓，傻子饿得慌，吃了五张大饼吃饱了，他感叹道："早知道第五张饼就可以吃饱肚子，那前面四张大饼，不就是白吃了吗？"

思考：

你赞同傻子的说法吗？为什么？

笔记：

_____

_____

_____

任务精讲

在前面的任务描述中，我们已经了解到五张大饼带来的饱腹感和第五张大饼带来的饱腹感是不同的，因此我们就必须从总效用和边际效用这两个概念开始学习。

一、总效用和边际效用

（一）总效用（total utility）

总效用是指消费者在一定时间内从一定数量的商品或劳务的消费中所得到的效用量的总和。总效用的大小取决于所消费的商品量的多少，所以它是所消费的商品量的函数。假定消费者对一种商品的消费数量为 Q，则总效用函数为：

$$TU = f(Q)$$

总效用也可以由连续消费的每一单位消费品所获得的边际效用加总得到。

（二）边际效用（marginal utility）

边际效用是指消费者在一定时间内增加一单位商品或劳务的消费所得到的效用量的增量。相应的边际效用函数为：

$$MU = \frac{\Delta TU(Q)}{\Delta Q}$$

当商品的增加量趋于无穷小，即 $\Delta Q \to 0$ 时有：

$$MU = \lim_{\Delta Q \to 0} \frac{\Delta TU(Q)}{\Delta Q} = \frac{dTU(Q)}{dQ}$$

（三）总效用与边际效用的关系

对于边际效用与总效用的关系，我们可以举例说明。假设消费者消费巧克力，其总效用和边际效用如表9-1所示。

表 9-1 总效用和边际效用的关系

巧克力的消费量	总效用	边际效用
1	10	10
2	18	8
3	24	6
4	28	4
5	30	2
6	30	0
7	28	-2

我们根据表 9-1 可以做出总效用曲线和边际效用曲线。在图 9-1 中，横坐标表示巧克力的数量，纵坐标表示效用，TU 为总效用曲线，MU 为边际效用曲线。

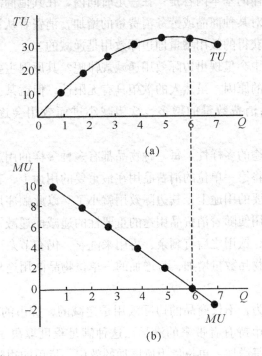

(a)

(b)

图 9-1 巧克力的效用曲线

如图 9-1 所示，我们可以总结总效用和边际效用的关系：

当总效用上升时，边际效用大于零；

当总效用下降时，边际效用小于零；

当总效用达到最大值时，边际效用等于零。

在图 9-1 中我们可以发现，总效用随着消费数量的增加，开始是不断增加的，逐渐达到最大值，然后又逐渐减少。但不论总效用是增加还是减少，边际效用始终是在递减的，并且当边际效用达到负值时总效用开始减少。经济学称这一规律为边际效用递减规律。

二、边际效用递减规律

【小案例】

美国总统罗斯福连任三届后，曾有记者问他有何感想，总统一言不发，只是拿出一块三明治面包让记者吃，这位记者不明白总统的用意，又不便问，只好吃了。接着总统拿出第二块，记者还是勉强吃了，紧接着总统拿出第三块，记者为了不撑破肚皮赶紧婉言谢绝。这时罗斯福总统微微一笑："现在你知道我连任三届总统的滋味了吧。"

商品的边际效用具有一个重要性质，当一个消费者连续增加同一商品消费时，他从商品的增加中所获得的满足越来越小，即边际效用越来越小，这种变动趋势叫边际效用递减规律。边际效用递减规律的基本内容是：在一定时间内，在其他商品或劳务的消费量不变的条件下，随着消费者对某种商品或劳务消费量的增加，消费者从该商品或劳务的连续增加的每一消费单位中所获得的效用增量即边际效用是递减的。

为什么在消费过程中会呈现出边际效用递减规律呢？其原因主要是：

第一，生理或心理的原因。虽然人的欲望具有无限性，但就某一个具体的欲望来说是有限的，随着一种物品消费数量的增多，欲望减小进而效用会逐渐减少，甚至产生负效用。

第二，物品本身用途的多样性。每一种物品都有多种多样的用途，而这些用途的重要性却不同。消费者总是将第一单位的消费品用在最重要的用途上，其边际效用就大。第二单位的消费品用在次重要的用途上，其边际效用就小了。以此顺序用下去，用途越来越不重要，消费品的边际效用便随着消费品用途的重要性的递减而递减了。以水为例，在数量很少时，首先满足饮用，饮用之后有剩余，再用来洗衣，仍有节余可用来浇花等。由此可见，随着消费者拥有的物品数量增加，每增加的一单位物品的用途越来越小，即边际效用递减。

西方经济学家还认为，不仅商品的边际效用是递减的，货币的边际效用也是递减的。货币的效用是货币给货币持有者带来的满足，这种满足程度取决于货币持有者的心理感受。货币的边际效用是每增加一单位货币所增加的效用。货币的边际效用递减是指随着一个人收入的增加，他持有的货币的边际效用越来越小。如果一个人的收入不变，那么，他持有的货币的边际效用就不变了。下面讲的消费者均衡就假设消费者的收入不变。

三、消费者均衡——效用最大化原则

消费者均衡是指消费者通过购买各种商品和劳务，实现效用最大化时，既不想再增加，也不想再减少任何商品和劳务购买数量的一种相对静止的状态。

消费者的收入总是有限的，他要把有限的货币收入用于购买各种商品和劳务来满足自己的欲望，最终实现效用最大化。但由于边际效用随着商品消费量的增加而递减，消费者要想获得最大效用就必须合理确定各种商品的购买数量。消费者均衡正是要解决这一问题。

基数效用论认为，消费者实现效用最大化的均衡条件是：如果消费者的货币收入水平和市场上各种商品的价格是既定的，那么，消费者应该使自己所购买的各种商品的边际效用与价格之比都相等。或者说，消费者应使自己花费在各种商品购买上的最后一元钱所带来的边际效用都相等。其经济含义是：消费者收入一定时，多购买某种商品，就会少购买其他商品。根据边际效用递减规律，多购买的商品边际效用下降，少购买的商品边际效用上升。要想达到消费者均衡，消费者必须调整他所购买的各种商品的数量，使每种商品的边际效用和价格之比都相等。

假定某消费者用既定的收入 I 购买 n 种商品，P_1，P_2，$\cdots$，P_n 分别为 n 种商品的既定价格，λ 为不变的货币的边际效用，X_1，X_2，$\cdots$，X_n 分别表示 n 中商品的数量，MU_1，MU_2，$\cdots$，MU_n 分别表示 n 种商品的边际效用，则该消费者效用最大化的均衡条件可以用公式表示为：

$$P_1X_1 + P_2X_2 + \cdots + P_nX_n = I$$

$$\frac{MU_1}{P_1} = \frac{MU_2}{P_2} = \cdots = \frac{MU_n}{P_n} = \lambda$$

上面的公式是限制条件，说明收入是既定的，购买 n 种商品的支出不能超过收入，也不能小于收入。超过收入的购买是无法实现的，而小于收入的购买也达不到既定收入时的效用最大化。下面的公式是在限制条件下消费者实现效用最大化的均衡条件，表示消费者应该选择最优的商品组合，使得自己花费在各种商品上的最后一元钱所带来的边际效用相等，并且等于货币的边际效用。

为什么要符合以上条件呢？这是因为，如果花费在某种商品上的最后一元钱能够提供更多的边际效用，那么消费者就会把钱从其他商品的花费上转移到该商品的花费上去，直到边际效用递减规律使花费在该商品上的最后一元钱的边际效用下降到与其他商品相等为止。如果花费在某种商品上的最后一元钱提供的边际效用较少，那么，消费者就会把钱从该商品的花费上转移到其他商品的花费上去，直到花费在该商品上的最后一元钱的边际效用提高到与其他商品的边际效用相等为止。

例如，若 $\dfrac{MU_1}{P_1} > \dfrac{MU_2}{P_2}$，说明对消费者来说，同样的一元钱购买商品 1 所得到的边际效用大于购买商品 2 所得到的边际效用。那就意味着增加物品 1 的消费、减少商品 2 的消费，在这样的调整中，在边际效用递减规律的作用下，商品 2 的边际效用会随其购买量的不断减少而递增，商品 1 的边际效用会随其购买量的不断增加而递减。当消费者一旦将其购买组合调整到同样一元钱购买这两种商品所得到的边际效用相等时，即达到 $\dfrac{MU_1}{P_1} = \dfrac{MU_2}{P_2}$ 时，他便得到了由减少购买商品 2 和增加购买商品 1 所带来的总效用增加的全部好处，即消费者此时获得了最大的效用。

相反，如果 $\dfrac{MU_1}{P_1} < \dfrac{MU_2}{P_2}$，说明对消费者来说，同样的一元钱购买商品 1 所得到的边际效用小于购买商品 2 所得到的边际效用。那么，增加商品 2 的消费、减少商品 1 的消费，直至 $\dfrac{MU_1}{P_1} = \dfrac{MU_2}{P_2}$ 从而获得最大的效用。

由此可以推论，只要消费者的消费组合不满足均衡条件，他都会作出调整，直到每一元钱支出的边际效用都相等，调整才会停止。这时，消费者实现了效用最大化。

任务十　学习序数效用论——无差异曲线分析

【学习目标】

1. 熟悉无差异曲线的特征。
2. 掌握商品的边际替代率及其递减规律、消费预算线的变动、消费者均衡。

任务描述

经济学有一个很经典的笑话，叫"布里丹的驴"。这个笑话最先由巴黎大学的布里丹（Jean Buridan）提出，讲的是一头饥饿的驴子面对着两堆有同样诱惑力的干草，简直不能决定去吃哪一堆，结果三天之后，它还是想不出办法，只有忍饥挨饿，直到死亡。

思考：

这头不幸的驴之所以忍饥挨饿直到死，有没有一定的经济学上的道理呢？该如何理性分析呢？

笔记：

_____

_____

_____

任务精讲

从以上任务描述中，我们了解到这头饥饿的驴子面对着两堆有同样诱惑力的干草，这在经济学中的说法叫"无差异"。因此我们要学会运用无差异曲线分析来研究序数效用理论中的消费者均衡问题。

序数效用论者认为，商品的效用是无法具体衡量的，但是消费者从商品中所得到的效用是可以用等级来排序的。在这里，他们提出了消费者偏好这一概念。消费者对各种不同的商品组合的偏好（爱好）程度是有差异的，这种偏好程度的差异决定了不同商品组合的效用的大小顺序。消费者根据自己的偏好（爱好）对可能消费的商品组合进行排序。具体地说，假定消费者面对 A、B 两组商品组合，若消费者对 A 组合的偏好程度大于对 B 组合的偏好程度，则可以说 A 组合给消费者带来的效用水平（满足程度）大于 B 组合给消费者带来的效用水平（满足程度）。

【小案例】

中国菜的粉丝——偏好

毛泽东一生最爱吃的荤菜当属红烧肉。他经常说："吃点红烧肉补补脑子。"相较于战争年代十分恶劣的环境和异常艰苦的生活条件新中国成立后的生活，有所改善，保健医生为了毛泽东的健康长寿，曾就吃红烧肉一事与他"约法三章"：第一，以吃瘦肉为主，改变吃肥肉的老习惯；第二，以调换口味为主，不能一次吃得过多；第三，以补足营养为度，不是天天吃。毛泽东同意了这"约法三章"，但一直没有改变吃红烧肉的饮食习惯。

上海和平饭店的主厨范正明多年前曾收到美国前总统克林顿夫妇的一封"表扬信"。原来当年范正明主理克林顿访华上海站菜肴时，做出了让美国总统难忘的中国虾仁。克林顿夫妇开始用餐后，意想不到的事情发生了——克林顿认为菜肴美味至极，令人可以忘记"时间"，所以准备取消晚间欣赏上海老年爵士乐队的休闲节目，将享受中国菜进行"到底"。

偏好表明一个人喜欢什么、不喜欢什么。一般来说，偏好无所谓好坏，爱好运动的人可能会经常说"生命在于运动"，而好静的人喜欢以"千年老龟"的典故作为自己不好动的理由。每个人的偏好不同，就会引起每个人的行为选择的不同。

偏好是消费者对一种或几种物品的组合排序，这种排序表示了消费者对不同物品或物品组合的喜好程度。偏好是决定消费者行为的重要因素。

关于消费者偏好，有以下三个基本的假设条件：

第一，偏好的可比性。对于任何两个商品组合 A、B，消费者可以作出且仅仅只能作出以下三种判断中的一种：对 A 的偏好大于对 B 的偏好；对 A 的偏好等于对 B 的偏好；对 A 的偏好小于对 B 的偏好。

第二，偏好的可传递性。对于任何三个商品组合 A、B 和 C，如果消费者对 A 的偏好大于（等于或小于）对 B 的偏好，对 B 的偏好大于（等于或小于）对 C 的偏好，那么，消费者在 A、C 两个组合中只能作出对 A 的偏好大于（等于或小于）对 C 的偏好。

第三，偏好的非饱和性。消费者对每一种商品的消费都处于非饱和状态，或者说，对任何一种商品，消费者总是认为多比少好。具体地说，如果两个商品组合的区别仅仅在于其中一种商品的数量的不同，那么，消费者总是偏好数量多的商品组合。

一、无差异曲线

无差异曲线是用来表示两种商品的不同数量组合给消费者带来的效用是完全相同的一条曲线。或者说，能够使消费者得到同样效用或满足程度的两种商品的不同组合的轨迹。与无差异曲线相对应的效用函数为：

$$U = f(X_1, X_2)$$

式中，X_1、X_2 分别为商品 1 和商品 2 的数量；U 是常数，表示某个效用水平。其含义是消费不同的 X_1、X_2 给消费者带来相同的效用水平。由于无差异曲线表示的是序数效用，所以，这里的 U 只表示某个效用水平，而不表示一个具体数值。

有 X_1、X_2 两种商品，它们有六种组合，这六种组合可以给消费者带来相同的满足程度，可用表 10-1 表示。

表 10-1　某消费者的无差异表

商品组合	表 a		表 b		表 c	
	X_1	X_2	X_1	X_2	X_1	X_2
A	20	132	30	120	50	120
B	30	60	40	80	55	90
C	40	44	50	62	60	82
D	50	35	60	52	70	70
E	60	29	70	43	80	60
F	70	24	80	40	90	55

该表有三个子表（子表 a、子表 b、子表 c），每一个子表中都包含六种商品组合（A、B、C、D、E、F），且假定每一个子表中六种商品组合的效用水平是相等的。也就是消费者对每一个自表中的六种组合的偏好程度是无差异的。

在这里需要注意的是，子表 a、子表 b 和子表 c 三者各自所代表的效用水平是不一样的。根据偏好的非饱和性假设，我们可以得出这样的结论：子表 a 所代表的效用水平低于子表 b 所代表的效用水平低于子表 c 所代表的效用水平。

我们根据表 10-1 可以绘制出该消费者的无差异曲线如图 10-1 所示。图中的横轴和纵轴分别表示商品 1 和商品 2 的数量 X_1、X_2，曲线 I_1、I_2、I_3 分别代表与子表 a、子表 b 和子表 c 相对应的三条无差异曲线。

实际上，我们可以作出无数个无差异子表，从而得到无数条无差异曲线。表 10-1 和

图 10-1 只不过是一种分析的简化。根据表 10-1 可以绘制出与其相对应的无差异曲线，如图 10-1 所示，横轴代表商品 1 的数量，纵轴代表商品 2 的数量，U 为无差异曲线，线上的任何一点所代表的商品 1 与商品 2 的数量组合虽然不同，但给消费者带来的效用是相同的。

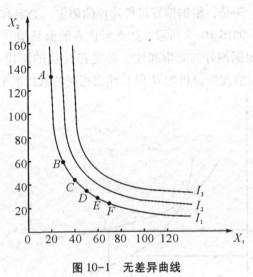

图 10-1 无差异曲线

结合图 10-1，可知无差异曲线有以下特征：

第一，在同一平面图内有无数条无差异曲线，同一条无差异曲线代表相同的效用水平（满足程度），不同的无差异曲线代表不同的效用水平（满足程度），离原点越远的无差异曲线代表的效用水平（满足程度）越大，反之则越小。如图 10-2 所示，I_1、I_2、I_3 代表三条不同的无差异曲线，其效用大小的排列是 $I_1 < I_2 < I_3$。

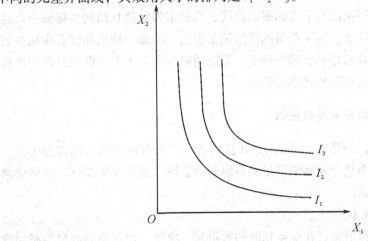

图 10-2 不同的无差异曲线

第二，在同一平面图上，任意两条无差异曲线不能相交。

因为在交点上两条无差异曲线代表了相同的效用，这与第二点矛盾。可以用图 10-3 来说明。假设两条无差异曲线 I_1 和 I_2 相交于点 A，同时在这两条曲线上分别任取两点 B 和 C。由无差异曲线 I_1 可得 A、B 两点的效用水平是相等的，由无差异曲线 I_2 可得 A、C 两点的效用水平也是相等的。于是，根据偏好可传递性的假定，必定有 B 和 C 这两点代表的效用水平是相等的。但是，如图 10-3 所示，C 点所代表的商品组合中的每一种商品的数量都多于 B 组合，于是，根据偏好的非饱和性，必定有 C 点的所代表的效用水平大于 B 点所代表的效用水平。这与前面所分析的 B 和 C 代表相同的效用水平相矛盾。

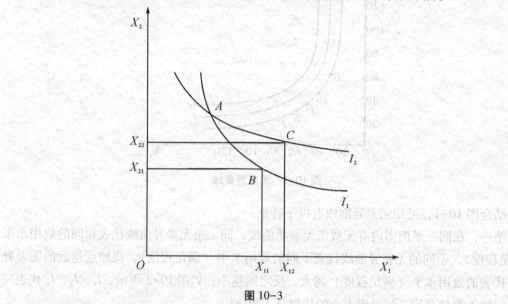

图 10-3

第三，无差异曲线是一条向右下方倾斜的曲线，其斜率为负值且凸向坐标原点。这说明在收入和价格既定的条件下，为了获得同样的满足程度，增加一种商品就必须减少另一种商品，两种商品在消费者偏好不变的条件下，不能同时减少。无差异曲线是凸向坐标原点的，这一点可以用商品的边际替代率来说明。

二、商品的边际替代率及其递减规律

假设有一种商品组合，商品 1 和商品 2，并且两者之间具有此消彼长的数量关系。这时在消费者心中，追加其中某个商品消费量的意愿和重要性会逐步发生变化。经济学家用边际替代率来解决这个问题。

（一）商品的边际替代率

商品的边际替代率是指消费者在保持相同的效用时，增加一种商品的数量与必须放弃的另一种商品的数量之间的比率。

以 ΔX_1 代表商品 1 的增加量，ΔX_2 代表商品 2 的减少量，MRS_{12} 代表以商品 1 代替商品 2 的边际替代率，则边际替代率的公式为：

$$MRS_{12} = -\frac{\Delta X_2}{\Delta X_1}$$

应该注意的是，在保持效用相同时，增加一种商品要减少另一种商品。因此，边际替代率应该是负值。无差异曲线的斜率就是边际替代率，无差异曲线向右下方倾斜就表明边际替代率为负值。但为了使商品的边际替代率取正值以便于比较，所以在公式中加了个负号或取其绝对值。

由于无差异曲线存在的前提是总效用不变，因此，在同一条无差异曲线上，增加商品 1 所增加的效用必须等于减少商品 2 所减少的效用，用数学公式表示为：

$$\Delta X_1 \cdot MU_1 = -\Delta X_2 \cdot MU_2$$

$$-\frac{\Delta X_2}{\Delta X_1} = \frac{MU_1}{MU_2}$$

所以，商品 1 对商品 2 的边际替代率，实际上是其边际效用之比：

$$MRS_{12} = \frac{MU_1}{MU_2}$$

若商品 1 的数量变化量趋于无穷小，即当 $\Delta X_1 \to 0$ 时，则商品的边际替代率的公式可以写成：

$$MRS_{12} = \lim_{\Delta x_1 \to 0} -\frac{\Delta X_2}{\Delta X_1} = -\frac{\mathrm{d}X_2}{\mathrm{d}X_1}$$

显然，无差异曲线上任何一点的商品边际替代率等于无差异曲线在该点作切线的斜率的绝对值。

（二）边际替代率递减规律

基数效用论通过边际效用和边际效用递减规律分析消费者行为，序数效用论则用商品的边际替代率和商品的边际替代率递减规律分析消费者行为。

商品的边际替代率递减规律是指在保持效用水平不变的前提下，随着一种商品消费数量的不断增加，消费者为得到一单位这种商品所愿意放弃的另一种商品的消费量是递减的。我们可以用表 10-2 来说明这个问题。

表 10-2　边际替代率表

变动情况	ΔX_1	ΔX_2	MRS_{12}
$a \to b$	10	-20	2
$b \to c$	10	-18	1.8
$c \to d$	10	-11	1.1

商品的边际替代率递减的原因在于：如图 10-4 所示，当消费者处于商品 1 的数量较少和商品 2 的数量较多的 a 点时，消费者会由于拥有较少数量的商品 2 而对每一单位的商品 1 较为偏好；同时，会由于拥有较多数量的商品 2 而对每一单位的商品 2 的偏爱程度较低。于是，每一单位的商品 1 所能替代的商品 2 的数量是比较多的，即商品的边际替代率是较大的。但是，随着消费者由 a 点逐步运动到 d 点，消费者拥有的商品 1 的数量会越来越多，相应地，对每一单位商品 1 的偏好程度会越来越低；与此同时，消费者拥的商品 2 的数量会越来越少，相应地，对每一单位商品 2 的偏爱程度会越来越高。于是，每一单位的商品 1 所能替代的商品 2 的数量便越来越少。也就是说，商品的边际替代率是递减的。

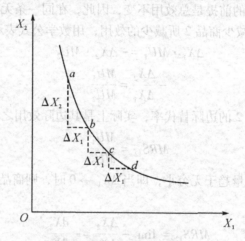

图 10-4 边际替代率

或者从以下公式中也可看出商品的边际替代率是呈递减趋势的：

$$MRS_{12} = \frac{MU_1}{MU_2}$$

随着每增加一单位的商品 1，商品 1 的边际效用在递减，而商品 2 的边际效用随着商品 2 的数量的减少而增加。因此，商品 1 所能代替的商品 2 的数量就越来越少，于是边际替代率在不断下降。

从几何意义上讲，商品的边际替代率递减表示无差异曲线的斜率的绝对值是递减的。因此，商品的边际替代率递减规律决定了无差异线的形状凸向原点。

基数效用论通过边际效用和边际效用递减规律分析消费者行为，序数效用论则用商品的边际替代率和边际替代率递减规律分析消费者行为。

三、预算线及其变动

无差异曲线图描述了消费者对商品和服务的不同偏好，但仅仅用偏好还不能说明消费者行为，消费者个人选择要受到收入和价格的制约。

（一）预算线

预算线又称消费预算线和消费可能线。消费预算线是一条表明在消费者收入和价格水平既定的条件下，消费者的全部收入所能购买到的两种商品不同数量的组合线。

消费可能线表明消费者行为的限制条件。假定某消费者可用于支出的收入为 60 元，购买 1 和 2 两种商品。商品 1 的价格为 20 元，商品 2 的价格为 10 元，如果他用全部的收入购买这两种商品，那么，也就达到了消费的最多可能。表 10-3 显示了在价格既定的条件下购买商品 1、商品 2 各种可能的组合。

表 10-3　消费可能组合

消费可能	商品 1	商品 2
A	0	6
B	1	4
C	2	2
D	3	0

我们根据表 10-3 可以作出该消费者的消费可能线，见图 10-5。

如图 10-5 所示，A 点为将支出全部购买商品 2 的数量，B 点为将支出全部购买商品 1 的数量，连接 A、B 两点的线即为消费可能线，在 AB 线上的任何一点都表示以现有收入能购买的商品 1、商品 2 的可能组合。在线内的点（如点 C）表示所购买的商品 1、商品 2 的组合可以实现，但没有用完收入，即不是最大数量的组合。在线外的点（如点 D），表示所购买的商品 1、商品 2 的组合不能实现。

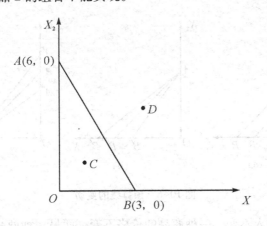

图 10-5　消费可能线

假设消费者在某一定时期的收入（I）既定或已知，并且用收入（I）只能购买商品 1 和商品 2 两种商品，又知两商品的价格分别为 P_1 和 P_2，则有预算线方程：

$$I = P_1X_1 + P_2X_2$$

或

$$X_2 = -\frac{P_1}{P_2}X_1 + \frac{I}{P_2}$$

式中，$-\dfrac{P_1}{P_2}$ 为预算线的斜率，$\dfrac{I}{P_2}$ 为预算线在纵轴上的截距。

（二）预算线的变动

既然预算线表示的是消费者在一定收入和一定价格下的限制，那么消费者的收入或商品价格发生变化，都会引起预算线发生变化。预算线的变动可以归纳为以下四种情况：

第一，当商品价格不变，消费者收入发生变化时，会引起预算线向左或向右平行移动。当商品的价格不变时，也就是预算线的斜率 $-\dfrac{P_1}{P_2}$ 不变，收入变化只会引起预算线横轴和纵轴的截距发生变动。如图 10-6（a）所示，当收入增加，预算线 AB 向右上方平移至 $A'B'$，这时预算空间的范围扩大了。相反，当收入减少，预算线 AB 向下方平移至 $A''B''$。

第二，消费者的收入不变，两种商品的价格同比例同方向发生变化时，预算线向左或向右发生平行移动。由于 P_1 和 P_2 同比例同方向的变化，并不影响预算线的斜率 $-\dfrac{P_1}{P_2}$，而只能使预算线的横、纵截距 $\dfrac{I}{P_1}$ 和 $\dfrac{I}{P_2}$ 发生变化。仍如图 10-6（a）所示，P_1 和 P_2 的同比例上升，使预算线 AB 向左平移至 $A''B''$；相反，P_1 和 P_2 的同比例下降，使预算线 AB 向右平移至 $A'B'$。

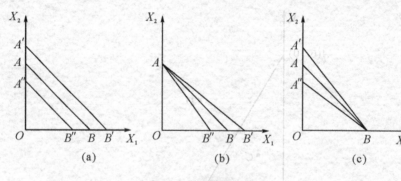

图 10-6　预算线的变动

第三，当消费者收入不变，一种商品的价格不变，而另一种商品的价格发生变化。此时一种商品的价格不变，而另一种商品的价格发生变化，说明预算线的斜率 $-\dfrac{P_1}{P_2}$ 发生变动。若商品 1 的价格发生变化，商品 2 的价格不变，这时，预算线会以 A 点为轴心，顺时针或逆时针移动，如图 10-6（b）。若商品 2 的价格发生变，商品 1 的价格不变，这时预算线会以 B 点为轴心，顺时针或逆时针移动，如图 10-6（c）所示。

第四，当消费者的收入和两种商品的价格都同比例同方向变化时，预算线不发生变化。这是因为，此时预算线的斜率不会发生变化，其截距也不会发生变化。这说明消费者的全部收入用来购买其中任何一种商品的数量都是不变的。

四、消费者均衡

所谓消费者均衡是指在消费者收入和商品价格既定的条件下，当消费者选择某个商品组合获得了最大的效用并保持这种状态不变时，消费者处于均衡状态。那么在什么条件下才会实现消费者均衡呢？

以上我们讨论了无差异曲线和预算线，无差异曲线从主观方面，即消费者偏好的角度分析了消费者通过购买获得满足的种种组合，预算线则从客观方面，即消费者收入限制的角度分析了消费者选择商品组合的最大可能性。现在我们把无差异曲线和预算线结合在一起来分析消费者均衡的实现。为了研究消费者均衡，我们作如下假设：

第一，消费者的偏好是既定的。

第二，消费者的收入是既定的。

第三，商品 1 和商品 2 的价格是已知的。

消费者的最优购买行为必须满足两个条件：第一，最优的商品购买组合必须是能够给消费者带来最大效用的商品组合；第二，最优的商品购买必须位于给定的预算线上。如图 10-7 所示，如果把无差异曲线与消费者的预算线置于同一平面图上，那么消费者的预算线与无数无差异曲线其中一条相切，切点 E 就是实现消费者效用最大化的满足点，而满足这个切点的要求，就是满足了消费者效用最大化的条件，也就是消费者均衡的条件。

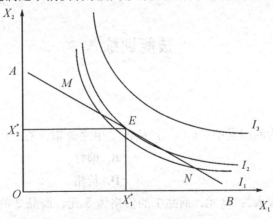

图 10-7　消费者的均衡

在图 10-7 中，有一条既定的预算线 AB 和三条无差异曲线 I_1、I_2、I_3，这三条无差异曲线所代表的效用水平排序为 $I_1 < I_2 < I_3$。就无差异曲线 I_3 来说，虽然它代表的效用水平最高，但它与既定的预算线 AB 既无交点又无切点。这说明消费者在既定的收入水平下无法实现无差异曲线 I_3 上的任何一点的商品组合的购买。而无差异曲线 I_1 虽然与预算线有交点 M、N，但它的效用水平是低于无差异曲线 I_2 的效用水平的，所以只有预算线 AB 与无差异曲线 I_2 相切，其切点 E 所代表的商品组合，就是效用最大化的商品组合。因为 E 点是在预算线上，在消费者预算约束允许的范围内；E 点又是预算线所能够达到的最高的无差异曲线上的一种商品消费组合。因此，E 点代表了消费者预算所能达到的最高的效用水平。

事实上，就 M 点和 N 点来说，若消费者选择预算线 AB 上位于 M 点右边或 N 点左边的任何一点的商品组合，则都可以达到比 I_1 更高的无差异曲线，以获得比 M 点和 N 点更高的效用水平。消费者会沿着预算线 AB 由 M 点往右和由 N 点往左运动，最后必定在 E 点达到均衡。显然，只有当既定的预算线 AB 和无差异曲线 I_2 相切于 E 点时，消费者才在既定的预算约束条件下获得最大的满足。故 E 点就是消费者实现效用最大化的均衡点。在均衡点 E，相应的最优购买组合为 (X_1^*, X_2^*)。

在均衡点 E 点上，无差异曲线 I_2 和预算线 AB 两者的斜率是相等的，即

$$MRS_{12} = \frac{P_1}{P_2}$$

这就是消费者效用最大化的均衡条件，它表示在一定的预算约束下，为了实现最大的效用，消费者应该选择最优的商品组合，使得两种商品的边际替代率等于两种商品的价格之比。也就是在最优的商品组合上，消费者愿意用一单位的某种商品去交换另一种商品的数量应该等于该消费者能够在市场上用一单位的这种商品去交换得到的另一种商品的数量。

技能训练

一、单项选择题

1. 影响消费者行为的因素中，（　　）使得"甲之砒霜，乙之佳肴"。
   A. 收入 　　　　　　　　　　B. 偏好
   C. 预算约束 　　　　　　　　D. 价格

2. 已知消费者的收入为 50 元，商品 1 的价格为 5 元，商品 2 的价格为 4 元，假设该消费者计划购买 6 单位的商品 1 和 5 单位的商品 2，商品 1 和商品 2 的边际效用分别为 60 和 30，如果实现效用最大化，应该（　　）。

A. 增加商品 1 而减少商品 2 的购买量

B. 增加商品 2 而减少商品 1 的购买量

C. 同时减少商品 1 和商品 2 的购买量

D. 同时增加商品 1 和商品 2 的购买量

3. 无差异曲线的形状取决于（　　　）。

A. 消费者偏好　　　　　　　　　B. 消费者收入

C. 所购商品价格　　　　　　　　D. 商品效用水平的大小

4. 同一条无差异曲线上的不同点表示（　　　）。

A. 效用水平相同，两种商品的数量组合也相同

B. 效用水平相同，但两种商品的数量组合不同

C. 效用水平不同，但两种商品的数量组合相同

D. 效用水平不同，两种商品的数量组合也不同

5. 预算线的位置和斜率取决于（　　　）。

A. 消费者的收入　　　　　　　　B. 消费者的收入和商品的价格

C. 消费者的偏好、收入和商品价格　D. 以上三者都不是

6. 当消费者的收入和两种商品的价格都同比例同方向变化时，预算线（　　　）。

A. 向左下方平行移动　　　　　　B. 向右上方平行移动

C. 不变动　　　　　　　　　　　D. 向左下方或右上方移动

二、计算题

1. 当收入为 80 元，商品 1 的价格为 20 元，商品 2 的价格为 10 元，各种不同数量的商品 1、商品 2 的边际效用如表 1 所示。

表 1　商品 1 和商品 2 的边际效用

X_1	MU_1	X_2	MU_2
1	16	1	10
2	14	2	8
3	12	3	7.5
4	5	4	7
5	2	5	6.5
6	1	6	6
		7	5.5
		8	5

表1（续）

X_1	MU_1	X_2	MU_2
		9	4.5
		10	4
		11	3.5
		12	3

在购买多少单位商品 1 和多少单位商品 2 时，可以实现效用最大化？这时货币的边际效用是多少？

2. 已知一件衬衫价格为 60 元，一份肯德基快餐的价格为 20 元，在某消费者关于这两种商品的效用最大化的均衡点上，一份肯德基对衬衫的边际替代率是多少？

3. 某消费者收入为 60 元，用于购买商品 1 和商品 2 两种商品，商品 1 的价格为 10 元，商品 2 的价格为 5 元：

（1）绘制一条预算线；

（2）所购买的商品 1 为 2 个单位，商品 2 为 3 个单位，应该是哪一点？在不在预算线线上？它说明什么？

（3）所购买的商品 1 为 4 个单位，商品 2 为 4 个单位，应该在哪一点？在不在预算线上？它说明什么？

（4）所购买的商品 1 为 5 个单位，商品 2 为 3 个单位，应该是哪一点？在不在预算线上？它说明什么？

4. 假设某消费者的均衡如图 1 所示。其中，横轴 OX_1 和纵轴 OX_2 分别表示商品 1 和商品 2 的数量，线段 AB 为消费者的预算线，曲线 I 为消费者的无差异曲线，E 点为均衡点。已知商品 1 的价格 $P_1 = 3$ 元。

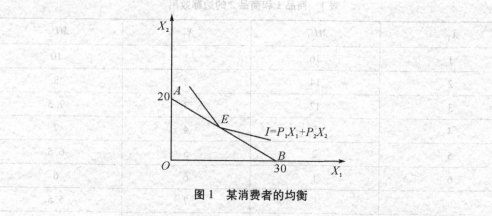

图 1　某消费者的均衡

（1）求消费者的收入；

（2）求商品 2 的价格 P_2；

（3）写出预算线方程；

（4）求预算线的斜率；

（5）求 E 点的 MRS_{12} 的值。

三、讨论题

亚当·斯密提出了"水与钻石之谜"，为什么生活中必不可少的水价格很便宜，但是不是必需品的钻石却价格高昂，请用相应经济学知识解释。

四、综合实训

综合实训：汽车的偏好与效用。

项目名称：汽车的偏好与效用分析。

实训目的：引导学生参加日常生活中弹性理论的实践训练，在讨论和撰写报告中，增强学生的团队意识，同时加深其对偏好与效用的认识。

实训内容：学生分组，在调研的基础上进行讨论，集体分析，利用周末时间，对汽车市场上各档次车辆的偏好、效用进行分析。

实训时间：结束本章后，课外进行。

操作步骤：

（1）将班级每 5 名同学分成一组，每组确定一名负责人。

（2）以小组为单位，在队长的带领下，选取 4S 店作为调研对象，实地走访调研，搜集几组车型的市场定位、目标市场的顾客需求。

（3）运用偏好与效用理论，分析不同价位车型在偏好与效用上的共同性与差异性。

（4）撰写一篇综合分析报告。

（5）各组在班内进行交流和讨论。

成果形式：撰写一篇《各档次车型的偏好与效用》综合分析报告，字数 800 字左右。

【思政园地】

美好生活是高质量发展的衡量目标

美好生活是在特定历史发展时期，一国的国民或个人享有的更多发展成果，广泛的自由、尊严、开放和安全的生活感受，人与自然、社会和自身关系协调、和谐、有机的生态生活，以及公正、包容的社会制度安排等。

习近平总书记多次提到"美好生活"，并在党的十九大报告中作了高瞻远瞩的阐述。这一重大的政治论断，反映了我国社会发展的客观实际，是制定党和国家大政方针、长远战略的依据，党章据此进行了相应修改。这为党中央、国务院、各级党组织、各级政府等进行经济和社会管理，以及国内外高端智库组织理论与实践研究提出了更高要求。

归纳党中央、国务院的有关政策部署，以及"美好生活"的理论成果和实践演变，可初步将其总结为四个发展阶段。

一是萌芽阶段：体现哲学特征的"美好生活"。

这一阶段的时间跨度为公元前到十七世纪之前。该阶段，古希腊的亚里士多德、德漠克利特、伊壁鸿鲁对美好生活进行了阐述和探索研究，他们将美好生活与物质、自由、快乐等相联系，提出了各自的定义和学说。

古希腊的亚里士多德是第一个提出"美好生活"一词的哲学家，他认为，美好生活指一个人在拥有基本的物质需求后，经过审慎思考之后追求的生活方式。亚里士多德认为，美好生活包含自由，美好生活可定义为"理解"，理解的对象是知识，个人随着理解能力的增强和知识的增多，可以达到更高层次的享受，从而实现美好。

古希腊唯物主义哲学家德漠克利特认为，"快乐和不适"构成了应该做和不应该做事情的标准。这种快乐主要是指精神快乐和灵魂的安宁，但不排斥物质的丰裕带来的幸福。古希腊哲学家伊壁鸿鲁继承发展了德漠克利特的理性主义幸福观，提出了"快乐论"的观点。

上述学者和哲学家的相关定义充满了哲学的意味，同时也有很强的时代局限。

二是发展阶段：呈现唯物主义特质的美好生活。

这一阶段的时间跨度为十七世纪前后到二十世纪初。该阶段，霍布斯、萨缪尔森等提出了个人欲望、基数效用论、序数效用论等美好生活的相关观点，逐步对美好生活进行了定性和量化研究。

十七世纪，霍布斯采用朴素唯物主义的观点提出人的"本性利己"论，阐述了不断进取的个人主义的幸福观。他认为人生就是无限追求个人欲望满足的历程。十九世纪之后流行的功利主义，追求"最大多数人的最大幸福"的福利幸福观，成为西方社会的主流。由大众幸福向社会福利转化，由个人幸福向物质追求转化。

十九世纪开始，西方思想家和经济学家提出幸福感的"基数效用论"，用数值把幸福感写作快乐、痛苦及持续长度等因素的数学算式。基数效用论认为效用大小是可以测量的，其计数单位就是效用单位。但这种方法实际上无法操作。后来提出的序数效用论，用排序法测量幸福，仍然难以测量。效用作为一种心理现象无法计量，也不能加总求和，只能表示出满足程度的高低与顺序。于是新古典主义经济学便将快乐约等于"欲望"。

三是推广阶段：以量化测量和政府采纳为特征。

这一阶段的时间跨度为二十世纪前后。各国开始在理论和实践上探索与美好生活相关的指数和公式等，并从个人和国民等维度进行分层指标的探索与量化分析。

近代西方学者探索使用公式法和调查问卷等测试主观幸福感。经济学家萨缪尔森进行了国民幸福指数的研究，给出了计算幸福的方程式：幸福＝效用/欲望。他把影响效用的因素分为物质、健康、自尊、环境、社会公正五类。马斯洛提出了人的多层需求理论。心理学家罗斯威尔结合马斯洛需求理论提出：幸福应该等于个性、生存需求和高级心理需求之和，包括幸福感本身的不同维度。澳大利亚心理学家库克将幸福指数分为个人幸福指数和国家幸福指数：个人幸福指数包括个人生活水平、健康状况、在生活中取得的成就、人际关系、安全状况、社会参与、未来保障等；国家幸福指数包括人们对国家当前的经济形势、自然环境状况、社会状况、政府、商业形势、国家安全状况等方面的评价。

二十世纪后期，随着全球心理学的逐步成熟，生物心理学家发现灵长类生物的大脑中有两个不同的神经系统——"欲望"与"体验"。行为经济学家提出效用的二分法——决策效用和体验效用，前者（决策效用）指个人可以选择得到什么，从而实现心理满足，后者（体验效用）指个人对得到的东西的具体体验，这进一步深化和细化了人们对幸福感的认识。为了定量测算影响幸福感的主要因素，行为经济学家和心理经济学家开始探索将幸福感表示为由多种外部变量决定的一组函数。这些变量包括国内生产总值（GDP）、人均收入、就业率、预期寿命、有无医疗/养老保险、环境及安全等。

随着幸福感逐渐用于衡量一个国家发展程度，不少国家开始将幸福感纳入发展考核中。二十世纪，不丹提出以国民幸福总值替代GDP，作为政府管理的评价标准；美国、英国、法国、荷兰、日本等也开启了幸福指数的研究，并编制了不同形式的幸福指数；联合国于2012年正式发布了首份《全球幸福指数报告》。幸福问题在我国逐步被重视，党的十八大报告明确提出了要"共同创造中国人民和中华民族更加幸福美好的未来"。

四是提升阶段：美好生活成为基本国策。

这一阶段的时间跨度为二十一世纪以来。世界各国更加重视本国的社会福利和幸福感，积极探索和推动实施"美好生活"战略。

（1）海外各国倡议。美国、印度、尼泊尔等各国结合各自国情，提出了类似"美好生活"的战略或倡议。例如，印度提出了在2022年前实现安全、繁荣和有能力的国家愿景，打造一个"人人平等、享有公平机会"的新印度。特朗普政府提出的"美国梦"——让美国的经济双倍增长，美国将成为世界上最强大经济体——在一定程度上体现了美国政府对人们美好生活的愿景和期望。

（2）我国基本国策。党的十八大以来，我国持续探索和推动幸福生活、美好生活等理论和实践研究，逐步将其纳入基本国策。我国政府提出了"中国梦"，并在党的十九大明确提出未来30年，永远把人民对美好生活的向往作为奋斗目标，着重解决人民日益增长的美好生活需要和不平衡不充分发展之间的矛盾，这在更高的层次上对美好生活进行了阐述和部署。应该说，这在世界发展史上具有划时代的历史意义。这是作为全球人口最多、经济总量世界第二的中国政府对人民追求美好生活的庄严承诺。

基于上述对"美好生活"演变阶段的研究，美好生活已经成为"十四五"时期，乃至未来几十年我国应孜孜追求的最高目标。

　　（来源：吴维海．"十四五"计划系列研究之十三："美好生活"是高质量发展的衡量目标[EB/OL]．[s.n.]．http://www.icic.online/h-nd-547.html.）

项目四　盈利的秘密

【学习目标】

思政目标

1. 了解科斯对厂商本质的认识，学习交易费用概念，树立信息时代科学的择业观。

2. 学习厂商目标，抵制唯利是图、损人利己的拜金主义，形成正确的荣辱、义利观念。

3. 学习生产要素知识，提升自我的知识和技能，争取更大的发展。

知识目标

1. 了解生产、生产要素的基本概念。

2. 了解不同类型的企业。

3. 掌握并理解边际收益递减规律。

能力目标

1. 能用边际收益递减规律、规模经济理论分析现实中的经济问题。

2. 理解规模经济与适度规模。

【案例导入】

引入自动分拣机是好事还是坏事？

近年来我国邮政行业实行信件分拣自动化，引进自动分拣机代替工人分拣，也就是多用资本而少用劳动力。从纯经济学的角度，即从技术效率和经济效率的同时实现来看，这是一件好事还是坏事呢？

假设某邮局引进一台自动分拣机，只需一人管理，每日可以处理 10 万封信件。如果用人工分拣，处理 10 万封信件需要 50 个工人。在这两种情况下都实现了技术效率，可是是否实现了经济效率还涉及价格。处理 10 万封信件，无论用什么方法，收益是相同的，但成本则取决于机器与人工的价格。假设一台分拣机为 400 万元，使用寿命 10 年，每年折旧为 40 万元，再假设利率为每年 10%，每年利息为 40 万元，再加分拣机每年维修费与人工费用 5 万元，这样使用分拣机的成本为 85 万元。假设每个工人工资 1.4 万元，50 个工人共 70 万元，使用人工分拣成本为 70 万元。在这种情况下，使用自动分拣机实现了技术效率，但没有实现经济效率，而使用人工分拣既实现了技术效率，又实现了经济效率。

（资料来源：梁小民. 经济学是什么［M］. 北京：北京大学出版社，2016.）

从上述例子可看出，在实现了技术效率时，是否实现了经济效率就取决于生产要素的价格。如果仅仅从企业利润最大化的角度看，可以只考虑技术效率和经济效率。这两种效率的同时实现也就是实现了资源配置效率。当然，如果从社会角度看问题，使用哪种方法还要考虑每种方法对技术进步或就业等问题的影响。

对厂商而言，不仅要决定为市场生产什么产品，而且还要决定怎样以效率最高的或成本最低的方式生产出这种产品。这就需要有科学的方法来判断生产决策是否符合技术效率与经济效率。本部分生产者行为理论将重点讨论厂商或企业的行为规律，即研究在资源稀缺的条件下，厂商如何通过资源的合理配置，来实现利润的最大化。

任务十一 熟悉厂商类型及生产目标

【学习目标】

1. 了解厂商的概念及其组织形式。
2. 了解生产函数的一般含义。
3. 理解厂商的行为选择过程，能分析厂商的行为目标。

任务描述

在一次世界珠宝拍卖会上，有一颗名为"月光爱人"的钻石吸引了众人的眼球。它晶莹剔透、光彩夺目，最后拍出了 8 000 万元的天价。这颗钻石是谁生产的呢？很多人都在邀功。这颗钻石是由梦幻珠宝公司在位于南非的一座矿山中挖掘出来的。

梦幻珠宝公司的老板托尼洋洋得意地说："我当初决定购买这座矿山开采权的时候，就觉得这里面一定有宝藏，现在果然应验了。"

挖掘队队长鲍勃不服气了，说："为了挖到这颗钻石，我和同事们付出了艰辛的劳动。我们夜以继日地工作，几乎找遍了矿山的每个角落，好不容易才发现了它。"

向梦幻珠宝公司提供挖掘设备的厂商却说："我们公司的设备是世界一流的，如果没有我们提供的挖掘机，他们不可能在 50 米深的矿井中挖到这颗钻石。"

最后，南非政府的官员说："只有在我们国家的土地上才能找到如此珍贵的钻石。在我们的国土下面还埋藏着数不尽的矿藏资源，欢迎各国企业家来投资开采。"

思考：

你认为这颗宝石需要哪些生产要素呢？

笔记：

_____

_____

任务精讲

一、生产与企业

（一）生产的概念

在研究生产者行为时，首先要了解生产这个概念。生产是厂商对各种生产要素进行组合，以生产出产品的过程。一般来说，任何有价值的活动都是生产。生产过程的产出既可以是最终产品，也可以是中间产品；产出既可以是一种产品，也可以是一种服务。

不管厂商从事什么样的生产活动，由于其投入的生产要素和所能掌握的生产技术是有限的，因此能够提供的产量肯定不会超过某个限度，这种约束关系就可以用生产函数来表示。

生产与厂商密不可分。厂商是生产的主体，生产是厂商行为，即生产者行为的结果。

（二）厂商的概念

厂商也称为企业，是指市场经济中为了达到一定目标而从事生产活动的经济单位，其功能就是把各种投入转化为一定的产出以取得最大利润。厂商主要具有以下几个方面的特征：

（1）从企业的社会性质和功能看，企业是独立从事商品生产经营活动和商业服务的经济组织。

（2）从企业生存和发展的目的看，企业以盈利为其活动宗旨。

（3）从企业的法律条件看，企业必须依法成立并具备一定的法律形式。

（三）厂商的组织形式

厂商的组织形式主要有以下三类：

1. 个人独资企业

个人独资企业是企业制度序列中最初始和最古典的形态。个人独资企业是在法律允许的条件下，由个人独自出资、个人独自经营、个人独自承担法律责任的一种最简单的厂商组织形式。这类厂商规模小、投入少、进入门槛低，是最常见的厂商组织形式。

个人独资企业的优点在于：一是企业资产所有权、控制权、经营权、收益权高度统一；二是企业主自负盈亏和对企业的债务负无限责任成为强硬的预算约束；三是企业的外部法律环境对企业的经营管理、决策、进入与退出、设立与破产的制约较小。虽然个人独资企业有以上优点，但其缺点也比较明显，比如难以筹集大量的资金、投资者的风险过大、企业连续性差，加上企业内部的基本关系是雇佣劳动关系，劳资双方利益目标的差异构成企业内部组织效率的潜在危险。

2. 合伙制——"共同利益绑住你我"

合伙制企业，即合伙企业，是指两个人或两个以上的人合资经营的一种厂商组织形式。在合伙企业中，每个合伙人都要提供一定数量的资本与劳务，分享一定比例的收益和承担相应的亏损与债务。相对于个人企业而言，合伙制企业的资金较多、规模较大、比较易于管理，分工和专业化得到加强。但是多人所有和参与管理不利于协调和统一；资金和规模仍有限，在一定程度上不利于生产的进一步发展；合伙人之间的契约关系欠稳定；每个合伙人对于企业都具有无限清偿责任。一般而言，合伙制企业的风险比较高。大多数的会计师事务所和律师事务所属于这种形式。

3. 公司制——"众人拾柴企业大"

公司制企业是指依法设立的，具有法人资格，并以盈利为目的的企业组织。《中华人民共和国公司法》只规定了两类公司：有限责任公司与股份有限公司。

有限责任公司指不通过发行股票，而由为数不多的股东集资组建的公司（一般由2人以上50人以下股东共同出资设立），其资本无须划分为等额股份，股东在出让股权时受到一定的限制。在有限责任公司中，董事和高层管理人员往往具有股东身份，使所有权和管理权的分离程度不如股份有限公司那样高。有限责任公司的财务状况不必向社会披露，公司的设立和解散程序比较简单，比较适合中小型企业。

股份有限公司是把全部资本划分为等额股份，通过发行股票筹集资本的公司，又分为在证券市场上市的公司和非上市公司。股东一旦认购股票，就不能向公司退股，但可以通过证券市场转让其股票。这种组织形式适合大中型企业。

公司制企业属于法人企业，出资者以出资额为限承担有限责任，是现代企业组织中的一种重要形式，有效地实现了出资者所有权和管理权的分离，具有资金筹集广泛、投资风险有限、组织制度科学等特点，在现代企业组织形式中具有典型性和代表性。公司制企业已经成为我国企业组织形式的主体。

公司制企业也存在若干缺点，如公司设立比较复杂，要通过一系列法定程序而设立；股东购买股票往往是获取股利和价差，并不直接关心企业经营；所有权与经营权分离，委托人与代理人之间会产生一系列复杂的授权与控制关系。

（四）厂商的经营目标

"利润"这个词对我们每一个人来说，都已经耳熟能详了，它就像碧波里的珠宝，荡漾着诱人的光芒。在市场经济中，利润最大化与成本最小化是企业永恒的主题。从经济学的角度来说，一个从事生产或销售的企业，如果其总收益大于总成本，那么就会有剩余，这个剩余就是利润。

如何进一步深入理解利润最大化呢？如果我们单凭直观认为，对于一个企业来说利润越多越好，这样其实是没有什么意义的。原因很简单，企业的利润来自自身的生产或者销售，在市场中，一个企业的生产和销售总是处于变化当中的，利润也随之在变化。因此，问题的关键就在于企业判断出自己在何种状态经营时能够取得利润的最大值。这就意味着，衡量如何实现"利润最大化"时，必须遵从客观实际，从实际出发。企业存在的唯一目标就是获得效益最大化，为了达到这个目标，通过理性的决策、保持诚信、尽力提高顾客满意度、合理选择机会成本、果断放弃沉没成本、合理的激励方式、探索良好的人力资源管理模式等方面来达到企业的唯一目标——利润最大化。

二、生产函数

（一）生产要素与产出

生产要素是指进行社会生产经营活动时需要的各种社会资源，是维系国民经济运行及市场主体生产经营过程中必须具备的基本因素。

任何一种生产都需要投入各自不同的生产要素。生产要素是厂商进行生产的基本条件。现代西方经济学认为，生产要素包括劳动、土地、资本、企业家才能四种，随着科技的发展和知识产权制度的建立，技术、信息也作为相对独立的要素投入生产。

1. 劳动（L）

劳动指的是生产活动中人类一切体力和智力的消耗，可以从劳动的数量和质量两方面加以测定。

2. 土地（N）

土地泛指一切自然资源，包括地上的土壤、森林、河流、湖泊，大气和太空中的可利用的资源，地下的各种矿藏资源以及海洋中能够利用的各种物资。

3. 资本（K）

资本指的是生产过程中的一切人工制品或设备。资本可以表现为实物形态或货币形态。实物形态又称为资本品或投资品，如厂房、机器设备、动力燃料、原材料等。资本的货币形态通常称为货币资本，即以货币形式存在，并以投资增值为目的的货币。

4. 企业家才能（E）

英国经济学家马歇尔在《经济学原理》中又增加了一种生产要素，即企业家才能，指的是企业家经营企业的组织能力、管理能力和创新能力。

通过对生产要素的运用，企业（厂商）可以提供各种实物产品和无形产品。

（二）生产函数的概念

生产过程中生产要素的投入量和产品的产出量之间的关系，可以用生产函数来表示。生产函数表明投入和产出之间的函数依存关系，即生产函数在一定时期内，在技术水平不变的情况下，生产中所使用的各种生产要素的数量与所能生产的最大产量之间的关系。

假定 X_1，X_2，…，X_n 顺次表示某产品生产过程中所使用的 n 种生产要素的投入数量，

Q 表示所能生产的最大产量，则生产函数可以写成以下形式：

$$Q = f(X_1, X_2, \cdots, X_n)$$

该生产函数表示在一定时期内，在既定的生产技术水平下的生产要素组合 $(X_1, X_2, \cdots, X_n)$ 所能生产的最大产量为 Q。

在经济学分析中，为了简化分析，通常假定生产中只使用劳动和资本这两种主要生产要素。通常以 L 表示劳动投入数量，以 K 表示资本的投入数量，则生产函数可以写为：

$$Q = f(L, K)$$

【小案例】

鲁宾逊的生产函数

鲁宾逊是一个流落到陌生小岛上的人，他发现浅水区有很多鱼。想得到鱼，一种方式是徒手到水里抓鱼；另一种方式则是先去折些树枝等编织渔网。假设将编织好的渔网看成是为了抓鱼而积累资本，然后再辅以劳动，鲁宾逊的生产函数是 $Q = f(L, K)$。

正确全面理解生产函数的概念，需要注意以下几个问题：

（1）生产函数中产量是指一定的投入要素组合所能生产出来的最大产量，也就是说，生产函数所反映的投入与产出关系是以企业的投入要素得到充分利用为假设条件的。

（2）生产函数取决于技术水平。生产技术的改进，可能会改变投入要素的比例，导致新的投入产出关系，即新的生产函数。

（3）生产一定量某种产品所需要的各种生产要素配合比例在一定条件下是可以改变的。例如，在农业中可以多用劳动少用土地进行粗放式经营，也可以少用劳动多用土地进行集约式经营。在工业中也有劳动密集型技术与资本密集型技术之分。

技术效率是指投入要素与产出量之间的实物关系。当投入既定产量最大或产出既定投入最少时就实现了技术效率。经济效率是指成本与收益之间的关系。成本既定收益最大或收益既定成本最低时就实现了经济效率。技术效率是经济效率的基础，但并不等于经济效率，实现了技术效率并不一定也实现了经济效率。

技术效率只取决于技术上的可行性，经济效率要取决于资源的相对成本。经济上有效率的方法就是使用最少数量的更昂贵的资源和最大数量的更便宜的资源。经济上无效率的厂商不能实现利润最大化。

在生产函数中，各生产要素的配合比例称作技术系数。不同行业、不同企业的技术系数是各不相同的。一般的分析中假定技术系数不变，如果技术系数可以变动，则生产要素的最适组合的原则是：应该使所购买的各种生产要素的边际产量与价格的比例相等，即要使每一单位货币无论购买何种生产要素都能得到相等的边际产量，达到生产者均衡状态。

生产理论分析了影响企业效率的各种要素及其配置比例，主要考察的是企业的技术效率。但技术效率并不等于经济效率，技术效率反映的是企业的投入产出组合，而经济效率则是在考虑价格因素情况下的最低成本组合，它要求投入价格与产出价格的比率等于生产边界的斜率。因此，要实现利润最大化的目标，企业还要考虑收益与成本的关系，这就涉及成本理论。

现实的市场结构由于竞争与垄断程度不同而是不同的。在不同的市场条件下，企业收益与成本变动的规律也不相同，因而，企业对最大利润的追求要受到相应的市场环境的制约，只有面对不同的市场采取不同的决策，才可能提高效率。

三、生产周期

经济学的生产周期划分为短期生产与长期生产。

短期是指生产者来不及调整全部生产要素的数量，至少有一种生产要素数量不变的时期。因此，在短期内，生产要素的投入分为不变要素的投入和可变要素的投入。生产者在短期内无法进行数量调整的那部分要素投入是不变要素的投入，如机器设备、厂房等；生产者在短期内可以进行数量调整的那部分要素投入是可变要素投入，如劳动、原材料、燃料等。

长期是指生产者来得及调整全部生产要素的数量，所有生产要素数量都可以改变的时期。生产者可以根据企业的经营状况，缩小或扩大生产规模，也可以加入或退出一个行业的生产。

"短期"和"长期"的区别是相对的。在有些生产部门中，如在钢铁工业、机器制造等行业，其所需资本设备数量多，技术要求高，变动生产规模不容易，则也许几年算是"短期"；反之，有些行业，如食品加工业、普通服务业等，其所需资本设备数量少，技术要求低，变动生产规模比较容易，则也许几个月可算是"长期"。

四、厂商理论

在微观经济学中，关于企业的理论主要集中在"厂商理论"部分。在研究生产者行为时，一般的理论假定是企业都是具有完全理性的经济人，其生产目的是追求利润的最大化，即在既定的产量下实现成本最小，或者在既定的成本下达到产量最大。

厂商理论包括以下三个方面的内容：

第一，生产理论。生产理论主要研究投入的生产要素与产量之间的关系，即如何配置资源，使生产要素既定时产量最大，或者说使产量既定时投入的生产要素最少。

第二，成本理论。成本理论主要研究成本与收益之间的关系，厂商只有在扣除成本后，才能谈得上利润的最大化。

第三，市场理论。市场有不同的结构，即竞争与垄断的程度不同。市场理论研究的是当厂商面对不同的市场时，应该如何确定自己产品的产量和价格。企业只有处理好以上三个方面问题，才能实现利润最大化目标。

任务十二　生产理论分析

【学习目标】

1. 了解短期生产函数的一般含义。
2. 理解总产量、平均产量、边际产量的概念。
3. 掌握产量曲线、边际收益递减规律以及生产要素投入的三阶段。

任务描述

娜娜家有一个大花园，里面种植了水果和蔬菜，以便在当地市场售卖。娜娜说："夏天，我雇了一个放暑假的大学生帮我，我的产量翻了一番还多。明年夏天，我将雇用两三个帮手，我的产量将增加三四倍还多。"

思考：

1. 如果第二年娜娜雇用的帮手翻一番，她的产量也会翻一番吗？
2. 娜娜雇用的帮手越多，其收获就会越多吗？

笔记：

_____

_____

_____

任务精讲

生产理论可分为短期生产理论和长期生产理论。短期生产函数和长期生产函数的划分不是以时间的绝对长短来划分的，而是以生产者是否能够变动全部要素投入数量作为划分标准的。

一、短期生产函数

在短期内，生产要素的投入可以分为不变投入和可变投入。生产者在短期内无法进行数量调整的那部分要素投入是不变要素投入。例如，机器设备、厂房等。生产者在短期内可以进行数量调整的那部分要素投入是可变要素投入。例如，劳动、原材料、燃料等。

短期生产函数研究在其他要素不变时，一种生产要素的投入和产量之间的关系以及这种可变生产要素的合理投入量是多少。例如，假设资本投入量不变，用 K 表示，劳动投入量用 L 表示，则生产函数可以表示为：

$$Q = f(L, \bar{K})$$

其中，K 固定，L 可变。

这就是通常采用的一种可变生产要素生产函数的形式，也被称为短期生产函数。其反映了既定资本投入量下，一种劳动要素投入量与所能生产的最大产量之间的相互关系。

（一）总产量、平均产量与边际产量

为了说明劳动与资本投入量的产量变动情况，在此需引入总产量、平均产量与边际产量几个概念。

总产量（total product）是指一定量的某种生产要素生产出来的全部产量。TP_L 是指一定量的劳动投入所生产出来的全部产量。它的定义公式为：

$$TP_L = f(L, \bar{K})$$

平均产量（average product）是指平均每单位某种生产要素生产出来的产量。AP_L 是指平均每单位劳动所生产出来的产量。它的定义公式为：

$$AP_L = \frac{TP_L(L, \bar{K})}{L}$$

边际产量（marginal product）是指某种生产要素每增加一单位增加的产量，即增加的最后一单位某种生产要素所带来的产量的增量。MP_L 是指每增加一单位劳动所增加的产量。它的定义公式为：

$$MP_L = \frac{\triangle TP_L(L, \bar{K})}{\triangle L}$$

或者

$$MP_L = \lim_{\triangle l \to 0} \frac{\triangle TP_L(L, \bar{K})}{\triangle L} = \frac{\mathrm{d}TP_L(L, \bar{K})}{\mathrm{d}L}$$

假定生产某种产品所用的生产要素是资本与劳动，其中资本是固定的，劳动是可变的，则总产量、平均产量与边际产量的变动规律如表 12-1 所示。

表 12-1 产量、边际产量和平均产量

劳动投入量 L	总产量 TP_L	平均产量 AP_L	边际产量 MP_L
0	0	—	—
1	13	13	13
2	30	15	17
3	60	20	30
4	104	26	44
5	134	26.8	30

表12-1(续)

劳动投入量 L	总产量 TP_L	平均产量 AP_L	边际产量 MP_L
6	156	26	22
7	168	24	12
8	176	22	8
9	180	20	4
10	180	18	0
11	176	16	-4

（二）总产量曲线、平均产量曲线与边际产量曲线

根据表12-1，可以绘制出总产量、边际产量和平均产量三条曲线，如图12-1所示。

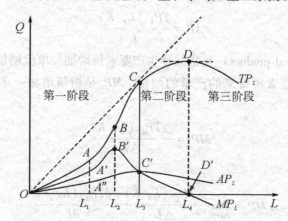

图 12-1　一种可变生产要素的生产函数的产量曲线

（三）短期生产的决策阶段

然而，究竟可变要素的投入应该为多少是最佳的呢？根据短期生产的总量、平均产量和边际产量之间的关系，可将短期生产划分为三个阶段来进一步分析（图12-1）。

在第一阶段，可变要素投入从零开始，到平均产量最大值对应的L_3为止。这一阶段的特点是：可变要素的平均产量一直在递增，直至最大值，而且边际产量大于平均产量。这意味着，在这一阶段相对于固定不变的投入要素K来说，L缺乏，要素配合比例不当，效率不能充分发挥。因此，增加L的投入，能调整K与L的配合比例，提高要素使用效率，并能获得高于水平的效率。很显然，在这一阶段增加投入是有效的。

在第二阶段，可变要素投入从平均产量最大值对应的L_3开始，到边际产量为0对应的L_4为止。这一阶段的特点是：平均产量和边际产量随可变要素投入的增加而递减，边际产量小于平均产量，即边际产量比平均产量递减得更快，边际产量持续递减，说明总产量的

增长率在不断下降。但由于边际产量仍为正值，因此总产量仍能保持增长的势头，直至最大值。因此，在这一阶段增加投入仍然会有所收益。

在第三阶段，即可变要素投入从边际产量为 0 对应的 L_4 以后的阶段，这一阶段的特点是可变要素的平均产量持续递减，边际产量为负值，总产量开始递减。这意味着相对于固定的 K 来说，L 已过剩，要素的配合比例失调。例如，劳动力增加太多，导致彼此相互妨碍，阻碍生产正常进行时，劳动效率必然降低。因此，在这一阶段，追加生产要素的投入显然不合理。

由以上对生产三阶段的分析可知，任何理性的生产者不会将生产停留在第一阶段，而是会连续增加可变要素的投入量，以增加总产量，并将生产扩大到第二阶段。任何理性的生产者也不会在第三阶段进行生产。因此，生产应该在第二阶段进行。

（四）边际收益递减规律

生产理论研究的是生产过程中的基本生产规律，即研究生产要素投入量的变动所引起的产量变动的规律。在生产理论中，将这些生产规律分成边际收益递减规律和规模经济规律分别进行研究。

边际收益递减规律也称生产要素报酬递减法则，是微观经济学的基本规律之一。它的基本内容是：在技术水平不变的条件下，当把一种可变生产要素投入到一种或几种不变的生产要素中时，最初这种生产要素的增加会使产量增加，但是当其增加超过一定的限度时，增加的产量就会递减，最终还会使产量绝对减少。

边际报酬递减规律是短期生产的一条基本规律。边际报酬递减规律强调的是在任何一种产品的短期生产中，随着一种可变生产要素投入量的增加，边际产量最终必然会呈现出递减的特征。

【小案例】

从"和尚挑水"到"边际产量递减定律"

"边际产量递减定律"导致总产量先升后降，也可以用一个著名的中国谚语来解释："一个和尚挑水吃，两个和尚抬水吃，三个和尚没水吃。"在"运水"的生产中，投入的生产要素是劳力（和尚）、水桶与扁担。当和尚只有一个时，他用一根扁担挑两个水桶，桶里的水只能大半满，他只能走一个来回。

当和尚的数量增加到两个（劳力这种生产要素的数量增加），他们可以改变生产方式，从一人用一根扁担挑两个水桶变成两人一前一后抬着一根扁担上的两个水桶，由于这样力气比较大，他们就能将桶里的水装得更满，而且可以走两个来回，从而使得总产量（运水量）上升。也就是说，生产要素的增加，使得生产者可以选择采用一些效率更高的生产方式（改变或创新技术），从而提升了产量。

然而，当和尚的数量进一步增加到三个，姑且不论这谚语里说的是三个和尚互相推诿导致无人去运水，就算他们三人都去运水，情况又会怎样？

扁担就一条，三个人一起挑，不仅不会比两个人能挑更多的水，反而会互相妨碍。如果是换成其中两个人先抬两桶回来，第三个人再与其中两个人中的一个合作再去抬两桶，后者已经走了一趟，气力损耗，抬水量肯定不如之前。而即使可以走上三个来回，但不管怎么样，总有一个人会闲置在那里，对增加总产量不起作用。这就导致总产量虽然有所增加，但增加量（即边际产量）会比从一个和尚增加到两个和尚时少了，也就是边际产量递减定律起了作用。

二、长期生产函数

在长期内，所有的生产要素的投入量都是可以变动的，多种可变生产要素的长期生产函数可以写为：

$$Q = f(X_1, \ X_2, \ \cdots, \ X_n)$$

式中，Q 为产量，$X_i(i = 1, \ 2, \ \cdots, \ n)$ 为第 i 种可变生产要素的投入数量。

该生产函数表示：在长期内，在技术水平不变的条件下由 n 种可变生产要素投入量的一定组合所能生产的最大产量。

在生产理论中，为了简化分析，通常以两种可变生产要素的生产函数来考察长期生产问题。假定生产者使用劳动和资本两种可变生产要素来生产一种产品，则两种可变生产要素的长期生产函数可以写为：

$$Q = f(L, \ K)$$

式中，L 为可变生产要素劳动的投入量，K 为可变要素资本的投入量，Q 为产量。

在长期生产过程中，我们要研究当资本与劳动这两种要素都发生变动时，资本与劳动应该如何组合才能在产量既定情况下实现成本最小，或者在成本既定情况下获得最大产量。这一问题的解决，一定要弄清楚经济学中的两个重要规律：规模经济和适度规模。

（一）规模经济

规模经济考察的是另一种投入与产出的数量关系，即当所有生产要素的投入量都按同一比例变化时，产量将如何变化。规模经济又称规模报酬，是指在一定生产技术条件下，所有生产要素的投入都按同一比例变化，从而生产规模变动时所引起的产量或收益的变动。

不同的生产技术有不同的适度规模。规模是否适度反过来影响甚至决定生产效益。完整和正确理解规模经济的含义，应注意以下几点：

第一，这一规律发生作用的前提是技术水平不变。

第二，这一规律所指的是生产中生产要素投入量都在同比例增加，因此，并不会造成技术系数的变化，从而生产要素的增加只是一种量的增加。

第三，这里的规模经济有两层含义。第一层含义是指厂商生产规模的扩大所引起的产量或收益的增加，即规模经济；第二层含义是指厂商生产规模的扩大所引起的产量或收益的减少，即规模不经济。当厂商生产规模过大时，往往会出现规模不经济现象。

随着各种投入要素同比例增加，生产规模扩大，收益（产量）的变动大致会经过规模报酬递增、规模报酬不变和规模报酬递减三个阶段。

例如，假设一座月产量化肥 10 万吨的工厂所使用的资本为 10 个单位，劳动为 5 个单位，现在将企业的生产规模扩大一倍，即使用 20 个单位的资本，10 个单位的劳动，由于这种生产规模的变化所带来的收益变化可能有如下三种情形：

（1）产量增加的比例大于生产要素增加的比例，即产量为 20 万吨以上，这种情形称为规模收益递增。

（2）产量增加的比例小于生产要素增加的比例，即产量为小于 20 万吨，这种情形称为规模收益递减。

（3）产量增加的比例等于生产要素增加的比例，即产量为 20 万吨，这种情形称为规模收益不变。

一般而言，随着企业规模的不断扩大，企业在开始会得到规模收益的好处，然后会有一段较长的规模收益不变阶段，最后当企业规模达到一定程度时，则会出现规模收益递减。在不同的行业，规模收益变化一般也会不同。

（二）适度规模

无论是单个企业还是整个行业的规模既不能过小，也不能过大，即要实现适度规模。适度规模是指企业得到生产规模扩大带来的产量或收益递增的全部好处之后，将规模保持在规模收益不变的阶段，而绝不应将规模扩大到规模收益递减的阶段。

对于不同行业的厂商来说，适度规模的大小是不相同的，确定适度规模时应主要考虑如下因素：

（1）行业的技术特点。

一般而言，资本集约型行业适度规模较大，而劳动集约型行业适度规模较小；需要的投资量大的行业，适度规模也就大。

（2）市场条件。

一般说来，行业容量的大小也制约着企业规模。有些行业，由于产品的标准化程度较高，市场容量较大，则大规模生产有利；反之，标准化程度较低、市场容量较小的行业，适度规模就应该小一些，"船小好调头"。

（3）生产力水平。

随着技术进步，生产力水平提高，适度规模的标准也在变化。例如，20 世纪 50 年代汽车行业的适度规模是年产 30 万辆，20 世纪 70 年代已达到 200 万辆。因而对适度规模的认识应该是动态的。同时，应注意到，产业集中是扩大规模的方式，但不是唯一方式。现代商业中的连锁经营也可以降低成本、扩大收益，它也是规模经济的一种形式。

【小案例】

高回报率吸引各投资者 汽车产业应追求"适度规模"

当前汽车产业的高回报率强烈吸引着各方投资者。外资企业、民营企业和一些投资公司投资我国汽车产业，地方政府也纷纷尽力扶持本地汽车工业，不少地方把汽车产业列为支柱产业。众多汽车业界专家认为，目前我国正处在新一轮经济增长周期的启动阶段，汽车产业的高速增长将是启动的主要动力之一，如果匆忙认定汽车产业过热，对其实施逆向调控，将不利于国家经济持续发展。

专家认为，中国汽车工业还需要大量投资，只是国家应退出投资领域，而对其他经济成分的投资不必设限，按照"谁投资、谁受益、谁承担风险"的原则鼓励投资多元化，由此发展壮大中国汽车产业。

究竟什么是中国汽车产业科学合理的发展规模呢？专家提出，中国汽车产业应尽早选择不求最大但求最强的发展思路，实现"适度规模"。过去我们一直认为，只有年产百万辆以上的汽车企业集团，才有可能立足于国际竞争潮流中，现在看来也未必尽然。规模大有大的优势，但家大业大也有人员多、结构层次多、负担重、利润薄的问题。邵奇惠说，汽车工业需要一定的规模才有经济效益，但随着技术的进步，市场需求的个性化凸显，全球采购网络的日趋完善，原来所强调的"经济规模"已基本失去意义，现在应该提倡紧贴市场需求不断变化的"规模经济"，即"适度规模"。

技能训练

一、单项选择题

1. 经济学分析中所说的短期是指（　　）。
    A. 1 年
    B. 全部生产要素都可随产量调整的时期
    C. 只能根据产量调整可变生产要素的时期
    D. 只能调整一种生产要素的时期

2. 如果连续增加某种要素的投入量，则在总产量达到最大时，边际产量曲线（　　）。
    A. 与纵轴相交　　　　　　　　　　B. 经过原点
    C. 与平均产量曲线相交　　　　　　D. 与横轴相交

3. 当边际产量大于平均产量时，（　　）。
    A. 平均产量增加　　　　　　　　　B. 生产技术水平不变
    C. 平均产量不变　　　　　　　　　D. 平均产量达到最低点

二、计算题

如果某企业仅生产一种产品，并且唯一可变要素是劳动，其他要素是不变要素。其短期生产函数为 $Q = -0.1L^3 + 3L^2 + 8L$，其中，Q 是每月产量，单位为吨，L 是雇用工人数，分别写出平均产量函数和边际产量函数，试问：

（1）欲使劳动的平均产量达到最大，该企业需要雇用多少工人？

（2）要使劳动的边际产量达到最大，其应该雇用多少工人？

三、讨论题

1. 假设大学毕业后你自己创业经营一家奶茶店，请问你需要投入哪些生产要素？

2. 假设你创业经营的奶茶店生意不错，请问什么情况下会出现边际收益递减和规模收益递减？请对这两种情况进行比较分析。

四、单项实训

单项实训项目：模拟商战——企业竞争模拟训练。

实训要求如下：

（1）以小组为单位，每组代表一个企业，设置各岗位代表人（首席执行官、财务总监、生产总监、采购总监、营销总监各一名）。

（2）利用企业资源计划（ERP）、企业模拟经营沙盘，以组为单位模拟经营 5~6 年，按赢利高低排出经营业绩。

（3）各小组写出企业战略概述（包括战略投资、规模投资、创新投资）、团队构建、产品战略、市场营销等分析报告，并以电子演示文稿的形式进行班级宣讲，与同学分享经验，然后由指导教师进行点评。

【思政园地】

中国的全球供应链竞争新优势正在形成

全球供应链正在进行调整，中国将如何发挥自己的优势？

2022 年第三届跨国公司领导人青岛峰会举办期间，商务部国际贸易经济合作研究院发布报告《跨国公司在中国：全球供应链重塑中的再选择》。

报告指出，跨国公司仍将中国视为重要投资目的地。美国科尼公司 2022 年 1 月公布的《外商直接投资信心指数》报告显示，中国的外商投资信心指数排名从 2021 年 1 月第 12 位上升到 2022 年第 10 位。

在全球供应链加速重塑过程中，中国作为全球供应链的重要中心之一，既面临重大发展机遇，也面临巨大挑战。跨国公司作为中国融入全球供应链体系的重要纽带，在推动中国适应全球供应链调整、实现制造业高质量发展中发挥着重要作用。中国以强大的市场、完善的产业链配套能力、逐步提高的科技创新能力和日益优化的投资环境将共同构筑产业链供应链竞争新优势，这些新优势也将进一步助力跨国公司在中国更好地发展。

中国的全球供应链竞争优势依然明显

报告认为，随着全球供应链加速调整，中国作为全球供应链区域中心之一，在全球供应链体系中的位置和作用也将发生一定变化，成本价格低、大规模生产等传统优势可能会被削弱，但产业配套完整、市场空间巨大、劳动生产效率较高等核心供应链竞争优势仍然明显。

具体来说，中国制造业供应链规模庞大。中国制造业增加值连续12年位居全球第一，2021年，中国制造业增加值占全球比重由2010年的18.2%提高到近30%，相当于美（16%）、德（7.4%）、日（5.2%）三国之和，在全球占有绝对优势，印度、越南等其他国家在短期内无法超越。据不完全统计，中国有220多种工业产品的产量位居全球第一，全球90%的个人计算机、80%的空调、75%的太阳能电池板、70%的手机和63%的鞋子均产自中国。

中国制造业供应链配套完善。中国拥有41个工业大类、207个中类、666个小类，是全世界唯一拥有联合国产业分类中全部工业门类的国家，一旦供应链遭到破坏，可以在较短的时间内自主修复和恢复。

世界各国对中国供应链高度依赖。麦肯锡全球研究院报告显示，全球186个国家和地区中，第一大出口目的地是中国的有33个，第一大进口来源地是中国的为65个。中国工业制成品出口规模占全球比重也持续提升，在2020年达到19.5%，明显高于美国（5.0%）、德国（9.6%）和日本（4.5%）等制造业大国。

竞争新优势正在形成

近年来，全球制造业FDI流入规模和占比呈现"双降"态势，但中国制造业利用外资规模保持相对稳定。2021年中国制造业实际使用外资金额达到337.3亿美元，同比增长8.8%，比全球制造业FDI增速高出1.1个百分点。制造业利用外资占全行业利用外资比重从2018年的30.5%下降到2021年的19.4%。这一是因为三次产业结构升级的替代效应，二是制造业内部结构升级的倒逼效应。

但不可忽视的是，近年来，中国制造业低成本竞争优势有所弱化。报告数据显示，2016—2020年中国制造业月工资年均增长率为9.84%，既高于美国（3.77%）、日本（0.75%）、韩国（1.60%）等发达国家，也高于越南（4.54%）、印度（1.47%）等发展中国家。从绝对数来看，2020年，美、韩、日等发达国家制造业月均工资分别为中国的4.8、3.8和2.6倍，越南、印度等发展中国家制造业月均工资仅为我国的1/3、1/5。与主要国家相比，中国在工业用水价格与天然气价格方面略有优势，但工业用地价格为越南的2.8倍、印度的3倍。

但是，中国在劳动生产率、数字化转型、基础设施、市场规模等方面的高性价比优势日渐凸显，同时，随着中国政府持续实施一系列改革开放和转型发展的政策举措，中国在供应链综合效能、创新应用场景、开放型经济体制等方面将形成供应链竞争新优势，对跨国公司投资中国仍具有较强吸引力。

报告认为，劳动生产率是决定一国经济是否具有未来增长性的标志性指标，是现代供应链效能水平的重要体现。根据世界劳工组织统计，中国是全球劳动生产率增长最快的国家，年均增长率达 6.7%，高于全球平均增速 5.1 个百分点。2021 年，中国劳动生产率达16 512 美元/人，也显著高于越南（3 905 美元/人）、印度（6 688 美元/人）和印度尼西亚（9 151 美元/人）等地。

中国国际物流供应链优势持续增强。全球港口货物吞吐量、集装箱吞吐量前 10 名的港口当中，中国分别占了 8 席和 7 席。主要港口平均作业时间明显优于国外主要港口。2022 年 5 月我国集装箱港船舶平均的在港时间、在泊时间分别是 1.98 天、1.04 天，明显低于国外主要集装箱港口平均水平的 3.3 天和 2.4 天。

在创新应用能力方面，中国研发经费投入强度已经由 1.9% 提升至 2.4%，基本上达到经济合作与发展组织（OECD）国家（疫情前）2.5% 的平均水平。中国在新生产要素上也具备明显优势。据国际数据公司（IDC）统计，截至 2021 年年底，中国数据产生量约占全球数据产生量的 23%，位列全球第一。

中国在亚洲区域供应链中也正扮演更为重要的角色。仅从亚洲主要经济体对中国贸易依赖看，根据联合国贸发会议统计，2020 年，东盟、日本和韩国从中国进口占其从全球进口的比重比 2012 年分别提高 11.1、4.5 和 7.7 个百分点。中国已经成为绝大多数亚洲国家的第一大贸易伙伴，投资中国意味着与整个亚洲地区建立紧密的贸易联系，投资中国意味着投向更为广阔的增长空间。

（来源：高雅. 商务部报告：中国的全球供应链竞争新优势正在形成［N］. 第一财经日报，2022-06-21.）

项目五　付出的成本

【学习目标】

思政目标

1. 学习社会成本的概念，保护自然环境，维护人文环境的和谐，提高社会效益。

2. 学习机会成本，珍惜大学学习时光，领会"不忘初心，牢记使命"的可贵，培养积极进取的人生态度和不屈不挠的坚强意志。

3. 学习经济利润的概念，拒绝躺平，争做勇于创新创造、敢为人先、开拓进取的有为青年。

4. 学习交易费用，体会我国作为制造大国的供应链优势。

5. 了解知识经济时代边际收益递增的例外，奋发学习，努力提高知识技能。

知识目标

1. 掌握成本、利润的分类及其含义。

2. 了解收益函数。

能力目标

1. 能区分机会成本和会计成本。

2. 初步掌握企业实现利润最大化的方法。

【案例导入】

覆水难收与沉没成本

在生活中或许有时有人会对你说"覆水难收"或"过去的事就让它过去吧"。这些话含有理性决策的深刻真理。经济学家说，当成本已经发生而且无法收回时，这种成本是沉没成本。一旦成本沉没了，它就不再是机会成本了。因为对沉没成本无所作为，所以当你做出包括经营战略在内的各种社会生活决策时可以不考虑沉没成本。

沉没成本的无关性解释了现实企业是如何决策的。例如，在20世纪80年代初，许多大型的航空公司有巨额亏损。美洲航空公司1992年报告的亏损为4.75亿美元（1美元约等于6.6元人民币，下同），三角航空公司亏损5.65亿美元，而美国航空公司亏损6.01亿美元。但是，尽管有亏损，这些航空公司继续出售机票并运送乘客。乍一看，这种决策似乎让人惊讶：如果航空公司飞机飞行要亏损，为什么航空公司的老板不干脆停止经营呢？

为了理解这种行为，我们必须认识到，航空公司的许多成本在短期中是沉没成本。如果一个航空公司买了一架飞机而且不能转卖，那么飞机的成本就沉没了。飞行的机会成本只包括燃料的成本和机务人员的工资。只要飞行的总收益大于这些可变成本，航空公司就应该继续经营，而且事实上它们也是这样做的。

沉没成本的无关性对个人决策也是重要的。例如，设想你对看一场新放映的电影的效用评价是 10 美元。你用 7 美元买了一张票，但在进电影院之前，你丢了票。你应该再买一张票吗？或者你应该马上回家并拒绝花 14 美元看电影？答案是你应该再买一张票。看电影的利益（10 美元）仍然大于机会成本（第二张票的 7 美元）。你丢了的那张票的 7 美元是沉没成本。覆水难收，不要为此而懊恼。

任务十三　成本理论分析

【学习目标】

1. 了解成本和利润的基本概念。
2. 重点理解不同成本的区别。

任务描述

如果你经常逛超市，你会注意到一个非常有意思的现象：几乎所有软性饮料，不管是采用玻璃瓶还是铝罐子，瓶体都是圆柱形的，可牛奶盒子却似乎都是用方盒子装的。

思考：

为什么牛奶装在方盒子里，而其他饮料却装在圆瓶子里卖呢？

笔记：

_____

_____

_____

任务精讲

生产者行为理论考察了生产过程中生产要素的投入量与产量之间的物质技术关系。厂商为了实现利润最大化，除了考察成本与收益之间的关系，还要讨论产量的变动对生产成本的影响。

事实上，但凡经济活动都有一个成本和收益的比较与权衡。正如上面讨论的这个有趣的经济学小故事中，企业为了在持续发展中把握增长和回报这两个关键点，就要将传统的成本管理向战略成本管理转化，通过挖掘企业的隐性成本，将成本信息的分析和利用贯穿于战略管理之中，为每一个关键步骤提供战略性成本信息，自始至终取得成本优势，从而形成企业的竞争优势，提高核心竞争力，领先于对手。

一、成本的概念

成本是企业决策的核心，成本在经济学上具有极其重要的地位。产品成本的高低，往往决定着厂商的产量以及利润的多少，决定着厂商在商品经济中的竞争能力。

成本是指厂商在生产过程中使用的各种生产要素的支出。西方经济学认为，劳动、资本、土地和企业家才能都是生产要素，都为生产做出贡献，这些生产要素不仅要得到补偿，而且还应得到相应的报酬。因此，生产成本除了包括我们通常所说的工资、材料费、折旧费之外，还包括支付给资本的利息和土地的地租以及支付给企业家才能的正常利润。由此可见，在西方经济学中，成本的含义很广。

在进行具体的成本分析之前，需要明确经济学中短期和长期的概念。在经济学中短期和长期并不单纯指时间的长与短，而主要是看在这个时期中，随着产量的变化，是否所有的投入要素都可以调整。

短期是指在这个时期内，厂商不能根据它要达到的产量来调整其全部生产要素，只能调整部分可变要素。例如，你开一家制造厂，目前市场上对产品需求急速增长，但短期内由于时间太短，你在短时间里无法扩建厂房，只能增加工人，购买更多的原材料，要求员工加班加点，在现有规模下挤出更大的产量来，这就是短期调整。而长期调整中，你就可以多建厂房，招收工人，扩大现有设备规模，因此生产要素是可变的。

二、成本的分类

在微观经济学中，依据各种不同的标准，成本可以划分为许多种类。

（一）显性成本和隐性成本

按照其收回后的归属的不同，成本可分为显性成本和隐性成本。

显性成本是指厂商在生产要素市场上购买或租用所需要的生产要素的实际支出，如支付的场租费、支付给电力公司的电费、原材料费、工资费用等。

隐性成本是形式上没有支付义务的，为使用自己提供的那一部分生产要素而支付的作为报酬的费用。在企业生产过程中，为了进行生产，除了要使用他人提供的生产要素，还可能要动用自己所拥有的生产要素，如自己的资金和房屋、土地，并可能亲自进行管理。经济学家认为，既然使用他人的资金需要付利息，租用他人的房屋、土地需要付房租、地租，聘用他人来管理企业需要付酬金，那么同样道理，当厂商使用了自有生产要素时，也需要支付相应的报酬，这笔报酬也应该计入成本之中。由于这部分费用在形式上没有契约规定一定要支付，因此被称为隐性成本。

由此可见，在会计上起支配作用的是显性成本，而经济学上的成本概念应当包括显性成本和隐性成本，从而我们可以区分会计成本和经济成本的不同，可以用下列公式表示：

$$会计成本=显性成本$$
$$经济成本=显性成本+隐性成本$$

（二）机会成本和沉没成本

机会成本是指做出一项决策时所放弃的其他可供选择的最好用途。对于厂商而言，机会成本是指为了生产一定数量的产品而放弃的使用相同的生产要素在其他生产用途中所得到的最高收入。应该注意的是：第一，机会成本不同于实际成本，而是一种观念上的损失。第二，当我们做出经济选择时，不能只考虑获利，还必须考虑机会成本，这样才能使投资最优。

选择有时很容易，有时很难，难就难在一种资源可能有多种用途，由于有多种选择，用于某种用途就得放弃其他用途。

机会成本在实际运用中的计算原则如下：

（1）业主用自己的资金办企业的机会成本等于把这笔资金借给别人使用可以得到的利息。

（2）业主自己管理自己企业的机会成本等于他在别处工作可以得到的工资报酬。

（3）机器设备原来是闲置的，现在用来生产某产品的机会成本等于0。

（4）机器如果原来生产 A 产品可得到一笔利润 X，现在该为生产 B 产品的机会成本等于生产 A 产品可得到的利润 X。

沉没成本是指已经发生而无法收回的成本，经济学家认为在进行决策时，必须忽略那些与决策无关的成本。

沉没成本是与不可更改的过去决策有关的历史成本，即当成本一经发生，就无法通过当前的决策予以改变并且无法收回时，这种成本就是沉没成本。沉没成本提供了与现在决策相关的信息，但是与具体成本本身无关。

在短期中，企业的固定成本就是沉没成本，厂商决定生产多少产品时可以不考虑这些成本，即固定成本的大小对企业的经营决策无关紧要。

（三）固定成本和变动成本

按照其总额与产量的关系不同，成本可分为固定成本和变动成本。

固定成本（FC）是指在一定限度内不随产量变动而变动的费用，是厂商在短期内不能随意调整的固定生产要素投入的费用，比如管理人员的工资、办公费、借入资金的利息、租用厂房和设备的租金、设备的折旧费、保险费、职工培训经费等。

可变成本（VC）是指随着产量变动而变动的费用，是厂商在短期内可以随意调整的可变生产要素投入的费用，如原材料费、直接工人工资、销售佣金等。

需要注意的是，只有在短期内，厂商的生产成本才有固定成本和变动成本之分，总成本等于固定成本和变动成本之和；而从长期来看，厂商全部投入都是可变的，因此厂商的全部成本都是变动成本。

（四）总成本、平均成本和边际成本

总成本（TC）是生产一定量产品需要的成本总和。

平均成本（AC）是指生产每一单位产品平均需要的成本。

$$AC = \frac{TC}{Q}$$

边际成本（MC）是指企业每增加一单位产量所增加的成本，是总成本增量除以总产量的增量所得的商。

如果以 MC 代表短期边际成本，以 $\triangle Q$ 代表总产量的增量，以 $\triangle TC$ 代表短期总成本的增量，则有：

$$MC = \frac{\triangle TC}{\triangle Q} \text{ 或 } SMC = \frac{\mathrm{d}STC}{\mathrm{d}Q}$$

三、利润

我们知道企业生产的目的是为了赚钱，那么如何衡量企业是否赚钱呢？在经济学上，我们使用利润来进行核算。

经济学中的利润是指经济利润，等于总收入减去总成本的差额。而总成本既包括显性成本也包括隐性成本。因此，经济学中的利润概念与会计利润也不一样。

从前面的介绍已经知道，隐性成本是指稀缺资源投入任何一种用途中所能得到的正常的收入，如果在某种用途上使用经济资源所得的收入还抵不上这种资源正常的收入，该厂商就会将这部分资源转向其他用途以获得更高的报酬。因此，在西方经济学中，隐性成本又被称为正常利润。将会计利润再减去隐性成本，就是经济学中的利润概念，即经济利润。企业追求的利润就是最大的经济利润。可见正常利润相当于中等的或平均的利润，是生产某种产品必须付出的代价。因为如果生产某种产品连正常的或平均的利润都得不到，资源就会转移到其他用途中去，该产品就不可能被生产出来。而经济利润相当于超额利润，即总收益超过机会成本的部分。

经济利润可以为正、负或零。在西方经济学中，经济利润对资源配置和重新配置具有重要意义。如果某一行业存在着正的经济利润，这意味着该行业内企业的总收益超过了机会成本，生产资源的所有者将要把资源从其他行业转入这个行业中。因为他们在该行业中可能获得的收益，超过该资源的其他用途。反之，如果一个行业的经济利润为负，生产资源将要从该行业退出。经济利润是资源配置和重新配置的信号。正的经济利润是资源进入某一行业的信号；负的经济利润是资源从某一行业撤出的信号；只有经济利润为零时，企业才没有进入某一行业或从中退出的动机。

上述利润与成本之间的关系可用下列公式表示：

$$会计利润=总收益-显性成本$$
$$经济利润=总收益-（显性成本+隐性成本）=会计利润-隐性成本$$
$$正常利润=隐性成本$$

正常利润是指厂商对自己提供的企业家才能支付的报酬。正常利润是隐性成本中的一个组成部分。

四、成本函数

1. 成本函数的内涵

成本函数是用来表示成本与产量之间函数关系的。成本的高低主要取决于企业投入生产要素的量和生产要素的价格两个因素。要素的价格上升必然提高成本，企业的技术进步使得同样的产出消耗更少的要素而降低成本。假定要素价格与技术不变，成本高低就取决于要素投入量的多少。根据生产函数，要素投入量的多少取决于产量：在既定的生产函数中，更多的产量需要更多的要素投入量。因此，成本最终随产量的变动而变动，成本是产量的函数，所以成本与产量函数是紧密相关的。

成本函数用数学公式表示为：

$$C=f（Q）$$

2. 短期成本函数和长期成本函数

短期成本函数的形式为：$STC=f（Q）+TFC$，其中 TFC 为固定成本，即不随产量变动而变动的成本。

长期成本函数的形式为：$LTC=f（Q）$，长期成本随产量的变动而变动。

五、短期成本分析

1. 短期总成本

短期总成本（STC）是短期内生产一定量产品所需要的成本总和。它是由总固定成本（TFC）和总变动成本（TVC）构成的。

总固定成本是指企业在短期内必须支付的不能调整的生产要素的费用。

总变动成本是指企业在短期内必须支付的可以调整的生产要素的费用。

如果以 STC 代表短期总成本，以 TFC 代表总固定成本，以 TVC 代表总可变成本，则有：

$$STC = TFC + TVC$$

2. 短期平均成本

短期平均成本（SAC）是指短期内生产每一单位产品平均所需要的成本。短期平均成本分为平均固定成本（AFC）与平均可变成本（AVC）。平均固定成本是平均每单位产品所消耗的固定成本。平均可变成本是平均每单位产品所消耗的可变成本。

如果以 SAC 代表短期平均成本，以 Q 代表产量，则有：

$$SAC = \frac{STC}{Q} = AFC + AVC$$

3. 短期边际成本

短期边际成本（SMC）是指厂商在短期内每增加一单位产量所增加的成本，是短期总成本增量除以总产量的增量所得的商。

如果以 SMC 代表短期边际成本，以 $\triangle Q$ 代表总产量的增量，以 $\triangle STC$ 代表短期总成本的增量，则有：

$$SMC = \frac{\Delta STC}{\Delta Q}$$

这里要注意的是，短期中固定成本并不随产量的变动而变动，所以，短期边际成本实际是相对可变成本而言的。

任务十四　厂商收益分析

【学习目标】

1. 理解总收益、平均收益、边际收益之间的关系。
2. 掌握对厂商利润最大化的产量的决策。

任务描述

从杭州开往南京的长途车即将出发。无论哪个公司的车，票价均为 50 元。一个匆匆赶来的乘客见一家国有公司的车上尚有空位，要求以 30 元上车，被拒绝了。他又找到一家也有空位的私营公司的车，售票员二话没说，收了 30 元允许他上车了。

思考：

请问哪家公司的行为更理性呢？

笔记：

_____

_____

_____

任务精讲

一、厂商收益

厂商收益是指厂商销售产品得到的收入。厂商收益包括总收益、平均收益与边际收益三个概念。

总收益指厂商按一定价格出售一定量产品时所获得的全部收入。以 P 表示既定的市场价格，以 Q 表示销售总量，总收益的定义公式为：

$$TR(Q) = P \times Q$$

平均收益指厂商在平均每一单位产品销售上所获得的收入。平均收益的定义公式为：

$$AR = \frac{TR}{Q} = \frac{P \times Q}{Q}$$

边际收益指厂商增加一单位产品销售所获得的总收入的增量。商品的价格为既定时，边际收益就是每单位商品的卖价。边际收益的定义公式为：

$$MR(Q) = \frac{\triangle TR(Q)}{\triangle Q}$$

或者

$$MR(Q) = \lim_{\triangle Q \to 0} \frac{\triangle TR(Q)}{\triangle Q} = \frac{\mathrm{d}TR(Q)}{\mathrm{d}Q}$$

由表14-1可见，MR 始终是下降的，即厂商销售的产品越多，其单位售价就越低，多售出一单位产品所增加的收入就越少。事实上，MR 很容易变成负数，这意味着厂商降低价格造成的损失大于其增加销售量带来的收益。

表 14-1 总收益、平均收益、边际收益之间的关系

销量 (Q)	单价 (P)	总收益 ($TR=P \cdot Q$)	平均收益 ($AR=TR/Q=P$)	边际收益 ($MR=\triangle TR / \triangle Q$)
0	—	0	—	—
1	21	21	21	21
2	20	40	20	19
3	19	57	19	17
4	18	72	18	15
5	17	85	17	13
6	16	96	16	11

表14-1(续)

销量 (Q)	单价 (P)	总收益 (TR = P·Q)	平均收益 (AR = TR/Q = P)	边际收益 (MR = △TR/△Q)
7	15	105	15	9
8	14	112	14	7
9	13	117	13	5
10	12	120	12	3

【小知识】

知识依赖型经济与边际收益递增

1986 年，经济学家罗默在《政治经济学》杂志上发表了《收益递增和长期增长》一文，提出了"边干边学"模式，并指出由于技术进步实质上是内生于经济增长过程，使边际效益递增，从而在此基础上实现经济的可持续增长。这个模型被称为阿罗-罗默模型。随着知识经济的兴起，越来越多的学者在研究美国"新经济"现象时都提出了边际收益递增的现象普遍存在于知识依赖型经济中。边际收益递增是指在知识依赖型经济中，随着知识与技术要素投入的增加，产出越多，生产者的收益呈递增趋势明显。这一规律以知识经济为背景，在知识依赖型经济中生产要素简化成知识性投入和其他物质性投入。

二、厂商利润

厂商从事生产或出售商品的目的是赚取利润。如果总收益大于总成本，就会有剩余，这个剩余就是利润。值得注意的是，这里讲的利润，不包括正常利润，正常利润包括在总成本中，这里讲的利润是指超额利润。如果总收益等于总成本，厂商不亏不赚，只获得正常利润，如果总收益小于总成本，厂商便要发生亏损。

假设 π 为利润，Q 为厂商产量，TR 为厂商总收益，TC 为厂商总成本，则利润计算公式为：

$$\pi(Q) = TR - TC$$

由于正常利润已包括在总成本中，则 $TR - TC > 0$，厂商获得超额利润；$TR - TC < 0$，厂商亏损；$TR - TC = 0$，超额利润等于零，但厂商可以获得正常利润。

三、利润最大化原则

在经济分析中，企业实现最大利润所要遵循的原则可以表述为：在其他条件不变的情况下，企业应该选择最优的产量，使得最后一单位产品带来的边际收益等于付出的边际成本。简单地说，企业实现最大利润的均衡条件是边际收益等于边际成本，即 $MR = MC$。

如果 $MR > MC$，则厂商每增加一单位产量所带来的收益大于生产这一单位产量的成本，因此厂商增加产量有利于厂商利润总额的提高；反之，如果 $MR<MC$，则厂商每增加一单位产量所带来的收益小于生产这一单位产量的成本，因此厂商增加产量将导致利润总额的减少。只有当 $MR=MC$ 时，虽然最后一单位的收支相同，无利润可赚，但以前生产的产量使总利润达到最高。因此，$MR=MC$ 是厂商利润最大化的基本原则。

【小案例】

大商场平时为什么不延长营业时间？

节假日期间许多大型商场都延长营业时间，为什么平时不延长营业时间呢？我们可以用边际分析理论来解释这个问题。从理论上说，延长时间一小时，就要支付一小时所耗费的成本，这种成本既包括直接的物耗，如水、电等，也包括由于延时而需要的售货员的加班费，这种增加的成本就是边际成本。假如延长一小时增加的成本是 1 万元（注意这里讲的成本是西方经济学中成本的概念，包括成本和正常利润），那么在延时的一小时里商场 由于卖出商品而增加的收益大于 1 万元，作为一名精明的企业家，他还应该将营业时间在此基础上再延长，这是因为他还有一部分该赚的钱还没赚到手。相反，如果商场在延长一小时里增加的成本是 1 万元，增加的收益不足 1 万元，企业家在不考虑其他因素情况下就应该取消延时的经营决定，因为延长一小时营业时间的成本大于收益。

技能训练

一、单项选择题

1. 机会成本是指（　　　）。

　　A. 作出某项选择时实际支付的费用或损失

　　B. 企业生产与经营中的各种实际支付

　　C. 作出一项选择时所放弃的其他若干种可能的最好选择的一种

　　D. 作出一项选择时所放弃的其他任何一种可能的选择

2. 固定成本是指（　　　）。

　　A. 企业在短时期内必须支付的不能调整的生产要素的费用

　　B. 企业要增加的产量所要增加的费用

　　C. 企业购买生产要素所要增加的费用

　　D. 平均每单位产品所需要的费用

3. 某厂商每年从企业的总收入中取出一部分作为自己提供的生产要素的报酬，这部分资金被视为（　　　）。

　　A. 显性成本　　　　　　　　　　　　B. 隐性成本

C. 经济利润　　　　　　　　　　D. 沉没成本

二、计算题

在"下海"的浪潮中，某服装公司的小王与其妻子用他们的20万元资金办了一个服装厂。一年结束时，会计拿来了收支报表。当小王正在看报表时，他的一个经济学家朋友小李来了。小李看完报表后说，我的算法和你的会计的算法不同，小李也列出了一份收支报表。这两份报表如表1所示。

表1　会计的报表和经济学家的报表　　　　　　　　　　单位：万元

会计的报表（会计成本）		经济学家的报表（经济成本）	
销售收益	100	销售收益	100
设备折旧	3	设备折旧	3
厂房租金	3	厂房租金	3
原材料	60	原材料	60
电力	3	电力	3
工资	10	工资	10
贷款利息	15	贷款利息	15
		小王及其妻子应得的工资	4
		自有资金利息	2
总成本		总成本	

请问核算出的会计利润和经济利润分别是多少？

三、技能分析

经济学中有一句话："天下没有免费的午餐。"请你联系实际情况，运用所学理论进行评析。

四、综合实训

综合实训项目：成本分析。

项目名称：某商店的成本分析。

实训目的：引导学生参加日常生活中成本理论的实践训练，在讨论和撰写报告中，增强学生的团队意识，同时加深学生对各类成本的认识。

实训内容：学生分组，在调研的基础上进行讨论；集体分析，利用周末时间选取学校周围的某商店为调研对象，归纳出该商店的各类成本。

实训时间：结束本项目的学习后，课外进行。

操作步骤：

（1）将班级每5名同学分成一组，每组确定一名负责人。

（2）以小组为单位，在组长的带领下，选取学校周围的某商店作为调研对象，实地走访调研。

（3）运用成本理论，归纳出该商店的各类成本。

（4）撰写一篇综合分析报告。

（5）各组在班内进行交流和讨论。

成果形式：撰写一篇《某商店的成本分析》综合分析报告，字数500字左右。

【思政园地】

大学生学习机会成本分析及启示

对于一个应届高中毕业生而言，是工作还是读大学，实际就是一个选择的问题，选择的原则就是以最小的成本获得最大的利益。上大学的机会成本往往是许多人最易忽略的，当把一年的时间用于听课、读书写作业时，我们就不能把这些时间用于工作赚钱，因此上学所放弃的工资收入是我们受教育的最大成本。

一、收益成本

收益成本是指所放弃的用于其他用途能够获得的最大收益。对于个人而言，则指一名应届生四年读大学期间所放弃收的最大收入，其中包括投资收益和就业收益。

（一）投资收益

如果大学生学费不投资于教育，而用于其他投资所得的回报或存入银行所得的收入皆构成大学生的机会成本。若以一名大学生四年的学费24 000元作为主要资本进行投资，其投资收益的计算要依靠行业来定。就目前市场情况而言，24 000元在四年内的投资收益相对来说还是比较低的，甚至四年内不一定能获得收益。另外，目前银行的存款利率也相对比较低，一般在2%左右。我们可以简单地计算出将24 000万元学费存入银行扣除利息税后所获的利益收入 $P = 1\,175.194$ （元）。由此可见，四年的学费用于投资至少能获得1 000元左右的回报，虽然数量较小，但也是大学生在读期间所失去的收益，只是机会成本偏小而已。

（二）就业收益

有关资料显示，普通高中毕业生的平均工资每月为1 500元（较早数据，仅作参考）。随着就业压力的增大，高中毕业生的综合能力无法适应激烈的竞争需求。如果高中应届生毕业后直接就业，其期收入应大概为1 500元，除去4年的生活必需品消费约30 000元，那么应届生在这4年里的收益为69 000元左右，这项收益也构成应届生上大学时的机会成本。应届生接受大学教育的个人机会成本，主要是指学生因接受大学教育而放弃的工作收入。要精确地计量个人接受大学教育的机会成本是非常困难的。从理论上讲，大学生的个人机会成本，应等同于同年龄段的高中应届生在相应时期内的就业收入，乘以就业率。由此可见，一名高中应届生的上大学的机会成本至少要五六万元。对于一些综合素质较高的应届生来说，他们的上大学的机会成本则更高。对于国内普通家庭来说，子女上大学的教育投资成本还是挺高的，除了能计算的、会计意义上的机会成本外，大学生还面临着其他隐性的教育机会成本。

二、就业成本

从当前劳动就业市场上来看，大学生择业期望值偏高、择业目标短期化和择业趋向功利化，导致个人择业期望与社会需求的不平衡。一些大中城市出现了高才低就和人才高消费现象，而一些地处边远地区急需人才的用人单位又得不到高层次人才。大学生就业市场的不完善所导致教育成果的贬值和人力资源的浪费无疑加大了学生本人及社会的机会成本。目前对大学生择业心态的不理解，主要是市场经济条件下产生的道德约定，对计划经济体制下的道德约定乃至对中国传统道德的冲击。随着时间的变化和理解的加深，会在更高层次上达成共识。

三、时间成本

英国一位教授发明了一个公式，能够帮助人们精确地计算出自己的时间价值。这个公式是 $V=[W(100-T)/100]/C$。V 代表一小时的价值，W 是一个人的时薪，T 是税率，C 是当地生活花费。本科大学生学年制一般为 4 年，应届生上大学期间正是人生中最关键的黄金青春期，学生在这期间生活在校园这个相对狭隘的社区里，很可能会丧失社会上很多人生机遇。机会成本对个人而言更多表现为个人的时间价值。例如，有些演艺明星，他们的每年的收入超过 1 000 万，他们的时间价值（也就是机会成本）就比我们一般人要高得多，他们停下工作去学习所付出机会成本就远远高于我们一般人，因此对他们而言放弃深造选择工作就是明智的。而对于我们一般的高中毕业生而言，机会成本很低，选择继续深造，在大学里面接受更高层次的教育和能力培养，可以提高我们的机会成本，换句话说就是可以在以后获得更多的经济收益。

四、启示

上大学从根本上来说是一种经济决策，决定是否上大学的人都需要在上大学的成本和收益之间进行比较。接受高等教育会产生直接成本、机会成本及心理成本，同时也会带来经济收益和心理收益。但是由于对心理成本和心理收益进行衡量比较困难，因此可以暂先忽略。

我们通过模型研究可知，从短期来看，上大学投入的成本更大，但是从长远来看上大学的收益现值超过上大学的成本，则上大学就是值得的。

因为读大学也是一种风险投资，因为它的机会成本是不固定的，所以有人在选择是否继续接受高等教育时，只看到了短期的成本投入过大而放弃了继续接受高等教育的机会。所以我们的眼光应该放长远一些，不能只看到眼前利益，人的一生至少有 30 年在工作，我们不能只看重前 10 年的成就来决定一生的命运。而且人一生中学习效率最高的时间是青年时期，机会成本也最低。当我们珍惜大学四年的学习生活并有目标、有选择性地努力拼搏后，我们便增加了不上大学的机会成本。大学四年的努力可带来的收益空间是模糊的，更是巨大的。既然我们已经踏上了上大学的这条路，不妨最大化地发挥个人主观能动性，并学会利用机会成本这一重要微观经济学原理，理性地做出学习生活及未来工作上的选择，去追求机会成本最小，并积极创造经做出的长期选择而造成的机会成本斜率越来越大的曲线所代表的未来，甚至争取超越它，不断使总收益最大化。

五、建议

（一）找准自己的位置，力求与社会发展需要相协调

现在社会上有很多高职、高技等专科型院校，能够培养出与社会需求对口的人才，家长和学生在报考时应当充分考虑到学生本身的兴趣因素和社会需求因素，毕竟社会需要更多的实干家，避免出现过高的代价没有换来预期回报的问题。

（二）提高大学生对成本的理解，使他们珍惜读书学习的机会

我们身处于知识经济时代，高素质的人力资源成为最为重要的资源，大学生学习的机会成本虽然很大，但是对于教育的投资就如同自我博弈，无论结果如何，都能让自己获得最大的收益。虽然在信息爆炸的时代，人们可以足不出户就能享受到最新的知识，但是在实际工作中时，用人单位对员工的第一印象还是主要停留在文凭上。即使在大学接受教育会付出一定的成本，但是获得的收益远远超过了成本，包括学术水平、学术思想、知识储备的提升等，都是不可替代的收获。大学生也应该更加珍惜目前的读书机会，把握时机充分利用好高校宝贵和充足的教育资源，尽量减少自己的机会成本，以最少的代价获得最大的收益。因此正确分析大学生学习的机会成本，才更能让大学生对自己有一个确切的定位。对于大学生受教育的机会成本分析，我们不应该仅仅从经济学的角度去衡量大学生教育投资的成本，而应更长远地看到其对未来职业生涯发展的潜在效益，要以平和的心态踏实钻研，努力追寻自己的理想，缩小成本与未来收益的差值，使现行的大学教育实现效用最大化。

（资料来源：肖彬，徐聪慧. 大学生学习机会成本分析及启示 [J]. 经营管理者，2016（18）：296-297.）

项目六　竞争和垄断

【学习目标】

思政目标

1. 理性看待"内卷"，将竞争的压力化为动力，积极面对竞争，奋发进取，提高自我的核心竞争力，争做逐梦新时代的新青年。

2. 从完全竞争市场视角看待"三农"问题，了解被"卡脖子"的农业，深刻领会为什么说"科技创新作为提高社会生产力、提升国际竞争力、增强综合国力、保障国家安全的战略支撑，必须摆在国家发展全局的核心位置"。

3. 面对市场竞争和外部垄断势力的打压，我国在科技创新、提升国际竞争力的过程中举国体制和市场的资源配置作用同样重要。

4. 华为鸿蒙操作系统的未雨绸缪，成功打破国际垄断，体现了在竞争格局下居安思危自主创新的重要性。

5. 以《月亮和六便士》的故事激励学生追逐自己的星辰大海和未来的无限可能。

知识目标

1. 熟悉市场的类型和划分标准。

2. 掌握四种市场类型各自不同的特点。

能力目标

1. 根据所学知识能较好区分现实市场的类型。

2. 理解价格歧视。

【案例导入】

德比尔斯公司为什么做广告？

德比尔斯公司控制了全世界80%以上的钻石矿（其他不足20%的钻石矿分散于斯里兰卡和俄罗斯，形不成规模），凭借这种资源优势，该公司成为世界市场的垄断者。我们知道，垄断者成功的关键在于寻找正确的定价原则。由于该市场上只有唯一的企业，因此其不用做广告，即不用通过广告来介绍和创造自己的产品特色。但德比尔斯公司每年都要花巨资在各国做广告，它的广告词"钻石恒久远，一颗永流传"已经家喻户晓。作为垄断者的德比尔斯公司为什么还要做广告呢？

形成垄断的条件一是进入限制，即其他企业无法进入该行业，二是没有相近替代品。如果没有第一个条件就不能成为垄断，但没有第二个条件，垄断只是一种无保障的垄断——垄断地位随时可以被替代品打破。钻石的替代品是宝石，作为装饰品，钻石与宝石有相当大的替代性。如果宝石可以替代钻石，德比尔斯公司的垄断地位就被打破了。

那么，宝石能否替代钻石呢？这就取决于消费者的偏好了。如果消费者认为，钻石和宝石作为装饰品是相同的，钻石和宝石就可以相互替代，这时德比尔斯公司的垄断地位就不存在了。在装饰品市场上，德比尔斯公司只是一个寡头，要与其他经营宝石的公司进行竞争。如果消费者认为，钻石和宝石不能互相替代，德比尔斯公司就可以保持其垄断地位，无保障的垄断就能成为有保障的垄断了。

影响消费者偏好的重要因素正是广告。消费者容易受广告的影响形成自己的偏好。无论广告说的对还是不对，狂轰滥炸，持之以恒的广告还是能左右消费者的偏好的。德比尔斯公司做广告的目的正是让消费者认识到，宝石不能替代钻石——因为只有钻石才有"永恒"的含义，人们都追求婚姻的完满，似乎只有钻戒才最契合这一主题。如果消费者接受了这种宣传，宝石不能替代钻石，德比尔斯公司的垄断就有保障了。从现实情况来看，德比尔斯公司的这个广告是成功的，因为它在展销会上对自己的钻石实行一口价，不许讨价还价，这显然是垄断者的做派。

任务十五　熟悉市场结构及其特点

【学习目标】

1. 了解市场及行业的概念。
2. 熟悉不同市场类型的划分标准。

任务描述

一位动物学家对生活在非洲大草原奥兰治河两岸的羚羊进行过研究。他发现东岸羚羊群的繁殖能力比西岸羚羊群的繁殖能力强，奔跑速度也不一样，东岸羚羊群的奔跑速度每分钟要比西岸羚羊群的奔跑速度快13米。

对这些差别，这位动物学家曾百思不得其解，因为这些羚羊的生存环境和属类都相同，饲料来源也一样，全以一种叫莺萝的牧草为主。

有一年，在动物保护协会的协助下，这位动物学家在东西两岸各捉了10只羚羊，把它们送往对岸。结果，运到西岸的10只来自东岸的羚羊一年后繁殖到14只，运到东岸的10只来自西岸的羚羊一年后仅剩下3只，另外7只全被狼吃了。

这位动物学家终于明白了，东岸的羚羊之所以强健，是因为在它们附近生活着一个狼群；西岸的羚羊之所以弱小，正是因为缺少这么一群天敌。竞争对手是发展之源，没有对手，就没有竞争；没有竞争，就没有发展。

思考：

在经济学的世界里，是否存在自然界的竞争关系？请解释。

笔记：

_____

_____

_____

任务精讲

一、市场与行业的概念

每个家庭几乎每天都要到市场上去买一些新鲜的蔬菜、鱼肉、禽蛋等各种副食品。菜市场上充满了大大小小的各种商贩，仔细观察我们会发现，虽然市场上的商贩非常多，但相同的蔬菜的价格几乎是没有差异的，任何擅自抬高菜价的商贩都将无人问津，而作为消费者的我们，对于购买哪一种蔬菜、买多买少，有着绝对的自主权。

再来看手机移动通信市场。现代社会，通信越来越发达，手机几乎成为人们必备的一种日常工具，但在相当长的时间里，我们却只能在移动、联通与电信这三家公司中来做出选择。如果我们要使用手机，就必须接受它们提供的仅有的几项业务服务，并为此支付它们所要求的报酬。在这个市场上，作为消费者的我们，失去了在菜市场上拥有的大部分权利。

微观经济学中的市场是指从事某一商品买卖的交易场所或接触点。市场可以是一个有形的买卖商品的场所，也可以是一个利用现代化通信工具进行商品交易的接触点。任何一种商品都有一个市场，有多少种商品，就有多少个市场。这种市场可以是大米市场、服装市场、汽车市场、期货市场等。

与市场这一概念紧密联系的另一个概念是行业。行业是指为同一商品市场生产和提供产品的所有厂商的总体。同一种商品的市场和行业的类型是一致的。例如，完全竞争市场对应的是完全竞争行业等。

市场结构是指市场的组织和构成，它会影响厂商的行为和活动。

二、市场结构划分标准

从本质上讲，市场是物品买卖双方相互作用并得以决定其交易价格和交易数量的一种组织形式或制度安排。

任何一种交易物品都有一个市场。例如，有石油市场、土地市场、大米市场、自行车市场、电脑市场等。市场可以根据不同标准进行分类，如根据市场上交易产品的特点可分为产品市场和要素市场，要素市场又可分为劳动力市场、土地市场、资本市场和技术市场等。

市场竞争程度的强弱是西方经济学划分市场类型的标准。影响市场竞争程度的具体因素主要有以下四点：

第一，市场上厂商数量的多少。参与者越多，竞争程度可能就越高，否则竞争程度就越低。在参与者多的市场中，每个参与者交易量只占市场交易量很小的份额或比重，对市场价格缺乏控制能力，竞争能力比较小，厂商之间的竞争相对比较激烈；反之，如果市场上交易者数量很少，每个厂商在市场上都占有重要地位，厂商之间就缺乏竞争，容易形成垄断。

第二，厂商生产的商品的差别程度。差别程度是指同一种产品在质量、形式、包装等方面的差别。产品差异会引起垄断，产品之间的差异越大，垄断程度越高；产品之间的差异越小，甚至没有差异，相互之间替代品越多，竞争程度就越强。

第三，单个厂商对市场价格影响的程度。凡是产品交易价格由市场供求关系来决定的市场，其竞争程度就越强；反之，凡是企业能够用自己的力量在不同程度上决定产品的价格，其市场竞争程度就比较弱，在这样的市场中就容易产生不同程度的垄断。

第四，厂商进入或退出该行业的难易程度。一个行业的进入门槛越高，进入限制越多，企业就越难进入，从而垄断程度越强；反之，一个行业的进入门槛越低，进入限制越少，企业就越容易进入，从而竞争程度越强。

依据以上划分标准，经济学中又把市场结构分为完全竞争市场、完全垄断市场、垄断竞争市场、寡头垄断市场。

关于这四个市场的类型和相应的厂商的区分及其特点可以用表15-1概括说明。

表15-1 市场类型的划分和特点

市场类型	厂商数目	产品差别程度	对价格控制的程度	进出一个行业的难易程度	举例
完全竞争	很多	完全无差别	完全不能	非常容易	小麦、玉米等农产品
垄断竞争	较多	有一定差别	一定程度	比较容易	轻工业产品，如空调、电脑产品
寡头垄断	很少	有一定差别或无差别	相当程度	比较困难	重工业产品，如汽车、石油

表15-1（续）

市场类型	厂商数目	产品差别程度	对价格控制的程度	进出一个行业的难易程度	举例
完全垄断	唯一	唯一的产品，且无相近的替代品	很大程度，但经常受到管制	非常困难，几乎不可能	公用事业，如水、电行业

任务十六　熟悉完全竞争市场

【学习目标】

1. 了解完全竞争市场的条件。
2. 区分完全竞争市场的需求曲线和完全竞争厂商的需求曲线的不同。

任务描述

20世纪80年代，一些城市为了保证居民的菜篮子，由政府出资办了大型养鸡场，但成功者甚少，许多养鸡场最后以破产告终。这其中的原因是多方面的，重要的一点则在于鸡蛋市场是一个完全竞争市场。

政府建立的大型养鸡场在这种完全竞争的市场上并没有什么优势，其规模不足以大到能控制市场，产品也没有特色。这种大型养鸡场要以平等的身份与那些分散的养鸡专业户或把养鸡作为副业的农民竞争。但这种大型养鸡场的成本都要大于行业平均成本，因为这些养鸡场的固定成本远远高于农民的固定成本。这种大型养鸡场要建大鸡舍，采用机械化方式，并且有相当一批管理人员，工作人员也是有工资的工人。这些成本的增加远远大于机械化养鸡所带来的好处，因为农民养鸡几乎没有什么固定成本，也不向自己支付工资，差别仅仅是种鸡支出和饲料支出。大型养鸡场由政府出资兴办，自然是国有企业，其同样有产权不明晰、缺乏激励机制、效率低的共性。从这种意义上说，政府出资办大型养鸡场是出力不讨好的，动机也许不错，但结果不好。

思考：

从市场结构的角度分析，为什么政府办养鸡场是出力不讨好的，赚得的收益怎么还不如农民呢？

笔记：

任务精讲

一、完全竞争市场的特点

完全竞争也叫纯粹竞争，是指一种不受任何阻碍和干扰，没有外力控制和垄断因素的市场结构。完全竞争市场是一个最为理想的市场，现实生活中很少见。要成为完全竞争市场必须具有以下四点条件：

第一，市场上有众多的买者和卖者，其规模都很小。

每一个消费者或每一个厂商都没有能力影响甚至控制市场价格，其对市场供求的影响都是微不足道的，所有市场参与者都只能被动地接受既定的市场价格，因此它们被称为价格接受者。

第二，产品是同质的，即任何生产者的产品都是无差别的。对于消费者来说，购买任何一家厂商的产品都是没有区别的。在这种情况下，单个厂商既没有必要单独降价，更不会单独提价。因为降价意味着其利润降低，而提价将使得其产品完全卖不出去。由此可见，这个条件进一步强化了在完全竞争市场上每一个买者和卖者都是被动的既定市场价格的接受者的说法。

第三，各种资源都可以完全自由地流动而不受任何限制。

这意味着厂商进入或退出一个行业是完全自由的和毫无困难的。任何一种资源都可以及时地投向能获得最大利润的生产，并及时地从亏损的生产中退出。劳动力不仅可以在地区间自由流通，而且可以在不同的职业间自由流动，资本也可以自由地进入或退出某一行业。

第四，市场信息是完全的和对称的，厂商与居民户都可以获得完备的市场信息。

市场上的每一个买者和卖者都掌握与自己的经济决策有关的一切信息。任何时候他们都能做出自己最优的经济决策，从而获得最大的经济利益。这也就排除了由于信息不通畅而可能导致的一个市场同时按照不同的价格进行交易的情况。

【小知识】

广告的作用

完全竞争本身假定生产者和消费者具有完全的信息或知识，无需做广告。厂商做广告只会增加产品的成本，使所获利润减少甚至亏损。完全竞争厂商仅是价格的接受者，其能按市场决定的价格卖出其愿意出售的任何数量的产品，因此厂商不愿做广告。

现实的市场中信息和知识不是完全的。即使是对其中一个非常不起眼的产品，市场交易也需要非常丰富的信息，如质量、价格变化、产地、需要量等，这些信息对需求者来说常常是稀缺的。而且很多时候，市场上充斥着虚假和无用的信息，这些情况越严重，信息的不完全性就越严重，市场偏离完全竞争也就越严重。在不完全信息的市场上，传递和获取对交易有用的信息，肯定不会是不需要成本的。广告的基本职能就在于传递这些信息，真正的完全竞争市场是不存在广告的。

广告的确是市场信息不完全的产物，然而厂商不惜重金地为自己的产品做广告，绝不仅仅是在传递自己产品的信息，很多时候厂商是在宣示和制造自身产品的差异性。事实上，抽象的"完全信息"基本上是不现实的。即使是完全相同的产品，厂商也常常存在着制造差异，采取差异化竞争的冲动。常见的做法就是个性的包装、个性的广告以及个性的营销。这些做法不仅仅是为了向消费者展示自己的产品，更重要的是使自己的产品与众不同，从而从市场上获得在完全竞争市场中得不到的垄断势力，赢得平均利润之外的某种垄断利润。可以说，广告等行为创造了或者至少是加深了产品的差异，把完全竞争的市场转变为不完全竞争的市场。

这些条件是非常苛刻的，在现实经济生活中，真正符合以上四个条件的市场是不存在的。比较接近的是农产品市场，如大米市场、小麦市场等，但是现实中是否存在着真正意义上的完全竞争市场并不重要，重要的是从对完全竞争市场模型的分析中，可以得到关于市场机制及其配置资源的一些基本原理。

【小案例】

近乎完全竞争的小麦市场

小麦市场是一个比较接近完全竞争的市场。因为这个市场有众多买者和卖者，并且没有谁能够影响小麦的价格。相对于市场规模，每个小麦买者的购买量很小，以致无法影响价格，也就是说，其不可能因为自己的购买量较大，而以比别人低的价格进行购买，因为对于该买者来说，再大的购买量，对于市场规模来说仍然微乎其微。对于卖者来说，其提供的是几乎同质的小麦产品，而且任何一个卖者提供的小麦数量对于市场规模来说也微不足道，每个卖者可以在现行价格水平上卖出其想卖的所有产量，其没有什么理由收取较低价格，如果其收取高价格，买者则会到其他地方购买。因此，在小麦市场上，小麦的价格由众多的买者和卖者的需求和供给共同决定。买者和卖者都是价格的接受者，其必须接受市场供求所决定的价格，按照市场价格买卖。

与此同时，对于一个种植小麦的农民来说，是决定继续种植小麦呢，还是改种蔬菜、水果甚至挖鱼塘养鱼，主要取决种植小麦的成本收益比较，即种植小麦与其他种植业和养殖业的净收益比较。如果种小麦有利可图，那么总有农民愿意继续种植小麦，甚至有更多的农民加入种植小麦的行列；如果种植小麦是亏损的，或者种植小麦的净收益比其他种植业的净收益要小，长期中，农民就会改种其他作物。在农民决定继续种植小麦还是改种其他作物时，他们的选择基本是自由的，也就是说，农民进入或退出小麦种植的障碍很小。

略微不足的是，小麦市场上无法满足信息完全的假定条件。这是大多数农产品市场化过程中存在的通病。当众多的小生产者与大市场对接时，单个的小生产者无法及时准确地把握决策所需要的所有信息，而只能在有限的信息条件下做出决策，只能以上一时期的价格作为本期产量的决策依据。这样决策的结果很可能导致其决策与整体市场的实际运行情况相反，从而遭遇价格波动所带来的市场风险。小麦等农产品市场经常出现"去年买粮难，今年卖粮难"的现象，这就是信息不完全所致。

二、完全竞争市场的需求曲线

完全竞争市场的条件决定了单个厂商是既定市场价格的接受者，因此完全竞争市场的单个厂商的需求曲线只能是一条由既定市场价格水平出发的水平线，如图 16-1（b）所示。

在完全竞争市场中，单个消费者和单个厂商无力影响市场价格，但这并不意味着完全竞争市场的价格是固定不变的。完全竞争市场的需求曲线是由众多家庭的个别需求曲线横向叠加而成的，自左上方向右下方倾斜，具有负的斜率，如图 16-1（a）所示。也就是说，在完全竞争市场上，个别企业的需求曲线是与横轴平行的，而整个行业的需求曲线却还是向右下方倾斜的。（行业需求曲线向右下方倾斜是因为产品的边际效用递减原理和与其他产品之间的效用替代，这个原因和其他类型的市场上行业需求曲线向右下方倾斜的原因是一样的。）

在完全竞争市场上，在图 16-1（a）中，整个行业面对的市场的需求曲线 D 和供给曲线 S 相交的均衡点所决定的市场的均衡价格为 P_0，由于产品的无差异，它与图 16-1（b）中单个代表性厂商的需求曲线中的 P_0 相等。

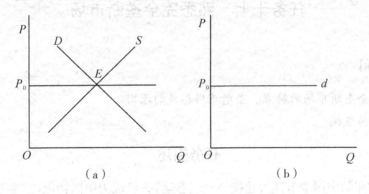

图 16-1　完全竞争市场的需求曲线

当外来因素，如政府政策变化、居民收入变化等因素使得众多消费者的需求量变化时，市场供求曲线的位置就有可能发生移动。在这种情况下，我们就会得到由新的均衡价格水平出发的一条水平线，如图 16-2 所示。

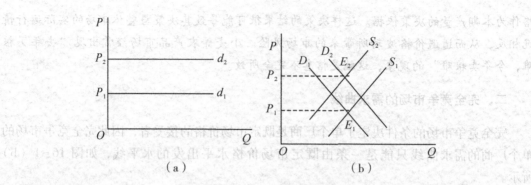

图16-2 完全竞争市场的需求曲线

在图16-2中，开始时的需求曲线为 D_1，供给曲线为 S_1，市场的均衡价格为 P_1，相应的厂商的需求曲线是价格水平 P_1 出发的一条水平线 d_1。以后，当需求曲线的位置由 D_1 移至 D_2，同时供给曲线的位置由 S_1 移至 S_2 时，市场均衡价格上升为 P_2，于是相应的厂商的需求曲线是由新的价格水平 P_2 出发的另一条水平线 d_2。这里厂商的数量可能已经发生了改变，也可能没有变化。但只要市场完全竞争的几个基本条件还存在，厂商所面对的需求曲线就还是与横轴水平的，完全竞争的市场环境下，它们仍然是价格的被动接受者，没有办法获得超过平均利润水平的垄断利润。

任务十七 熟悉完全垄断市场

【学习目标】

1. 了解完全垄断市场的特点、垄断市场形成的原因。
2. 了解价格歧视。

任务描述

最近20多年的中国季节性大迁徙——"春运"，已成为中国特色。"春运"市场提供了世界上罕见的爆发性商机。国家铁路部门为了缓解春运的高峰运载压力，在春运期间实行火车票价格上涨政策，有关人士解释涨价是为了"削峰平谷"，以达到"均衡运输"的目的。但我们看到的是涨价后，铁路运输并没有减少乘客，并未达到"均衡运输"的目的。因为对于大多数中国老百姓而言，火车是出远门首选的交通工具，无论火车票涨不涨价，该回家的还要回家，涨价无法"削峰平谷"。

思考：

请用垄断市场理论解释这一现象。

笔记：

_____

_____

_____

任务精讲

一、垄断市场的特点

【小案例】

微软公司为什么被起诉？

美国司法部起诉微软公司捆绑销售 IE 浏览器软件，涉嫌违反美国《反托拉斯法》，要求将其一分为二。哈佛大学教授格里高利·曼昆对分拆微软公司计划提出了质疑，并且在文章中讲述了一个寓言故事：某人发明了第一双鞋，并为此申请了专利，成立了公司。鞋很快卖疯了，这个人成了最富裕的人，但是这时他变得贪婪了，把袜子和鞋捆绑销售，还声称这种捆绑销售对消费者有利。

对于微软公司是否涉嫌垄断，经济学家们意见不一，产生意见分歧主要源于经济学家们对垄断的不同看法。像微软公司这样的企业是靠技术创新形成的，分拆了它对鼓励创新没有好处，应在一定时期内允许它拥有垄断地位。

但是理论上纯粹的完全垄断市场要满足什么条件呢？

第一，市场上只有一家厂商生产和销售这种商品，这意味着一个厂商就是一个行业。

第二，该厂商生产和销售的商品没有任何相近的替代品，消费者只能消费垄断企业所生产的商品，没有任何相关商品可替代。

第三，任何其他厂商进入这个行业都极为困难或者不可能。

由以上特点可知，垄断厂商排除了任何竞争因素，这就造成了在这个行业中垄断者一家独大，它可以控制整个行业的生产和销售，并通过生产和销售来控制市场价格，即垄断厂商是商品价格的操纵者。但值得注意的是，由于商品都具有一定的需求价格弹性，垄断厂商不能随意抬高价格，而是根据消费者的需求曲线进行"高价少销"和"低价多销"的方式来获取最高利润。

【注意】

完全垄断厂商并不能控制消费者，即使是非买不可的垄断产品，如果价格太高，消费者也可以尽量少买甚至不买。如果牙膏业被一家厂商完全垄断了，一支牙膏可能卖 20 元钱，但是为什么不卖 1 万元钱呢？因为那样的话，买的人就会大量减少——大家宁可改用盐刷牙，或者用药物来漱口，或是多嚼一些口香糖。因此，对垄断产品的需求仍然符合需求定理：价格高，需求量小；价格低，需求量大。因此，一家完全垄断的企业也并不是能够达到它想达到的任何利润水平的。

二、垄断市场形成的原因

（一）资源独占

资源独占，即垄断厂商控制了生产这种商品的全部资源或关键资源。例如，第二次世界大战前的美国铝业公司长期独占美国制铝行业，因为其控制了所有铝土矿资源，而铝土矿是生产铝的关键和基本的资源。

（二）专利持有

专利持有，即厂商持有生产某种商品的知识产权、工艺技术或专利权。这是专利法为了保护发明者对其发明的成果拥有权的一种有期限的保护，使在一定期限内其他人不能无偿使用这项成果。因此，厂商在这个期限内具有对这种商品的垄断权。例如，在一定时期内某电视台具有独家播放《新红楼梦》的权利、某企业具有生产节能汽车电池的专利等。

（三）政府特许

政府特许，即政府往往在某些行业出台垄断性政策而特许一些部门独立经营某个行业。例如，城市的自来水和天然气的供应、中国邮政公司对邮政业务的垄断、铁路总公司对铁路运输业务的垄断等。

（四）自然垄断

有一些行业的生产具有规模经济的特点，即生产的前期需要投入大量的资本和设备，要想获得利润就要大量的生产和销售，以至于整个行业的产量只要由一个企业来生产就能满足整个市场或绝大部分市场的需求。这种行业在规模经济的带动下，市场竞争的自然结果就是垄断，总会有某个厂商凭借雄厚的经济实力和其他优势最先占领市场，垄断整个行业或绝大部分行业的生产和销售。这就是自然垄断。

【小案例】

钻石恒久远　一颗永流传

产生于一种关键资源所有权垄断的典型例子是南非的钻石公司德比尔斯。1870 年，17 岁的罗德斯首次来到南非，经过几年的奋斗，他迅速建立起"德比尔联合矿业公司"，垄断了当时占全世界 90% 的南非钻石矿业，成为钻石大王。1884 年和 1886 年，在德兰士瓦儿境内又发现了世界上蕴藏量最丰富的金矿，罗德斯再次以过人的精明吞并其他公司，建立"南非矿金公司"，垄断了南非的黄金矿业，成为南非最大的垄断资本家。

德比尔斯公司控制了世界钻石生产的 80% 左右。虽然这家企业的市场份额不是 100%，但它也大到足以对世界钻石价格产生重大影响的程度。那么德比尔斯公司拥有多大的市场势力呢？答案主要取决于有没有这种产品的相近替代品。

如果人们认为翡翠、红宝石和蓝宝石都是钻石的良好替代品，那么德比尔斯公司的市场势力就较小了。在这种情况下，德比尔斯任何一种想提高钻石价格的努力都会使人们转向其他宝石。但是，如果人们认为这些其他宝石都与钻石非常不同，那么德比尔斯公司就可以在相当大程度上影响自己产品的价格。

德比尔斯公司支付了大量的广告费。乍一看，这种决策似乎有点奇怪。如果垄断者是一种产品的唯一卖者，为什么它还需要广告呢？德比尔斯公司广告的一个目的是在消费者心目中把钻石与其他宝石区分开来。当德比尔斯公司的口号告诉你"钻石恒久远，一颗永流传"时，你马上会想到翡翠、红宝石和蓝宝石并不是这样（要注意的是，这个口号适用于所有钻石，而不仅仅是德比尔斯公司的钻石——德比尔斯公司垄断地位的象征）。如果广告是成功的，消费者就将认为钻石是独特的，不是许多宝石中的一种，而且这种感觉就使德比尔斯公司有更大的市场势力。

三、价格歧视

价格歧视是一种差别定价法，即具有一定垄断地位的销售者在销售同一种商品或提供同一种服务时，针对不同的需求者以不同的价格出售。例如，电力公司分时段计算电费、电话公司分时段计量话费、铁路运输公司在客流高峰期提高票价、航空公司对不同的顾客给予不同的票价折扣等。

实施价格歧视需要具备几个条件：一是销售者一定具有一定程度的垄断地位；二是销售者能够知道不同消费者的市场需求，即消费者的购买欲望和能力；三是采取价格歧视的市场是可以通过时间、空间或其他方式分离的。

价格歧视一般可以分为三类：一级价格歧视、二级价格歧视、三级价格歧视。

（一）一级价格歧视

一级价格歧视是指厂商对每一单位产品都按消费者所愿意支付的最高价格出售。这种差别定价法将消费者的剩余几乎搜刮得干干净净，因此又称为完全的价格歧视。实施一级价格歧视有两个前提条件：一是垄断者知道每一个消费者对每一单位产品愿意支付的最高价格；二是垄断者销售的产品不能被倒卖。由此可知，实行一级价格歧视的垄断厂商最终将达到竞争性厂商的产量水平，从这个意义上说，一级价格歧视有利于提高垄断行业的资源配置效率，但其剥夺了全部消费者剩余。

在现实经济中，实行一级价格歧视是很困难的，其要求厂商具有完全信息，了解每一个买者的情况，一般只有在买者很少的行业才有可能实施。现实中较常见的是二级价格歧视和三级价格歧视。

（二）二级价格歧视

二级价格歧视是指垄断厂商针对消费者不同的购买数量段规定不同的价格。一般来说，厂商根据不同的购买量规定不同的折扣，一次性购买量越大，折扣越大，价格越低。从以上的分析我们了解到，垄断厂商通过二级价格歧视可以占有部分消费者剩余，增加垄断利润。受经济利益的驱使，垄断厂商有可能将生产扩大到价格等于边际成本的产量水平，实现资源的有效配置。

（三）三级价格歧视

三级价格歧视是指垄断厂商在不同的市场（或针对不同的消费群体）收取不同的价格。在不同的国家或地区，人们的收入水平、生活习惯、消费偏好存在较大的差异，即使在同一地区也存在穷人和富人之分。因此，不同特征的人群对同一种产品的需求存在较大的差异。垄断厂商可以利用人们需求的差异，规定不同的价格。例如，学生乘火车的票价低于普通乘客的票价；在许多地方，白天的电价高于晚上的电价；许多产品在国内的销售价格高于在国外的销售价格；等等。

厂商之所以要实现差别定价，是因为不同的市场有不同的需求价格弹性。垄断厂商声称在不同市场上实现差别定价，可以用高价市场所获得的收入弥补低价市场所获收入的不足，避免因整体市场需求的限制而损害整个行业的生产。

【小案例】

在广州，我们能够很容易地以 750 元左右的价格买到从广州到济南的经济舱飞机票。但是，在济南，我们往往只能买到 1 400 元左右的从济南到广州的经济舱飞机票，乘坐是同一航空公司的飞机，甚至是同一架飞机、同样的机组，时间里程也一样，价格居然相差悬殊。

在发达的资本主义国家，这种事也是常有的。以美国为例，航空公司之间经常发生价格大战，优惠票价常常只是正常票价的 1/3 甚至 1/4。然而，即使是价格大战，航空公司也不愿意让出公差的旅客从价格大战中得到便宜。但是，当旅客去买飞机票的时候，他脸上并没有贴着是出公差还是私人旅行的标记，那么航空公司如何区分乘客和分割市场呢？原来，购买优惠票总是有一些条件，如规定要在两星期以前订票，又规定必须在目的地度过一个甚至两个周末等。老板派你出公差，往往都比较急，很少有在两个星期以前就计划好了的，这就避免了一部分出公差的旅客取得优惠。最厉害的是一定要在目的地度过周末的条件。老板派你出公差，当然要让你住较好的旅馆，还要付给你出差补助。度过一个周末，至少多住两天，两个周末更不得了。这笔开支肯定比享受优惠票价所能节省下来的钱多得多，更何况，过完周末才回来，你在公司上班的日子又少了好几天，精明的老板才不会为了那点眼前的优惠，而贪小便宜、吃大亏。就这样，在条件面前人人平等，这些优惠条件就把出公差者排除得八九不离十了。

任务十八　熟悉垄断竞争市场

【学习目标】

了解垄断竞争市场的特点。

任务描述

现如今，扑面而来的广告展示的都是垄断竞争市场的产品。通过这种大众媒体做的广告大多数是关于化妆品、洗涤用品、牙膏、药品、家电等轻工业产品。而我们几乎从来也没有看到过石油、煤炭、钢铁的广告，更没有看到过大米、白面、电的广告（不包括公益广告）。

思考：

请用经济学理论分析其中缘由。

笔记：

_____

_____

_____

任务精讲

前面我们分析了两个市场——完全竞争市场和垄断市场，这是两个极端的市场，即一个是竞争程度最强的市场，一个是垄断程度最强的市场。垄断竞争市场是介于这两种市场之间的市场类型，它既具有竞争因素又具有垄断因素，但更偏重于竞争因素。

【小案例】

书的市场

书的市场看来是极富竞争性的。当你观察书店的书架时，你会发现许多吸引你的作者和书籍。这个市场上的买者都有可供选择的成千上万种竞争的产品。因为任何一个人都可以通过写作和出版一本书而进入这个行业，所以经营书并不十分有利。对高收入的作家来说，总有数以百计的人在争夺这一地位。但书的市场也是极有垄断性的。因为每本书都是独一无二的，出版商在某种程度上可以决定书的价格。这个市场上的卖者是价格决定者，而不是价格接受者。实际上，书的价格大大超过了书的边际成本。

在了解垄断竞争市场前我们先介绍一下生产集团的概念，我们在完全竞争市场里将生产无差别产品的厂商集合称为行业。生产有差别产品的厂商集合显然不能称为行业，经济学中将生产同类的有差别的产品的生产者集合称为生产集团，以与完全竞争市场中的行业相区别。

垄断竞争市场是指许多厂商在市场上销售相似但不完全相同的产品。其特点如下：

第一，垄断竞争厂商之间是通过生产和销售有差别的产品来参与竞争的，这些产品彼此之间的替代性较强，但又不能完全替代。例如，在日化行业，洗发水就有无数种，不光它们的功能不同（去屑型、滋润型、护理型、修护型等），还有品牌、包装、商标、配方、档次、广告的不同，因此可替代但不可完全替代。由于垄断竞争厂商生产的是有差别的产品，每种产品都有自身唯一的特点，因此垄断竞争厂商对自己的产品的价格具有一定的垄断力量，产品的差别越大，厂商的垄断程度就越高，但由于大量替代产品的存在，每一种替代产品都是该产品的竞争者，因此市场中也有竞争的因素。

第二，由于市场中厂商数量多，以至于每个厂商都会认为自己的行为影响小，不会引起竞争对手的注意，因而自己也不会受到竞争对手的任何报复措施的影响。

第三，垄断竞争厂商的规模一般比较小，并且同一生产集团中的厂商数量非常多，因此新厂商或新品牌进入该行业或退出该行业比较容易，它们不需要很高的门槛或很大的规模。由于厂商数目非常多，单个厂商的行为也不会对该行业有很大影响。

【扩展知识】

垄断竞争厂商的产品差别不大，怎样才能改善利润状况呢？由于厂商影响价格、控制价格的能力相对较弱，因此会采取各种形式的非价格竞争手段，努力造成产品的差别，产品有了差别，就可以在一段时间内取得垄断的好处。产品的差别可以从两个方面来造成：一是从产品自身品质的差异上下功夫，这就是品质竞争；二是从消费者对产品的心理感觉上下功夫，这就是各种促销活动的竞争。

（一）品质竞争

品质竞争就是企业在产品上引进新的、与竞争对手不同的、能更加迎合顾客需要的特征，以吸引更多的消费者。品质竞争包括提高产品质量、改进产品性能和结构、增加产品用途。厂商也可以从包装、售后服务上下功夫，千方百计制造产品差别来满足不同消费者的需要。较小的厂商还可以把产品设计为只为市场上某一特定顾客群的特定需要服务，而不是面向整个市场，以求至少在这一细分市场上取得自己的优势，从而在整个市场上为自己找到并占领适合的位置。

（二）各种促销活动的竞争

在完全竞争市场，产品同质，厂商不需要做广告，只要按照市场价格，想卖多少就可以卖多少。但在垄断竞争市场，广告竞争、产品策划以及一些别的促销活动常常是品质竞争的重要补充。一般的消费者对于产品的结构、性能等品质差异的评价能力是有限的，通过广告等促销活动能向消费者提供产品信息，起到显示以致强化产品差异化的作用。当然广告费等支出也并不是越多越好，因为边际收益递减规律对广告费等支出等也是适用的。

资料来源：沈昊驹. 微观经济学 [M]. 北京：化学工业出版社，2010.

任务十九　熟悉寡头垄断市场

【学习目标】

1. 了解寡头的含义及特征。
2. 理解寡头市场的优缺点。

任务描述

在北方的牛奶市场中，基本上是三家的天下：蒙牛、伊利和三元。南方的牛奶市场情况是蒙牛、伊利和光明三足鼎立。相似的产品，是寡头市场的一大特征。不管什么牌子的牛奶，成分高度一致，产品的内在属性是一致的。生产牛奶，似乎不涉及了不得的科技，为什么新牛奶品牌很难出现？

思考：

请用经济学理论分析其中缘由。

笔记：

_____

_____

_____

任务精讲

寡头市场也叫寡头垄断市场，指的是只有少数几家厂商生产有差别或无差别的同类产品，从而控制着整个行业大部分产品的生产和销售的一种市场类型。现实中有很多行业的市场属于或类似于这样的类型，如飞机、钢铁、汽车制造、电信运营、石油化工等，这类市场的竞争程度和垄断程度处于完全竞争市场与完全垄断市场之间，更加偏重于垄断因素。

【小案例】

雷克航空公司的搏斗

1977 年，一个冒失的英国人雷克闯进航空运输市场，开办了一家名为"雷克"的航空公司。他经营的是从伦敦飞往纽约的航班业务，票价是 135 美元，远远低于当时的最低票价 382 美元。毫无疑问，雷克航空公司一成立便生意不断，1978 年雷克荣获大英帝国爵士头衔——"弗雷迪爵士"。到 1981 年，"弗雷迪爵士"的年营业额达到 5 亿美元，简直让雷克航空公司的对手们（包括一些世界知名的老牌公司）气急败坏。但是好景不长，雷克航空公司于 1982 年破产，从此消失。

出了什么事？原因很简单，包括泛美公司、环球公司、英航公司和其他公司在内的竞争对手们采取联合行动，一致大幅降低票价，甚至低于雷克航空公司。一旦雷克航空公司消失，它们的票价马上回升到原来的高水平。更严重的是这些公司还达成协议，运用各自的影响力量阻止各大金融机构向雷克航空公司贷款，使其难以筹措借以抗争的资金，进一步加速了雷克航空公司的破产。

但"弗雷迪爵士"并不甘心，他依照美国反垄断法提出起诉，指责上述公司联手实施价格垄断，为了驱逐一个不愿意接受它们"游戏规则"的公司，竟然不惜采用毁灭性价格来达到目的。1985 年 8 月，被告各公司以 800 万美元的代价同雷克航空达成庭外和解，雷克航空公司随即撤回起诉。1986 年 3 月，泛美、环球和英航三大公司一致同意设立一项总值 3 000 万美元的基金，用于补偿在雷克航空公司消失后的几年中，以较高票价搭乘这几家公司的航班飞越大西洋的 20 万名旅客的损失。

赔款达成和解不等于认罪。从技术上讲，官方没有认定"弗雷迪爵士"是被垄断价格驱逐出航空公司的。但是这个案例已经明显地透露出威胁信号，那就是如果任何人企图加入跨越大西洋的航空市场分一杯羹，必须认真考虑到其可能面临的破产危险。从来没有其他公司尝试提供低廉的越洋机票，至少没有做到雷克航空做到的地步。

这个例子告诉我们寡头之间的竞争不适宜价格竞争。

（资料来源：斯蒂格利茨.《经济学》小品和案例［M］. 王则柯，等译. 北京：中国人民大学出版社，1998.）

根据寡头市场生产的产品是否具有差异性，寡头市场可分为生产相同产品的纯粹寡头市场（如生产石油、钢铁的寡头）和生产有差别产品的有差别寡头市场（如生产汽车的寡头）。根据寡头市场厂商之间的关系，将寡头市场可分为有独立行动的寡头和有勾结行为的寡头。

一、寡头市场的特征

（一）厂商数量很少

寡头垄断市场的厂商只有少数几家，每个厂商在其市场上都有相当大的份额和举足轻重的地位。

（二）各寡头垄断者之间相互依存

在寡头垄断行业中，由于厂商数目很少，当一家厂商决定削减产品售价时，会对其他厂商产生显著影响，因此其他厂商也必然会做出相应的反应。在寡头垄断市场上，每个厂商的收益和利润不仅取决于自己的产量，而且会受到其他厂商产量的影响。因此，每个厂商总是首先推测其他厂商的产量，然后再根据最大利润原则来决定自己的产量。在寡头垄断条件下，价格不是由市场供求决定的，而是由少数寡头通过有形或无形的勾结，如价格领导、形式不同的协议或默契等方式来决定的。这种价格被称为操纵价格或价格领导。寡头价格一经确定，不易改变。为了获取最大利润，在面对其他厂商时，寡头的选择是合作或竞争。

（三）进出困难

寡头垄断市场在石油、钢铁、汽车等行业中普遍存在。规模、资金、信誉、市场、专利、法律等原因使其他厂商很难进入寡头垄断市场；由于投入巨大的缘故，寡头退出市场困难。

（四）产品同质或异质

寡头垄断厂商生产的产品有同质的或异质的。寡头垄断市场根据寡头厂商的产品差异程度，可以分为纯粹寡头和差别寡头。纯粹寡头是指产品同质、没有差别的寡头垄断。例如，石油、钢铁、炼铝、水泥等行业。这类寡头厂商彼此关系密切，相互依存程度很高，垄断性很强。差别寡头是指生产的产品性质相同，但在产品规格、型号、质量外观、售后服务等方面各有特色，彼此有差别，各个厂商之间必然存在竞争。

由于寡头垄断行业中，相互竞争的寡头很少且是相互依存的，因此以寡头垄断厂商通常相互合作，协调行动，以此来减少竞争和限制外来厂商的进入，以便保障利润或增加利润。

二、寡头市场的优缺点

（一）寡头市场的优点

第一，寡头市场可以实现规模经济，从而降低成本，提高经济效益。

第二，寡头市场有利于技术进步。各个寡头为了在竞争中获胜，就要提高生产效率，创造新产品，这就成为寡头进行技术创新的动力。

（二）寡头市场的缺点

各个寡头之间经常相互勾结，往往会抬高价格，损害消费者的利益和社会经济福利。

技能训练

一、单项选择题

1. 下列行为中最接近于完全竞争模式的一项是（　　）。

    A. 飞机制造业   B. 烟草业

    C. 日用小商品制造业   D. 汽车制造业

2. 在完全竞争市场上，（　　）。

A. 产品有差别 　　　　　　　　　B. 产品无差别

C. 有的产品有差别，有的产品无差别　D. 以上都对

3. 某企业的产品价格为常数时，其属于的市场结构类型是（　　）。

A. 完全竞争市场 　　　　　　　　　B. 完全垄断市场

C. 垄断竞争市场 　　　　　　　　　D. 寡头垄断市场

4. 最需要进行广告宣传的市场是（　　）。

A. 完全竞争市场 　　　　　　　　　B. 完全垄断市场

C. 垄断竞争市场 　　　　　　　　　D. 寡头垄断市场

二、讨论题

市场行情不好都是大厂垄断惹的祸吗？

三、技能分析

某一彩电制造商认为其所在的行业是完全竞争行业。该彩电制造商觉得其同其他彩电制造商之间存在激烈的竞争，其他彩电制造商一旦大做广告、采取降价措施或提高服务质量时，该彩电制造商也及时做出反应。请你根据所学的有关完全竞争知识判断该彩电制造商所在行业是完全竞争行业吗？

四、综合实训

综合实训项目：垄断与竞争的辩论。

项目名称：辩论赛——是垄断好，还是竞争好？

实训目的：通过对于垄断与竞争孰好孰坏的讨论，让学生更加深入地理解市场结构的概念，正确评判垄断和竞争给市场与社会带来的影响。

实训内容：学生分组，在查阅资料的基础上进行讨论，开展辩论。

实训时间：结束本项目的学习后，课外进行。

操作步骤：

（1）全班学生分成两组，学生通过课下查找的资料，准备辩论素材。

（2）每组学生选出四位思路比较清晰、语言表达能力较强的学生进行辩论。

（3）根据辩论的程序，依次让每组辩手进行发言。

（4）教师进行点评，并总结垄断和竞争带来的不同影响。

（5）各组在班内进行交流、讨论。

成果形式：每名学生要针对辩题和辩论过程写出心得报告，500 字左右。

【思政园地】

弯道超车：大学生们如何突破"内卷"

近年来，"内卷"（involution）一词在线上网络平台和线下交流互动中颇为流行，"边骑车边看书""边骑车边用电脑""宁愿累死自己，也要卷死同学"等网络热搜频出，大学生们对这个原本晦涩的社会学术语产生了强烈的心理共鸣，"内卷"大有席卷大学校园之势。"内卷"一词的流行，一方面反映了大学生群体中"过度竞争"不良现象，也是大学生释放情绪和压力的一种外在表现。新时代大学生如何正确看待"内卷"环境、界定"内卷"本质、打破"内卷"束缚，是必须要思考的课题，否则极有可能会对自己造成很大的心理负担。

一、大学生"内卷"表现

一是"急功近利"式。这类学生一般是学校的"优等生"，他们"唯分数"，对每门课程也是分分必争，却未必了解学科前沿；他们"唯证书"，有用没有的证书，先考到再说，却未必真正学到相应技能；他们"唯利益"，凡参加活动必问"加分否"，否则一律免谈。反观一些公益活动、集体活动、创新活动，却很少能看到他们的身影。

二是"无头苍蝇"式。这类学生一般没什么主见，是"风向标"的追随者，今天一个想法，明天一个念头，后天一个目标。别人准确考研/考公了，他也准备考研/考公了；别人准备找工作了，他也准备找工作了；别人准备考证了，他也准备考证了。至于是否结合自己的实际情况、是否有长远目标和规划，他们则很少考虑。

三是"焦虑恐慌"式。这类学生是"心理活动家"，想得多，做得少。看到别人绩点高，自己焦虑；看到别人一堆证，自己恐慌；看到别人保研名校了，自己焦虑；看到别人到名企就业了，自己恐慌。整天让自己活在这种"内卷"的焦虑之中，却很少考虑打破"内卷"的路径和方法。

四是"放弃躺平"式。这类学生完全对"内卷"妥协，完全放弃抵抗，信奉"反正卷不赢""他卷任他卷，我自闲庭信步"。他们把大把时间花在宿舍玩游戏、上课刷抖音、吃饭点外卖……全然不考虑个人的学习和发展。

二、大学生"内卷"界定

法则一，看是否有发展、增长。一位同学抱怨自己被"卷"到了，原因是他们做了大量增分不增能、重复无意义的工作，既浪费了大量时间、精力，又没有得到相应的收获、成长，成为典型的"伪努力""伪勤奋"。另一位同学则是按照个人的计划有条不紊地进行，既注重课堂教授专业知识，又注重课下扩展学科前沿；既注重第一课堂，又注重第二课堂，认真思考其中的联系，每天都有进步成长，最终综合素质全面提升。所以说，在任何时候，努力学习、努力生活、努力工作都不应该归为"内卷"，这是个人对知识的渴望、对生活的热爱、对未来的探索。个人有增长、有进步、有发展才是"真努力"，应该说，

"真"的努力不是内卷。

法则二，看是否有长期目标。一方面，长期目标可以让我们把力量聚焦。目标如同靶心，射出的箭如同每天被时间分隔所从事的每件事，每把箭只有都对准靶心射击，中靶的可能性才能最大。另一方面，长期目标可以提升我们的力量，有目标的同学计划性更强，他们会把长期目标分割为多个小目标，放在每个月、每一周、每一天、甚至每小时去完成；有目标的同学自律性更强，他们对每天早起晚睡时间建立了强大的生物钟，对每天的学习工作专注力极强、效率极高；有目标的同学抗压能力更强，他们深知实现长期目标不可能一帆风顺，眼前的困难更是对自己的短暂考验。所以说，在任何时候，有清晰的个人目标、有为之奋斗的行动、有不怕困难的坚韧都不应该归为"内卷"，应该说，"真"的梦想不是内卷。

法则三，看是否有兴趣驱动。我们中的很大一部分大学生在选择城市、选择学校、选择专业的时本就没有明确自己的兴趣和爱好，也没有认真了解自己的个性和天赋，盲目地挤进了同一条热门赛道，然后又被各种琐事扰乱了心智，早就忘记了最初的热爱和兴趣，也在无形中失去了自我，最终陷进了"内卷"的漩涡里。进入社会后，你会发现喜欢比什么都重要，喜欢一份工作才有激情，喜欢一个人才能长久。所以说，在任何时候，有兴趣、有激情、有创意都不应该归为"内卷"，应该说，"真"的热爱不是内卷。

法则四，看是否有责任担当。我们中的一小部分大学生，受不良社会环境的影响，陷进了"内卷"的深渊，把自己硬生生活成了"精致利己主义者"，他们过分注重个人利益，产生了根深蒂固的自私心理；他们过于注重考试成绩，深信只有头衔、荣誉、成绩才能证明自我；他们道德缺失，甚至弄虚作假，用各种"洞悉"社会的标签美化自己。利己也许是天性，本身无可厚非，但"精致利己主义"不是，更是难以真正获得人生快乐的。所以说，在任何时候，与时代同频共振、与国家同心同德、与人民同向同行都不应该归为"内卷"，应该说，"真"的奉献不是内卷。

三、突破"内卷"的办法

一是争"better one"（更好的那一个），而非"best one"（最好的那一个）。"best one""第一名""冠军"只有一个，而每人都可以成为"better one"，每人都争当第一名必然导致"内卷"，只要我们每天都进步一点点，今天比昨天更好一点，明天比今天更好一点，我们就是最好的自己，也会最终成为最好的自己。

二是跑"马拉松"，而非"百米冲刺"。人生是一场马拉松，而不是百米冲刺。赢在起跑点的人，也不一定能赢得人生最后的胜利。一时的所谓输赢也不代表永远的输赢。人生不一定要起步早、跑得快，但一定要跑得久，哪怕是慢一点也没关系，只有接续累积、持续向上、聚焦目标、均匀发力，才能创造出精彩的人生。

三是要"创新全面"，而非"守旧单一"。全面发展肯定不是"单一发展"，也不是"平均发展"，更不是"面面俱到"，更不是指所有人必须遵循某一个相同的模式发展，全面发展追求的恰是百花齐放、创新发展、个性和卓越。全面发展是卓越发展的基础，卓越发展是全面发展的目标。大学生们只有在学习专业学科知识和技能的同时，有意识训练自己捕捉机会的洞察力、重组资源的创造力，才能适应信息时代发展的需要。

四是做"国之大者"，而非"孤芳自赏"。"国之大者"要求我们将小我融入大我，多打大算盘、算大账，少打小算盘、算小账。历史和事实也反复证明，青年学生只有热爱伟大祖国，心念国家需要，响应国家号召，才能成为时代的弄潮儿。新时代青年生于华夏，何其有幸。青年学生只有把个人理想和社会发展、国家需要联系起来，以青春之发展引领时代之发展，以青年之创新引领时代之创新，以青年之担当引导时代之担当，才能在实现中国梦的生动实践中放飞青春梦想。

当然，还有一个破"内卷"的秘籍，那就是：读书，因为读书破"万卷"。

最后，不要让"内卷"成为"躺平"的理由，更不要让"内卷"成为不努力的借口！

（来源：校媒助手. 弯道超车"大学生们如何突破"内卷"［EB/OL］.［2022-06-19］. https：//zhuanlan. zhihu. com/p/530830651）.

项目七　收入分配的奥秘

【学习目标】

思政目标

1. 深刻理解人力资本在收入分配中的重要作用，践行我国人才强国战略，不断增强自身知识和技能，努力成为知识型、技能型、创新型劳动者，创造美好生活、彰显人生价值。

2. 辨析劳动价值论和要素分配理论，正确认识贫富分化现象。

3. 坚持按劳分配为主体、多种分配方式并存的收入分配制度，深刻领会我国以共同富裕为目标的共享发展理念。

4. 培养劳动光荣、技能报国的工匠精神。

知识目标

1. 理解厂商面对的生产要素的需求曲线。

2. 掌握劳动力市场、资本市场和土地市场中的要素需求、供给及均衡。

能力目标

1. 能分析各种生产要素均衡价格的形成。

2. 能够运用分配理论解释简单的现实生活问题。

【案例导入】

漂亮的收益

美国经济学家丹尼尔·哈莫米斯与杰文·比德尔在 1994 年第 4 期《美国经济评论》上发表了一份调查报告。根据这份调查报告，漂亮的人的收入比长相一般的人的收入高5%左右，长相一般的人的收入又比长相丑陋一点的人的收入高 5%~10%。为什么漂亮的人收入高？经济学家认为，人的收入差别取决于人的个体差异，即能力、勤奋程度和机遇的不同。漂亮程度正是这种差别的表现之一。

个人能力包括先天的禀赋和后天培养的能力，长相与人在体育、文艺、科学方面的天才一样是一种先天的禀赋。漂亮属于天生能力的一个方面，它可以使漂亮的人从事其他人难以从事的职业（如当演员或模特）。漂亮的人少，供给有限，自然市场价格高，收入高。

漂亮不仅仅是脸蛋和身材，还包括一个人的气质。在调查中，漂亮由调查者打分，实际是包括外形与内在气质的一种综合。这种气质是人内在修养与文化的表现。因此，在漂亮程度上得分高的人实际上往往是文化水平高、受教育程度高的人。两个长相接近的人，也会由于受教育不同表现出来的漂亮程度不同。因此，漂亮是反映人受教育水平的标志之一，而受教育是个人能力的来源，受教育水平高，文化程度高，收入水平高就是正常的。

漂亮也可以反映人的勤奋和努力程度。一个工作勤奋、勇于上进的人，自然会打扮得体、举止文雅，有一种朝气。这些都会提高一个人的漂亮得分。漂亮在某种程度上反映了人的勤奋，与收入相关也就不奇怪了。

最后，漂亮的人机遇更多。有些工作，只有漂亮的人才能从事，漂亮往往是许多高收入工作的条件之一。就是在所有的人都能从事的工作中，漂亮的人也更有利。漂亮的人从事推销更易于被客户接受，当老师会更受到学生欢迎，当医生会使病人觉得更可亲。因此，在劳动市场上，漂亮的人机遇更多，雇主总爱优先雇用漂亮的人。有些人把漂亮的人机遇更多、更易受雇称为一种歧视，这也不无道理。但有哪一条法律能禁止这种歧视呢？这是一种无法克服的社会习俗。

漂亮的人的收入高于一般人，两个各方面条件大致相同的人，由于漂亮程度不同而得到的收入不同。

收入分配不平等是合理的，但有一定限度，如果收入分配差距过大，甚至出现贫富两极分化，既有损社会公正的目的，又会成为社会动乱的隐患。因此，各国政府都在一定程度上采用收入再分配政策以纠正收入分配中较为严重的不平等问题。

（资料来源：梁小民. 西方经济学基础教程 [M]. 北京：北京大学出版社，2014. ）

任务二十 理解生产要素的需求曲线

【学习目标】

1. 了解引致需求、联合需求。
2. 理解厂商的生产要素的需求曲线。

任务描述

小张与小王在某大学分别学习计算机专业和农业机械专业，两人学习都很努力，成绩也很优秀。毕业后，小张成为一名计算机维护员，小王在一家农机厂工作，同样是优秀的员工，他们的收入水平却有不小的差别。小李与小孙都是名牌大学毕业的博士研究生，小李是电子工程博士，小孙是文学博士，毕业后，两人分别在不同的岗位就职，小李的工资比小孙的工资高出 4 倍多。

思考：

为什么不同专业的人的收入有如此大的差异呢？

笔记：

_____

_____

_____

任务精讲

一、生产要素的需求

（一）生产要素

生产要素是指进行物质生产所必需的一切要素及其环境条件。生产要素包括劳动、资本、土地和企业家才能四大类，但长期以来我们只强调劳动在价值创造和财富生产中的作用，而其他生产要素的作用及其对国民收入的分割则要么被忽视了，要么被重视程度不够，因而一直只强调劳动参与收入分配的问题。这其中特别要强调以下两种要素的作用和回报：

一是人力资本。资本包括物质资本和人力资本两种形式。各国的经济发展实践表明，人力资本的作用越来越大，教育对于国民收入增长率的贡献正在大幅攀升，人的素质和知识、才能等对经济发展越来越具有决定性意义。因此，如何使人力资本得到足够的回报，对于经济的持续发展以及国民收入的分配变得非常重要。

二是土地及资源性财产。土地及资源性财产对于财富生产的作用早已为人们所认识，但对于它们参与收入分配的必要性却一直存在模糊认识，这表现在我国的土地和自然资源在很多情况下是被免费或低价使用的。在我国，土地和自然资源属于国有或集体所有，它们的免费或低价使用，意味着它们的收益被少数人侵占了。这也是我国收入差距急剧扩大的一个重要原因。因此，土地和资源性要素如何参与分配，是在完善收入分配制度时应认真加以考虑的问题。

（二）生产要素需求的特点

生产要素的需求是指厂商在一定的时间内、一定的价格水平下，愿意并且能够购买的生产要素的数量。生产要素市场与产品市场相似，由生产要素的供给方和生产要素的需求方共同决定价格，并以此来实现对稀缺资源的有效配置。但是与产品的需求不同，生产要素的需求有自己的特点。

1. 生产要素的需求是一种引致需求

在产品市场上，需求来自消费者。消费者为了满足自己的消费需求而购买产品，因此对产品的需求是直接需求。在要素需求市场上，需求来自厂商。厂商购买生产要素并不是直接用来消费的，而只是提高生产能力，从而生产出更多的产品用来出售给消费者，以便获得利润。因此，厂商对生产要素的需求是一种间接需求，或者叫做派生需求，这种需求被称作引致需求。例如，消费者为了填饱肚子，需要的是面包，而厂商为了获得利润，需要的是面粉，从而制作出面包，再卖给消费者赚取利润。正是由于消费者对面包的需求才导致了厂商对面粉的需求，因此经济学家就把对生产要素的需求称为引致需求。

2. 生产要素的需求是一种联合需求

任何生产行为需要的都不只是一种生产要素，而是将多种生产要素进行组合运用，即对生产要素的需求是共同的、相互依赖的需求。这个特点往往是生产要素不能单独发生作用的技术因素决定的。例如，蛋糕厂商不能只雇用工人，准备原材料，租用厂房、机器，雇用有经验的企业家等，只有将人与机器、原材料等结合起来才能生产产品。

二、生产要素的需求曲线

厂商购买生产要素进行生产是为了获取利润，而厂商的利润是总收益与总成本的差额，总收益是产品销售量与产品价格的乘积，总成本则是要素使用量与要素价格的乘积。这样厂商要获取最大利润，除了要考虑产品市场上产品的数量和价格外，还必须考虑要素市场上要素的使用量及其价格。

厂商的要素需求曲线讨论的是厂商对应于不同的生产要素的数量愿意支付的价格。厂商为了实现利润最大化，依然要让使用要素的"边际成本"和相应的"边际收益"相等。

（一）完全竞争产品市场的厂商对生产要素的需求曲线

完全竞争厂商对生产要素 L 的需求函数反映的是：在其他条件不变时，完全竞争厂商对要素 L 的需求量与要素价格 W 之间的关系。这个关系可以用要素需求表来表示，如表 20-1 所示。其中，要素价格是不变的常数。为了保证利润最大化，厂商使用的要素量必须使要素价格与要素的边际产品价值相等。表 20-1 中的第一栏和最后一栏合起来就表示厂商的要素需求曲线。完全竞争厂商的要素需求曲线与其边际产品价值曲线一样，是向右下方倾斜的，并且两条曲线完全重合。

下面来分析一下，为什么这两条曲线完全重合？根据要素市场完全竞争的假定，无论单个厂商如何改变要素使用量，要素价格均不受影响。因此，如图 20-1 所示，给定一个要素价格 W_0，就有一条水平直线。同时，根据要素使用原则 $VMP = W$ 在图形上的表示就是 VMP 曲线与 W_0 曲线的交点 A。

A 点表明，当要素价格为 W_0 时，要素需求量为 L_0。同样，如果给定另一个要素价格，则有另外一条水平直线与 VMP 相交于另外一点。根据同样的分析可知，新的交点也是需求曲线上一点。因此，在使用一种生产要素的情况下，完全竞争厂商对要素的需求曲线与要素的边际产品价值曲线恰好重合。

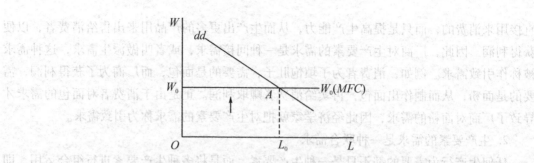

图 20-1 完全竞争厂商要素需求曲线推导

需要注意的是，虽然两条曲线重合了，但变量 L 的含义却不同。在边际产品价值曲线上，L 表示要素使用量；在要素需求曲线上，L 表示要素需求量。

表 20-1 完全竞争厂商的要素需求表

要素数量 L	边际产品 MP	产品价格 P	边际产品价值 $VMP = MP \times P$	要素价格 W
1	10	10	100	100
2	9	10	90	90
3	8	10	80	80
4	7	10	70	70
5	6	10	60	60
6	5	10	50	50
7	4	10	40	40
8	3	10	30	30
9	2	10	20	20
10	1	10	10	10

综上所述，我们得出了完全竞争产品市场中厂商对要素的需求曲线。在完全竞争的市场条件下，$VMP = MRP$，因此生产要素的需求曲线 dd、MRP 曲线以及 VMP 曲线是同一条向右下方倾斜的曲线，表明随着生产要素数量的增加，要素的边际收益产品及边际产品价值递减，厂商对其愿意支付的价格也随之下降（见图 20-2）。

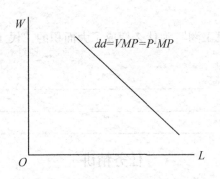

图 20-2　完全竞争厂商要素需求曲线

（二）不完全竞争产品市场厂商对要素的需求曲线

在完全竞争市场中，根据厂商对要素的使用原则以及前面对完全竞争市场的分析，可以得知厂商对要素的需求曲线和厂商的边际产品价值曲线相重合。但在不完全竞争市场上，产品的价格大于其边际收益，即 $P > MR$，可以推出 $VMP = MP \cdot P > MRP = MR \cdot MP$。因此，在不完全竞争的市场条件下，$VMP > MRP$，$MRP$ 曲线，即要素的需求曲线 dd 位于 VMP 曲线的下方。

任务二十一　熟悉劳动市场和工资的决定

【学习目标】

1. 了解劳动市场的需求、劳动市场的供给。
2. 理解劳动市场均衡与工资的决定。

任务描述

2002 年下半年，用工紧张状况已开始在浙江部分地区显现。2004 年，不仅在杭州、温州等大中型城市，就连富阳、象山、慈溪这样的小城市，企业也频繁遭遇"招工难"的尴尬局面。浙江杭州求职民工比 2003 年同期减少了 11%～20%。实际上，"民工荒"不仅是浙江一省的独特现象。2004 年春季以来，福建首先出现了"招工难"的现象，整个珠江三角洲加工制造业工人缺口高达 200 万人。就连劳务输出大省江西、农业大省山东也都面临着招工难的问题。以杭州的某企业为例，杭州立伟服装有限公司从 2004 年春节开始，全年用工供给一直不足，人手最缺时，缺工数达到总用工需求的 30% 以上。"用工短缺"的不仅是立伟服装公司——2004 年，整个浙江的劳动密集型制造行业几乎一直在为"用工短缺"而犯愁。

思考：

几年前涌动全国的"民工潮"为什么变成了大面积的"民工荒"？

笔记：

_____

_____

_____

任务精讲

一、劳动市场需求

厂商对劳动的需求取决于劳动的边际生产力，劳动的边际收益产品 *MRP* 曲线就是厂商对劳动的需求曲线。由于劳动的边际生产力递减，因此劳动市场的需求曲线向右下方倾斜。将所有厂商的劳动需求曲线加总，就得到了市场的劳动需求曲线。劳动市场的需求曲线如图 21-1 所示。

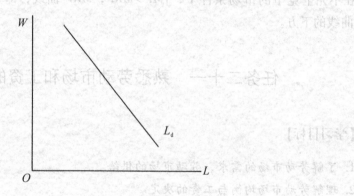

图 21-1　劳动市场的需求曲线

二、劳动市场供给

劳动的供给取决于居民户对时间的分配。居民户拥有的全部时间通常可以分为两部分：一部分是工作时间，在这段时间里人们从事生产活动，并获取相应的报酬，即工资；另一部分是闲暇时间，一天中除工作之外的其他时间均可归为此类，主要用于睡眠、娱乐、旅游等非生产活动。闲暇时间虽然不能带来收入，但可以使人获得满足感，因而具有效用。居民户将时间在工作和闲暇之间进行分配，同一时间，选择闲暇就必然放弃工作，同时也放弃了相应的工资收入。因此，工资率，即闲暇的机会成本，相当于闲暇的"价格"。这样居民时间的分配主要取决于工资水平。

不同于其他要素的供给，居民户的劳动供给曲线是一条向后倒弯的曲线，如图 21-2 所示。

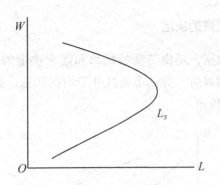

图 21-2 居民户的劳动供给曲线

在图 21-2 中，横轴表示劳动的数量，纵轴表示工资的水平，向后倒弯的 L_s 曲线表示劳动的供给曲线。在低工资阶段，劳动的供给量与工资同方向变化；在中等工资阶段，劳动的供给量不随工资的变动而变动；在高工资阶段，劳动的供给量与工资反方向变动，即工资增加，劳动的供给量反而减少。

劳动的供给量的这种变化是由工资变动所引起的替代效应和收入效应造成的。替代效应是指工资率上升后，闲暇的代价增加，劳动者会用劳动来替代相对昂贵的闲暇，导致闲暇减少，劳动供给增加。收入效应是指工资率上升后，劳动者由于收入增加而更加富裕，相应地增加了对闲暇的需求，导致劳动供给减少。一般来说，当工资率处于较低水平时，替代效应大于收入效应，因此劳动供给量随工资率的上升而增加，二者正相关；当工资率处于中等水平时，替代效应与收入效应相等，这时劳动供给量不随工资率的变化而变化；当工资率处于较高水平时，替代效应小于收入效应，劳动供给量随工资率的上升反而减少。在替代效应和收入效应的作用下，居民户的劳动供给曲线向后倒弯。

【小知识】

"SOHO 一族"

SOHO，即 Small Office Home Office，居家办公，大多指那些专门的自由职业者，如自由撰稿人、平面设计师、工艺品设计人员、艺术家、音乐创作人、产品销售员、平面设计、广告制作、服装设计、商务代理、网站等。SOHO 一族自由、浪漫的工作方式吸引了越来越多的中青年人加入这个行列，在这片天空里，他们的才华得到充分的展露。SOHO 一族跟传统上班族最大的不同是可不拘于地点，时间自由，收入高低由自己来决定。

SOHO 作为一种时尚、轻松、自由的生活方式和生活态度，既可以专注一职，也可以是兼职工作，都可以自豪地称自己是 SOHO 一族。于是，我们更愿意把 SOHO 叫成 Super Office (and) Human Office，即超级的办公室、人性化的办公室。

SOHO 一族的生活方式与传统的生活方式有很大差别。他们免掉了因上下班交通拥挤而浪费时间，他们远离了办公室的人事纠纷，他们从事着自己所喜爱的工作，他们更有人自己做了老板，他们是当今时代的新兴人类。

三、劳动市场均衡与工资的决定

工资作为劳动要素的价格,是由劳动的供给和需求决定的。在完全竞争的劳动市场上,当劳动的供给和需求相等时,劳动市场就处于均衡状态,此时的工资便为均衡工资。劳动市场的均衡如图 21-3 所示。

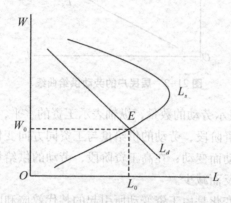

图 21-3　劳动市场均衡与工资的决定

在图 21-3 中,横轴表示劳动的数量,纵轴表示工资,L_s 曲线表示劳动的供给曲线,L_d 曲线表示劳动的需求曲线。L_d 曲线与 L_s 曲线的交点 E 为劳动市场的均衡点,决定了劳动的均衡使用量为 L_0,均衡工资为 W_0。

需要注意的是,在完全竞争的市场条件下,劳动市场的均衡在价格机制的作用下可以自发实现,而无需外在力量的干预,但这并不意味着该均衡是稳定不变的,实际上,随着时间的推移,劳动的供给曲线和需求曲线均会移动。相应地,劳动市场的均衡工资和均衡就业量都会发生变化。

【小知识】

工资的来历

蜜蜂的社会也由大量的蜜蜂个体组成。它们一只一只地离开蜂房去采集蜂蜜。虽然蜂蜜是每个蜜蜂的劳动所得,但是当它们将蜂蜜放入公共的仓库以后,它们并没有获得工资。这是为什么呢?

这是因为同一个蜂房的蜜蜂虽然有许多个体,但是它们都是一家的。它们将蜂蜜放在公共的仓库中就是放在自己家的仓库中。它们可以随时取用,就像人到自己家的仓库中取用食品一样。因此,蜜蜂不需要获得工资,否则就是多此一举,难道左手给右手东西也要付钱吗?

而人就不同了。人是分成许多家庭的,相应地,人的财产也是分开的,分成你的财产、我的财产。工人在工厂中上班,使工厂得以运行,而工厂却是别人家的,不是工人的。因此，工厂主必须付给工人工钱，以便工人可以养活自己的家庭。这样工资也就出现了。

所以如果要工人像蜜蜂一样不拿工资，那么人类也就必须像蜜蜂一样只有一个家庭，相应的财产也是属于整个社会的。这样整个社会也就成了一个工厂，工厂也就是工人自己的工厂。工人们需要什么，也就可以从社会中随时取用。工人们自然也就不再需要什么工资了。

那么是不是仅仅生产资料属于工人们就可以了呢？不可以！因为只要工人们是分成家庭的，那么就只有工人们自己家的财产才是工人们自己的。工人们也就不会认为工厂的财产是工人们自己的。因此，工人与工厂之间、工人与工人之间就会有隔阂。这样工人们也根本不可能像蜜蜂那样无私奉献。社会也就根本不可能成为工人们不挣工资的社会。

那么这个不可思议的天下一家的社会是什么社会呢？这就是博爱的社会。

四、工资的差别及其原因

在现实中，劳动报酬的差别是广泛存在的，我们称之为差别性工资。引起工资差别的原因主要有以下几种：

（一）劳动质量的工资差别

这是劳动者天生的能力差别，再加上在学校和工作中积累起来的技术与训练成果的差别所造成的。例如，社会对高级经济分析师、注册会计师的需求量大，但是供给量小，因而工资水平高，但是对会计专业的普通人才需求量小，供给量大，因而工资水平低。

（二）补偿性的工资差别

这是指支付给那些接受差的或艰苦的工作条件的工人的额外工资，这是由劳动条件的不同带来的。例如，经常在野外工作的石油工人、矿井下的挖煤工人、企业中常年驻外的工作人员等。

（三）特殊的工资差别

这是指那些具有很高天赋或拥有非凡才能的人，因具有一种在目前经济中被高度偿付和定价的特殊技能而获得特别高的收入从而形成的工资差别。例如，对有特殊贡献的科学家的奖励、对体育界的世界冠军的奖励、对著名明星给付高额的出场费等。

（四）非竞争性工资差别

现实生活中的市场是一个非完全竞争市场，不完全信息、不完全劳动流动性、市场分割、非竞争群体等竞争因素的存在，也会导致工资差别。例如，劳动市场按职业被分割为若干子市场，医生和飞行员要进入对方的市场是困难的与代价昂贵的，因此即便飞行员的工资再高，医生也是望尘莫及，反之亦然。这就造成了行业工资水平的差别。

【小案例】

在深圳，华为公司新建的华为城分为生活区、科研开发区和生产厂房三个部分，均由来自美国、德国和我国香港的工程师规划与设计。这个设施齐全、技术先进、环境优美的现代化工业城为员工提供"比这个城市的其他人相对优越的生活和待遇"。

华为公司是个创造商界神话的企业。华为公司不仅创造超过 20 亿元的年销售额，而且创造出一批敬业高效、贴着"华为创造"标签的华为人。3 万名华为员工用自己的全部青春和热情，日复一日地过着两点一线的生活。

据猎头公司介绍，摩托罗拉公司和贝尔公司等外资企业要想挖华为公司的人很难，但华为公司要挖它们的人就容易多了。其中，钱是重要的因素。一名刚毕业的硕士生可拿到 10 万元的年薪；一位刚工作两年、本科毕业的技术人员或市场人员可派发 8 万股内部股票；对于一个总监级的员工（约占公司人数的 2%），平均拥有 300 万股的内部股票。华为公司的基本管理费用都比竞争对手要高。

总之，高薪和一个巨大的持股计划，使得华为员工都很关心公司的市场前景和发展，也使员工愿意用自己的努力创造企业的神话。

【小案例】

美国 CEO 年薪几何？苹果总裁以 2.19 亿美元夺魁

美国财经资讯公司彭博于 2003 年 8 月 13 日公布的一份报告显示，2002 年，美国 243 家大型企业的 CEO 平均年薪已经达到了 1 200 万美元。其中，年薪最高的 CEO 是苹果公司的斯蒂夫·乔布斯，年薪高达 2.19 亿美元。

乔布斯于 1977 年 1 月与合伙人一起创办了苹果公司，并且在 3 年后成功地让其在华尔街上市。但是，1985 年，为人骄傲粗暴的乔布斯在一场权力争夺战中被人扫地出门。离开苹果公司后，乔布斯遭遇过不少失败。他创立的 Next 公司一直不景气，最终在 1996 年被苹果公司收购。

1997 年，正是苹果公司遭遇严重危机的时候，无论是个人电脑还是商业电脑，苹果公司的市场份额都被竞争对手抢得一干二净。就在这时，身为苹果公司顾问的乔布斯当上了临时 CEO。重回苹果公司领导职位的乔布斯一反常态，他虚心向公司其他负责人请教，共商挽救苹果公司的大计，还出人意料地提出，自己在 1997 年只拿 1 美元薪水。在乔布斯的领导下，苹果公司 1998 年成功推出 iMac 电脑，并且使其迅速成为美国最畅销的个人电脑。1999 年，苹果公司乘胜追击，接连推出 iBook、G4 和 iMacDV 产品。到了 2001 年，苹果公司推出平面式 iMac 电脑，抢回了更多的市场。

因此，2002 年乔布斯拿到 2.19 亿美元的薪水，这与他 5 年来的巨大贡献有直接关系。

微观经济理论认为，生产要素划分为四种类型，分别是劳动、资本、土地以及企业家才能。企业家才能是指企业家的经营管理能力和冒险、创新精神，其价格为利润。而大型公司的 CEO 就是企业家，其对一个公司的成功来说至关重要。其对公司的贡献越大，创造的利润率越高，那么给其的报酬就应该越高。另外，企业家才能作为生产要素之一，其价格应与其他要素一样，由供求关系来决定。一方面，由于企业家才能是决定企业成败的关键要素，因此市场对其需求是极大的；另一方面，由于企业家不仅需要天赋，而且需要经过特殊训练培养，因此企业家才能的供给又是很少的。这样一来也决定了企业家的高报酬。

任务二十二　熟悉资本市场和利息的决定

【学习目标】

1. 了解资本市场的需求、供给。
2. 理解资本市场均衡与利息的决定。

任务描述

假设你是千万富翁，遇上大洪水，正在急流中，就要被巨浪吞没了，你的一个好朋友从你旁边经过，可以救你，而且是举手之劳。除了他之外没有人知道你有危险，没有人能救你。你的朋友给你两个方案供你选择：第一，马上救你，但是你必须给他你的全部财产；第二，明天早上再来救你，只需要给他 100 元。

思考：

此时的你将如何选择？试分析资本和利息的关系。

笔记：

_____

_____

_____

任务精讲

一、资本和利息的概念

资本的含义，从生产的角度看，是指资本物，即在生产过程中使用的厂房、机器、设备、原材料等。资本的物质形态多种多样，难以计算它们在使用过程中的代价。因此，一般讲"资本的价格"时的"资本"，不是指资本物，而是指货币资本。

利息是资本这种生产要素的价格，形成了资本所有者的收入。与其他要素不同，资本的价格通常用利息率来表示。在市场上，利息率是由资本的需求与供给决定的。

利息如何被决定，关于这个问题概括起来，主要有以下几种观点：

（一）时间偏好论

时间偏好论认为，人类的生命有限，而未来的情况不可测，因此人们对于目前拥有的财物的估价，要比将来拥有这些财物的价值大。人们之所以借贷，是要使在将来收回时的价值至少等于现在的价值。由于人们对未来财物的估价比现在要低，所以就产生了利息，而利息的高低取决于时间偏好率的大小。如果时间偏好率高，利率则高；如果时间偏好率低，利率则低。

（二）节欲论

节欲论认为，贷款者把自己的资金借出，就是牺牲了当前的消费，而人们在牺牲了当前的消费时，就等于牺牲了当前欲望的满足，有欲望不能得到满足，则必有痛苦，而利息则是对节制欲望产生的痛苦的补偿。节欲过程中产生的痛苦越大，利息越高，反之则越低。但是，也有一些经济学家认为，能有钱借贷给别人者，其收入必然较高，这些人把钱出借时，不会忍受欲望不能满足的痛苦。当这些人借出钱也希望将来能够得到应有的报酬，因而持有这种观点的人把"等待"看成经济活动中的重要因素，即利息是等待的报酬。

（三）投资和储蓄论

利息是对储蓄的报酬，利率的高低决定于投资与储蓄相等的一点。这就是说，投资是利率的函数。利率越低，投资量越大，反之亦然。储蓄也是利率的函数。利率越高，则储蓄越多，反之亦然。利率水平取决于社会的投资量等于社会的储蓄量，即社会的投资曲线和社会的储蓄曲线相交的均衡水平。这和市场均衡价格取决于需求曲线和供给曲线相交的点一样。

（四）均衡价格理论为基础的利息理论

这种理论是从资本的需求和资本的供给两方面来解释利息是如何决定的。将资本的需求曲线和供给曲线放在一起考虑，便可决定市场均衡利率，其原理同根据市场供给曲线和市场需求曲线求出市场均衡价格理论一样。资本的需求曲线和供给曲线的交点便是均衡点，该点对应的利息率便是均衡利息率，这时资本的需求量与资本的供给量一致。当资本的供给量大于其需求量时，利率必然下降，反之必然上升。只有当供给量等于其需求量时，利息率才能稳定下来。

二、资本的需求

资本的需求主要是企业的投资需求，因此通常用投资来代表资本的需求。任何社会的经济发展都与投资密切相关，投资意味着放弃部分当前产出的消费，以换取将来的产出。厂商的投资需求取决于预期投资收益率和投资成本的比较，只有当预期收益大于投资成本时，厂商进行投资才是值得的。预期投资收益率也称为资本的边际效率，即厂商每追加一单位资本预期可以获得的利润率，该利润率使得厂商在某一时期内恰好收回投资。厂商的投资成本是利息率，它是厂商使用资本的代价，利息率的高低对厂商的投资决策具有决定性的作用。

在资本边际效率不变的情况下，利息率越高，预期收益与投资成本的差越小，厂商的投资需求越少；相反，利息率越低，二者相差越大，厂商的投资需求越多。因此，厂商对资本的需求曲线是一条向右下方倾斜的曲线，表示厂商对资本的需求量与利息率反方向变动。厂商的资本需求曲线如图 22-1 所示。

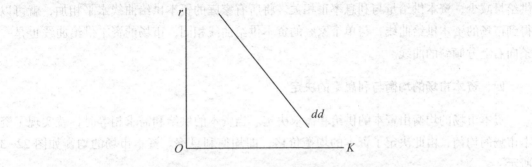

图 22-1　资本的需求曲线

在图 22-1 中，横轴表示资本数量，纵轴表示利息率，dd 表示资本的需求曲线，它是一条向右下方倾斜的曲线，表示当利息率上升时，投资需求减少；当利息率下降时，投资需求增加，投资需求与利息率负相关。

同样，将所有厂商的资本需求曲线水平相加，就可以得到市场的资本需求曲线，与单个厂商的资本需求曲线相同，市场的资本需求曲线也是一条向右下方倾斜的曲线。

三、资本的供给

资本的供给来自家庭的储蓄，储蓄意味着牺牲当期消费以用于未来消费。因此，家庭的储蓄决策实际上是家庭在当期消费与未来消费之间的跨期选择，影响这种选择的主要因素是利息率。

储蓄虽然以牺牲当期消费为代价，但可以获得利息收入，因此可以将利息率看成当期消费的机会成本。在其他条件不变的情况下，利息率上升，当期消费的成本增加，人们会减少消费而增加储蓄，使资本供给增加；利息率下降，当期消费的成本减少，人们会增加消费而减少储蓄，使资本供给减少。因此，家庭的资本供给与利息率是同向变动关系，家庭的资本供给曲线是一条向右上方倾斜的曲线。家庭的资本供给曲线如图 22-2 所示。

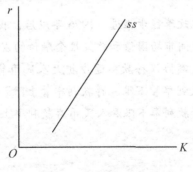

图 22-2　资本的供给曲线

在图 22-2 中，横轴表示资本数量，纵轴表示利息率，ss 表示资本的供给曲线，它是一条向右上方倾斜的曲线，表示当利息率上升时，资本供给量增加；当利息率下降时，资本供给量减少，资本供给量与利息率正相关。将所有家庭的资本供给曲线水平相加，就可以得到市场的资本供给曲线，与单个家庭的资本供给曲线相同，市场的资本供给曲线也是一条向右上方倾斜的曲线。

四、资本市场的均衡与利息率的决定

资本市场的均衡由资本的供给和需求决定。当资本的供给和需求相等时，就实现了资本市场的均衡，由此决定了资本的均衡价格，即均衡利息率。资本市场的均衡如图 22-3 所示。

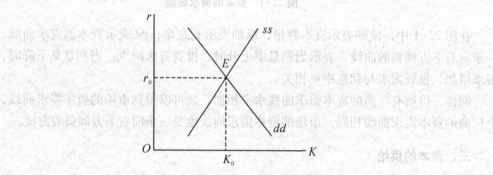

图 22-3 资本市场的均衡

在图 22-3 中，横轴表示资本的数量，纵轴表示资本的价格利息率，ss 曲线表示市场的资本供给曲线，dd 曲线表示市场的资本需求曲线。ss 曲线与 dd 曲线的交点 E 为资本市场的均衡点，决定了均衡的利息率为 r_0。

资本市场的均衡过程与其他市场的均衡决定一样，是在价格机制的作用下自发实现的，只要资本的供求不相等，利息率就会上升或下降，并进而调整资本的供给和需求，直至两者相等，资本市场实现均衡。

【小知识】

近年来，我国利率市场化改革稳步推进。1996 年以后，我国先后放开了银行间拆借市场利率、债券市场利率、银行间市场国债和政策性金融债的发行利率，放开了境内外币存贷款利率，试办人民币长期大额协议存款，逐步扩大人民币贷款利率的浮动区间。目前，我国利率市场化实现了"贷款利率管下限、存款利率管上限"的阶段性目标。未来利率市场化推进的重点将是人民币贷款利率下限和人民币存款利率上限的放开。

任务二十三　熟悉土地与地租的决定

【学习目标】

1. 了解土地市场的需求、土地市场的供给。
2. 掌握地租的决定。

任务描述

土地肥沃程度与交通位置对土地产量有比较大的影响。从土地肥沃程度看，甘肃省1979 年全省平均亩产小麦 110.5 千克，而水利灌溉条件较好的酒泉地区平均亩产小麦 292 千克，水利灌溉条件中等的庆阳地区平均亩产小麦 107 千克，宁夏回族自治州平均亩产小麦 124.5 千克；而干旱缺水的定西市平均亩产小麦只有 51 千克。从 1979 年甘肃省农村人口人均收入的梯度可以看出土地位置差别的影响：省会兰州市（按三县六区计算）平均92.57 元，陇南市的武都区只有 27.27 元。兰州市市郊各区依次排列是城关区 233.50 元，安宁区 201.39 元，西固区 145.80 元，白银区 131 元，红古区 125 元，表现为离市区距离递进收入递增。

思考：

出现这种情况是为什么呢？

笔记：

_____

_____

任务精讲

一、土地和地租

地租是土地这种生产要素的价格，形成土地所有者的收入。这里所说的土地是指在生产过程中使用的自然资源，包括山川、江河、海洋、矿藏、阳光、风雨等。土地是大自然赋予的，不是人为因素作用的结果。经济学中把可以人为地进行再生产的物质称为资本，把非人为因素的大自然赋予的物质称为土地。地租可以理解为使用这些自然资源的租金。

二、地租的决定

(一) 土地的需求

厂商对土地的需求取决于土地的边际生产力。由于边际生产力递减规律，因此厂商对土地的需求曲线是一条向右下方倾斜的曲线。厂商对土地的需求曲线如图 23-1 所示。

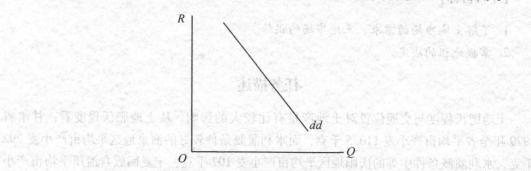

图 23-1　厂商对土地的需求曲线

在图 23-1 中，横轴表示土地的数量，纵轴表示土地的价格地租，dd 曲线表示厂商对土地的需求曲线，它是一条向右下方倾斜的曲线，表示当地租上升时，对土地的需求减少；当地租下降时，对土地的需求增加，对土地的需求与地租负相关。

(二) 土地的供给

由于土地是大自然赋予人类的，从整个社会的角度来看，土地的数量基本上是固定的，不会随土地价格的波动而增减。因此，土地的供给曲线是一条垂直于横轴的直线。土地的供给曲线如图 23-2 所示。

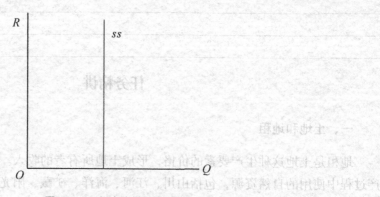

图 23-2　土地的供给曲线

在图 23-2 中，横轴表示土地的数量，纵轴表示土地的价格地租，ss 曲线表示土地的供给线，它是一条垂直于横轴的直线，表示无论地租怎样变化，土地的供给量始终不变。

【小知识】

在我国，土地市场是指国有土地使用权单独或连同其地上建筑物、其他附着物以价值形态流通及流通过程的集合。我国土地市场有以下几个特点：

土地市场中交易的是国有土地使用权而非土地所有权。按照《中华人民共和国宪法》和《中华人民共和国土地管理法》及其他有关法律法规的规定，城市土地属于国家所有，其所有权不能出让，只能出让使用权，因此在我国，土地市场交易的只是国有土地使用权。这种使用权不同于一般的使用权，它包含了一定时期内对土地处置、收益、使用的权利。

土地市场中交易的土地使用权具有期限性。按照《中华人民共和国城镇国有土地使用权出让和转让暂行条例》和《中华人民共和国城市房地产管理法》的规定，国有土地使用权出让是有期限的，最高期限按用途分为：居住用地70年，工业用地50年，教育、科技、文化、卫生、体育用地50年，商业、旅游、娱乐用地40年，综合或者其他用地50年。

土地价格分为期限价格和用途价格。因为出让的土地使用权具有期限性，所以同一地块由于使用期限不同，造成出让价格也不相同。另外，由于我国对不同用途的土地在地价上给予了不同的标准，因此同一块土地因为用途不同，其地价也不同。

由于我国土地市场分为土地使用权出让市场和土地使用权转让市场两个层次，而且这两个层次的市场在运行上各有特点，因此不能以一种市场模式对我国土地市场作出评价。

土地使用权出让市场是完全垄断市场，在这个市场中，卖方只有一个，即国有土地使用权的出让方——国家。这个市场的运行分为两个过程，第一个过程是政府征用农村集体土地和收回国有土地使用权。第二个过程是政府将其掌握的国有土地使用权出让给土地使用者。

(三) 土地市场的均衡与地租的决定

土地市场的均衡是由土地的供给和需求决定的。当土地的供给和需求相等时，就实现了土地市场的均衡，由此决定了土地的均衡价格，即均衡地租。土地市场的均衡如图23-3所示。

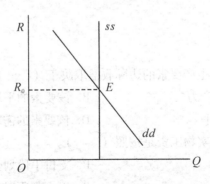

图23-3　土地市场的均衡

在图 23-3 中，横轴表示土地的数量，纵轴表示土地的价格地租，ss 曲线表示土地的供给曲线，dd 曲线表示土地的需求曲线。ss 曲线与 dd 曲线的交点 E 为土地市场的均衡点，决定了均衡的地租为 R_0。

由于土地的供给量基本为一常数，因此地租水平主要取决于土地的需求。随着经济的发展和人口的增加，人们对土地的需求不断增加，地租也在不断上升。

【小案例】

黑死病的经济学

14 世纪的欧洲，鼠疫的流行在短短几年内夺去了大约 1/3 人口的生命。这个被称为黑死病的事件为检验我们刚刚提出的要素市场理论提供了一个可怕的自然试验。我们来看看黑死病对那些幸运地活下来的人的影响。你认为工人赚到的工资和地主赚到的租金会有什么变动呢？

为了回答这个问题，我们来考察人口减少对劳动的边际产量和土地的边际产量的影响。在工人供给减少时，劳动的边际产量增加了（这只是边际产量递减在相反方向起作用）。因此，我们估计黑死病提高了工资。

由于土地和劳动共同用于生产，工人供给减少也影响土地市场，土地是中世纪欧洲另一种主要生产要素。由于可用于耕种土地的工人少了，增加一单位土地所生产的额外产量少了。换句话说，土地的边际产量减少了。因此，我们可以认为黑死病降低了租金。

实际上，这两种判断都与历史证据相一致。在这一时期，工资将近翻了一番，而租金减少了 50%，甚至更多。黑死病给农民阶级带来了经济繁荣，而减少了地主阶级的收入。

（资料来源：伊兰伯格. 现代劳动经济学——理论与公共政策 [M]. 6 版. 潘功胜，译. 北京：中国人民大学出版社，1999.）

技能训练

一、单项选择题

1. 在完全竞争市场上，生产要素的边际收益取决于（　　）。

    A. 该要素的边际生产力   B. 该要素的平均收益

    C. 该要素的价格水平   D. 该要素的需求量

2. 工资分为货币工资和实物工资是按照（　　）。

    A. 计算方式划分的   B. 支付手段划分的

    C. 购买力划分的   D. 以上都不对

3. 在完全竞争市场上，厂商对劳动的需求主要取决于（　　）。

    A. 劳动的价格   B. 劳动的边际生产力

    C. 劳动的边际产品价值   D. 劳动在生产中的重要性

4. 如果产品需求下降，用于生产产品的劳动需求曲线将（　　　）。

    A. 左移   B. 右移

    C. 上移   D. 下移

5. 使地租不断上升的原因是（　　　）。

    A. 土地的供给与需求共同增加

    B. 土地的供给与需求共同减少

    C. 土地的需求日益增加，而供给不变

    D. 土地的供给不断减少，而需求不变

6. 土地的供给曲线是一条（　　　）。

    A. 向右上方倾斜的线   B. 与横轴平行的线

    C. 与横轴垂直的线   D. 与纵轴垂直的线

二、讨论题

1. 劳动的供给曲线为什么向后弯曲？

2. 土地的供给曲线为什么垂直？

三、单项实训

单项实训项目：资料分析——收集近五年来深圳市不同行业的收入数据资料。

实训要求如下：

（1）此次实训项目以个人形式完成。

（2）记录资料的来源。

（3）形成书面的分析报告，分析近五年来深圳市不同行业的收入变动趋势，并进一步探析其结构及变化原因。

【思政园地】

中国特色社会主义分配理论与实践的是是非非（节选）

卫兴华

一、按劳分配为主体、多种分配方式并存的理论与事实依据是什么

由于社会主义初级阶段的所有制结构是以公有制为主体、多种所有制共同发展，与其相适应的分配制度就必然是按劳分配为主体、多种分配方式并存。所谓多种分配方式主要有两种：一种是为主体的按劳分配，另一种是按生产要素（也应包括流通要素）所有权分配。前者与公有制为主体相适应，后者与私营企业和外资企业的私有制相适应。至于个体

经济，存在于多种社会制度，并不参与某种社会分配方式，既不从国家财政取得分配收入，也不参与别的经济单位的分配关系。其自有自营收入，表现为个人劳动收入。

从我国当前的分配理论和实践来看，按劳分配为主体、多种分配方式并存的分配制度，既是社会主义初级阶段的分配制度，也是中国特色社会主义的分配制度，是两者共同的经济特点。但是，中国特色社会主义不仅存在于我国社会主义初级阶段，也存在于社会主义中级阶段和高级阶段。在高级阶段，应是与完全的和完善的公有制相适应，将实行单一的完善的按劳分配制度。

社会主义公有制经济为什么要实行按劳分配制度？有的学者宣称，劳动价值论是社会主义实行按劳分配的理论基础。要素价值论是我国当前实行"按要素分配"或"按要素贡献分配"的理论基础。有的学者还把"按生产要素贡献分配"，称作我国社会主义的分配原则，舍弃了"按劳分配为主体"，并将此观点作为经济改革的理论创新与贡献。其实，以要素价值论为理论基础的按要素贡献分配，在资本主义国家也是老观点。萨伊、克拉克等早就宣扬过这种观点。某些西方经济学家宣扬要素价值论和按要素贡献分配，是与维护资本主义制度、防止工人阶级革命的政治目的紧密联系的。

应当明确，社会主义实行按劳分配，并不是以劳动价值论为理论依据。马克思在《资本论》和《哥达纲领批判》中提出了社会主义将实行按劳分配原则，但并没有与劳动价值论相联系，恰恰是与劳动价值论分离开来的。因为马克思曾预计，在实行生产资料全社会占有的条件下，商品生产与交换将会消亡。马克思讲的按劳分配是消费品的实物分配，不是借助货币形式的价值分配。以货币形式分配，是与社会主义实践存在商品经济相联系的。由于社会主义存在商品货币关系，劳动者所领取的是货币工资，再用货币工资购买商品。因而按劳分配的实现形式采取了货币价值形式。也可以说，按劳分配的比例，与各个劳动者为社会贡献的财富和价值相联系。但这只是按劳分配的实现形式，而非劳动价值论的实现形式……因为价值的创造与价值分配并不是必然统一的。马克思正是在剖析了资本主义经济制度、批判资产阶级经济学的"三位一体"公式，即"资本—利润、土地—地租、劳动—工资"这种将价值生产与价值分配一体化公式的同时，创建了劳动价值论，否定要素价值论的。马克思主义理论和社会主义实践证明：生产方式决定分配方式，不同的分配关系是由不同的生产关系决定的。按劳分配取决于以公有制为基础的社会主义生产关系；按生产要素所有权分配取决于以私有制为基础的资本主义生产关系。不能倒过来用分配关系决定生产关系。

二、资本主义经济中的"按劳动要素分配"与社会主义的按劳分配是根本不同的

……马克思在《资本论》第一卷中引证配第的名言"劳动是财富之父，土地是财富之母"（威廉·配第，1972），就是指劳动利用自然物质进行物质财富生产。学界往往把与劳动相结合的自然物质或自然界解读为生产资料，这是不准确的。作为生产要素的劳动，主要包括广大工人群众的劳动，也包括管理劳动和科技劳动……应当在理论上明确：

首先，在资本主义经济中，劳动作为生产要素参与分配，不是社会主义的按劳分配。因为资本主义经济中的分配首先是按资本的大小参与分配，是以按资本所有权分配为核心的，而劳动是受资本统治的雇佣劳动。资本与雇佣劳动存在利益关系上的天然对立，存在贫富分化。与此相反，在社会主义国有企业或集体企业中，不存在按生产要素所有权分配关系。劳动者是企业的主人，不存在资本与劳动的对立，不会产生贫富分化。邓小平也讲过，只要实行公有制和按劳分配，就不会产生两极分化。其次，在马克思的论著中，科技劳动和管理劳动与工人的劳动是统一的，都属于"总体劳动"的一部分。在现代社会生产中，科技劳动和管理劳动是更为重要的高层次的复杂劳动。这种劳动正是创新发展的驱动力……无论资本主义经济还是社会主义经济，科技劳动和管理劳动的重要作用是相同的。但是，从分配制度上来看，在资本主义经济中，由资本家聘任的科技劳动者和管理者，其劳动是作为高级劳动要素，参与按要素所有权的分配方式。而在社会主义公有制经济中，科技劳动和管理劳动是作为高级复杂劳动，参与按劳分配制度。

三、应在理论上明确按生产要素所有权分配是资本主义分配方式

需要强调的是，前文所述适应私营经济和外资企业等资本主义经济的分配方式，是按要素所有权分配，不讲"按生产要素分配"，更不讲"按生产要素贡献分配"。讲"按生产要素分配"，难道是分配给生产要素自身，如分配给作为资本的货币或生产资料，分配给土地等自然物质吗？事实上，利润、利息、地租等是分配给生产要素的所有者。利润、利息是资本所有权的实现形式，地租是土地所有权的实现形式；工资是劳动力所有权及其价值的实现形式。自然力如水力、风力、太阳能等也是生产要素，但不参与分配，因为它们没有被私人占有。如果按生产要素贡献分配，并且不说无法证实说明各种生产要素，如各种原材料、劳动资料、土地等各自在生产中贡献了什么、贡献占比多少。即使肯定其在生产财富和价值中是必要条件，比如在农业生产中自然力起重要作用，阳光、雨水、风力等都有其"贡献"，但它们参与分配吗？依然要回到所有制问题上来。自然力作为生产要素不管其贡献有多大，因为没有被任何主体占有，就不会参与分配。

还有个问题需要弄清。即使肯定各种生产要素的"贡献"，资本和土地的"贡献"也不等于资本家和地主的个人"贡献"。两者并不是统一的。但劳动贡献就是劳动者的贡献。劳动、劳动力、劳动者是统一于一身的。按生产要素所有权分配，只存在于各种生产要素掌握在不同所有者手中的社会经济中。无论是公有制还是私有制，只要同一经济主体占有各种生产要素，就不存在按要素所有权分配问题。

四、怎样认识我国出现的贫富分化现象

我国改革开放40余年来，经济社会的发展取得了举世瞩目的成就。总体上说，人民群众的收入和生活水平有了显著的提高，但是出现了贫富分化的现象。有人否定我国存在贫富分化，这是不顾事实之言。两极分化有两种形式：一种是富者越富、贫者越贫的绝对两极分化；另一种是富者越富，但贫者不会越贫的相对两极分化。我国存在的是后一种两

极分化。分配方面出现的问题，其根子还在所有制结构方面。解决的根本途径也需要重在从所有制结构方面做文章。只要坚持和完善国有经济为主导、公有制为主体，多种所有制共同发展；坚持和完善按劳分配为主体，多种分配方式并存；坚持和完善我国宪法中所规定的社会主义经济制度，即以全民所有制和集体所有制为基础，就可以缓解和缩小贫富过大的差距。习近平同志强调做大、做优、做强国有经济，强调公有制的重要地位和作用，是缓解贫富差距扩大、走向共同富裕的重要支柱。

在怎样认识和对待我国出现的贫富分化问题上，涉及多种所有制共同发展问题，特别是怎样认识非公经济的性质、作用及其称谓的变异问题……总之，在改革开放的一个时期内，片面重视生产力的发展，忽视社会主义生产关系的发展与完善，忽视消除两极分化、逐步实现共同富裕的根本目的。另外，片面宣传市场经济的正面效应，忽视其会产生贫富分化的负面效应。而西方经济学如萨缪尔森的《经济学》中，则强调说明"市场经济会带来收入分配不公和贫富分化"，"收入和财富上有存在着巨大的不平等，而这种不平等会长期在一代代人中存在下去"（萨缪尔森，1996）。

以上说明可以看出，我国公私经济占比逆势发展的理论诱因和贫富分化的根本原因。尽管不同学者会提出不同见解，都有各自的道理，但应分清分配范畴内的原因与分配范畴外的原因。如贪污腐败、坑蒙拐骗获得高额收入，那是非法收入。区域发展不平衡、城乡发展不平衡，都会产生收入上的差距，与地区天然差别、历史因素、政策因素有关。我们所讨论的是由现行分配制度形成的贫富分化，要分清根本原因和非根本原因。根本原因如前所说，还是应运用马克思主义关于生产关系决定分配关系，特别是所有制关系的决定作用的理论来说明。

恩格斯将宣扬资本主义分配公平、正义的观点，斥之为"有产阶级胡说""虚伪的空话失去了最后的立足之地"（马克思、恩格斯，2009）。我国贫富分化的产生有两种情况。一种是私营经济和外资企业的迅速、大量发展，占比超过公有制经济。在资本主义经济中，资本强势，劳动弱势，个人收入和财富分配分化是必然趋势。我国日益增多的拥有几十亿、几百亿、上千亿的富豪都是私营企业主。私营企业中雇佣劳动的收入，一般远低于国有经济工人的收入。另一种情况是实行市场经济，如前所说，也会带来贫富分化。我国的某些歌星、影视明星及其他演艺人员，年收入几百万、几千万、上亿元的，大有人在，有媒体指名道姓地做了报道。演艺市场属于文化市场，但个人收入分配也属于经济范畴。前些年，各种庆典活动很多，常常请演艺明星出场，报酬一般十几万或几十万元。党的十八大以来，提出八项规定，限制公款消费，演艺市场不再像过去那样火热了。但他们的收入依然远高于科学家和学者们的收入。

讲收入分配不公，避不开非公有制经济和市场经济问题，会触及敏感问题。可能会有人提出质疑：把我国出现的贫富分化归之于非公有制经济占比超过公有制经济，又归之于市场经济，这不是否定非公有制经济存在发展的意义和必要性吗？不是否定社会主义市场经济的地位和作用吗？笔者认为，进行中国特色社会主义经济理论分析，一定要实事求是，不能回避现实存在的实际问题。要一分为二地采取辩证分析方法，不能说好就绝对化地一切都好，说坏就一切都坏。我们讨论问题是首先肯定社会主义初级阶段公有制为主体、多种所有制共同发展的基本经济制度，按劳分配为主体、多种分配方式并存的分配制度的，是以肯定发展非公有制经济在现阶段的重要作用，肯定非公有制经济和社会主义市场经济在我国经济发展中的重要贡献为前提的。但是，不能只看到它们的正面效应而看不到它们也存在某些负面效应。正是由于忽视其负面效应，没有采取有效的对策，致使其负效应膨胀。

讨论我国存在分配不公平和贫富分化问题，不会搞劫富济贫，也不会搞限制非公有制经济的发展，不会限制富豪更多更富，但富豪人士可提高工人的工资，可多回报社会，多做扶危济困的慈善事业，多为国家发展科技、文化、教育、卫生事业做贡献。这样的善行会获得社会赞誉，减少社会矛盾。

近年来，中央特别重视保障和改善民生，扶贫解困，走共同富裕道路。特别是党的十八大以来，习近平总书记提出以人民为中心的发展思想，提出新发展理念。习近平总书记有一段话可集中概括我国当前所面临的分配和民生问题及其解决的根本宗旨。他说："共享发展注重的是解决社会公平正义问题……让广大人民群众共享改革发展成果，是社会主义的本质要求，是社会主义制度优越性的集中体现。""我国经济发展的'蛋糕'不断做大，但分配不公问题比较突出，收入差距、城乡区域公共服务水平差距较大。在共享改革发展成果上，无论是实际情况还是制度设计，都还有不完善的地方。为此，我们必须坚持发展为了人民、发展依靠人民、发展成果由人民共享，做出更有效的制度安排，使全体人民朝着共同富裕方向稳步前进，绝不能出现'富者累巨万，而贫者食糟糠'的现象。"（习近平，2017）这段掷地有声的论述表明了勇于面对问题和解决问题的决心。

卫兴华. 中国特色社会主义分配理论与实践的是是非非 [J]. 海派经济学，2018（2）：1-12.）

党的十九届四中全会《决定》节选

六、坚持和完善社会主义基本经济制度，推动经济高质量发展

公有制为主体、多种所有制经济共同发展，按劳分配为主体、多种分配方式并存，社会主义市场经济体制等社会主义基本经济制度，既体现了社会主义制度优越性，又同我国社会主义初级阶段社会生产力发展水平相适应，是党和人民的伟大创造。必须坚持社会主义基本经济制度，充分发挥市场在资源配置中的决定性作用，更好发挥政府作用，全面贯彻新发展理念，坚持以供给侧结构性改革为主线，加快建设现代化经济体系……

（二）坚持按劳分配为主体、多种分配方式并存。坚持多劳多得，着重保护劳动所得，增加劳动者特别是一线劳动者劳动报酬，提高劳动报酬在初次分配中的比重。健全劳动、资本、土地、知识、技术、管理、数据等生产要素由市场评价贡献、按贡献决定报酬的机

制。健全以税收、社会保障、转移支付等为主要手段的再分配调节机制，强化税收调节，完善直接税制度并逐步提高其比重。完善相关制度和政策，合理调节城乡、区域、不同群体间分配关系。重视发挥第三次分配作用，发展慈善等社会公益事业。鼓励勤劳致富，保护合法收入，增加低收入者收入，扩大中等收入群体，调节过高收入，清理规范隐性收入，取缔非法收入……

项目八　市场失灵

【学习目标】

思政目标

1. 学习市场失灵，认识市场机制的局限性，杜绝对市场的盲目推崇，懂得政府适度干预的必要性。

2. 深刻理解预防和制止垄断行为对保护市场公平竞争，鼓励创新，提高经济运行效率，维护消费者利益和社会公共利益和促进社会主义市场经济健康发展的必要性和现实意义。

3. 通过对比垄断市场缺陷，深刻认识我国保持反腐败政治定力的决心。

4. 我国政府将自主研发的新冠疫苗不仅做成全民免费公共物品，还向不发达国家和地区通过赠予和援助方式做成了世界范围的公共物品，承担了大国责任。

5. 对比商业保险和社会保险制度，学习社会保险制度如何降低商业保险在不完全信息条件下的逆向选择和道德上的风险。

6. 通过学习碳达峰和碳中和，树立节约资源和保护环境意识。

知识目标

1. 理解市场失灵的定义。

2. 理解公共物品、外部性、垄断和信息不完全的定义。

3. 理解由公共物品、外部性、垄断和信息不完全所引起的市场失灵。

能力目标

1. 能发现市场的缺陷并分析其原因。

2. 能认识市场失灵现象。

3. 能理解政府干预的理由和方式。

【案例导入】

职业砍价人的出现

如果你还在为买东西时的讨价还价而苦恼的话，就去找我们的职业砍价人——邹诚挚吧。他可是大名鼎鼎的砍价高手，5万元的钻戒他能砍价到2.3万元，120元的衣服他能砍价到90元……如今的邹诚挚已经专门成立了自己的砍价公司，干起了职业砍价人的行当。

邹诚挚用"突发灵感"来形容他成为职业砍价人的原因。以前，邹诚挚曾经营过建材、化妆品、酒水饮料等生意。其间，他经常受朋友委托帮朋友买东西，并给朋友省了不少钱。多年飘忽不定的营销生活使邹诚挚感到厌倦，于是有朋友就提醒他："何不发挥你的砍价特长，做个职业砍价手吧。"

说做就做，邹诚挚先到商场外发宣传单，但大多人都不屑一顾，随手就扔掉了。几天的空手而归并没有令邹诚挚心灰意冷。一天，机会终于来了。一位妇女想买件貂皮大衣，售价 17 000 元，她自己已砍价到了 9 800 元，她让邹诚挚再试试，并答应砍下价格的30%就是邹诚挚的佣金。接到电话的当天晚上，邹诚挚这个对服装一窍不通的年轻人先到图书城查看了貂皮的有关知识，咨询了经营服装生意的朋友。第二天，邹诚挚胸有成竹地到商场去"砍"了。经过 40 分钟的讨价还价，最终以 4 800 元成交。

第一次的成功坚定了邹诚挚做职业砍价手的信心。凭着自己不懈的努力，邹诚挚作为中国职业砍价的先行者，名声越来越大，业务也越来越多。

邹诚挚曾对自己成功的"秘诀"进行了总结：首先要抓住商家与客户的心理，搞心理战术；其次，要熟悉市场行情；最后，还要为客户提供除砍价之外的更周全的服务。

实际上，我们可以用经济学中信息不完全的理论来解释邹诚挚做职业砍价人的成功秘诀。商家与客户作为交易的双方，从对产品信息的掌握程度上看，商家占有优势。而处于信息劣势的顾客如果要取得较大的利益（比如说降低产品的价格），就必须通过各种手段搜集信息，增加自己的信息量，以此来降低信息不完全的劣势。而现实生活中，每个人不可能掌握各种产品的所有信息，因此他们利用掌握的较少的信息同处于信息优势的商家进行讨价还价，获取利益的机会不会太大。

邹诚挚是作为交易的第三方出现的，即充当了商家与客户的中间人的角色。作为买方的代理人，他以前的经历和对特定专业知识的快速学习使他具有了较强的信息优势，这既包括专业知识和买卖交易时的信息，也包括卖家的心理活动等信息，而这些信息是普通人所不具备的。正是这些信息优势，使邹诚挚作为交易的第三方在一定程度上降低了商家与客户交易双方的信息不完全的程度，并最终取得了砍价的成功。

（资料来源：金雪军. 西方经济学案例 [M]. 杭州：浙江大学出版社，2004.）

这一部分是连接"微观行为"和"宏观现象"的一个过渡部分。在这一部分，我们会探讨市场机制作用未发挥好，即市场失灵的情况。市场失灵（market failure）是指由于市场价格机制在某些领域、场合不能或不能完全有效发挥作用而导致社会资源无法得到最有效配置的情况。导致市场失灵的因素主要有四个，即公共物品、外部性、垄断和信息不完全。下面，我们将对其一一进行分析。

任务二十四　认识公共物品

【学习目标】

1. 了解公共物品的含义、特征以及分类。
2. 了解公共物品诱发市场失灵的原因。
3. 掌握政府对公共物品导致市场失灵的干预方式。

任务描述

15、16世纪的英国，草地、森林、沼泽等都属于公共用地，耕地虽然有主人，但是庄稼收割完以后，要把栅栏拆除，敞开作为公共牧场。一群牧民一同在一块公共草场上放牧。每一位牧民都想多养一只羊增加个人收益，虽然其明知草场上羊的数量已经太多了，再增加羊的数量，将使草场的质量下降。牧民将如何取舍？结果是每人都从自己的私利出发，选择多养羊获取收益，因为草场退化的代价由大家负担。每一位牧民都如此思考时，"公地的悲剧"就上演了——草场持续退化，直至无法养羊，最终导致所有牧民破产。之后，一些贵族通过暴力手段非法获得土地，开始用围栏将公共用地圈起来，据为己有。这就是我们在历史书中学到的客观看待"圈地运动"。"圈地运动"使大批的农民和牧民失去了维持生计的土地，历史书中称之为血淋淋的"羊吃人"事件。

思考：

"公地的悲剧"为什么会发生？

笔记：

_____

_____

_____

任务精讲

在我们的日常生活中，从隔壁邻居养的狗深夜狂吠、公交车上刺鼻的异味或香水味这些小事，到国防、教育、交通这些大事，实际上都是人与人之间相处的问题。如何处理这些层次不一样、大小不同的人与人之间的共同问题呢？下面我们来研究公共物品的相关问题。

一、公共物品

(一) 公共物品的含义

公共物品 (public goods) 是指私人不愿意或无能力生产而由政府提供的具有非排他性和非竞争性的物品。一国的国防、警务、公共卫生、道路、广播电视等都属于公共物品。一种物品要成为公共物品，必须具备以下特性：

第一，非排他性。公共物品的非排他性是指无论是否付费，任何人都无法排除他人对该物品的消费。之所以会出现免费消费，是因为要么技术上不允许，要么由于收费的成本太大而放弃收费。

第二，非竞争性。公共物品的非竞争性是指任何人对某一物品的消费，都不会给他人对该物品的消费造成影响，即人们无法排斥别人对同一物品的共同享用，也不会由于自己的加入而减少他人对该公共物品享用的质量与数量。

第三，不可分割性。公共物品的不可分割性是指公共物品的供给与消费不是面向哪一部分人或利益集团，而是面向所有人的；公共物品也不能分成细小的部分，只能作为一个整体被大家享用。

(二) 公共物品导致市场失灵

公共物品本身具有的特性使得任何私人部门都不愿意或不能充分提供。因此，其产量会低于合理的水平，即达不到帕累托最优状态下的产量水平，由此会造成社会福利的减少和资源的浪费。此时，市场机制在公共物品的提供上不能较好地发挥作用，导致市场失灵。

1. 公共物品的非排他性导致市场失灵

非排他性使得任何购买公共物品的人都不能独自占有该产品所能提供的全部效用或收益，都不能阻止别人去无偿地享用该产品。因此，尽管公共物品的社会潜在收益大于它给单个购买者带来的收益，但潜在的购买者在做出支付决策时并不会将他人的潜在收益考虑在内，公共产品的提供者就要独自承担提供该物品的全部成本。这样一来，任何人都想无偿地去享用别人提供的公共物品，继而出现"搭便车"行为。搭便车者的增多，就会使得公共物品的提供者减少或几乎没有，最终导致资源配置效率的低下，造成市场失灵。

假如你为一个社区考虑一个除灭蚊蝇计划。你估计社区成员对实现该计划带来的环境改善的真实总支付意愿远远大于实施该计划需要的成本 5 万元。然而，这并不能保证你能够通过私人投资从中获得赢利。因为你不能强迫人们为这一计划付费，更不可能让人们按照他们对环境改善的真实主观评价来支付费用。由于蚊蝇到处飞动，没有一种提供该服务又排除不交费用的人获得利益的办法，于是人们会有一种"搭便车 (Free Rider)"心理和行为，即便我不支付费用，其他人支付以后我可以照样享受到利益。由于支付意愿被压低，因而市场配置缺乏效率。

　　因此，我们需要政府公共部门提供公共物品。政府的特征之一是具有强制性权力，因而有可能超越"搭便车"问题。向社会有效提供公共物品是政府公共部门的一项基本职责。

【小知识】

"搭便车者"一词的由来

　　"搭便车者"一词的英文是"Free Rider"，它来源于美国西部城市道奇城的一个故事。当时，美国西部到处是牧场，大多数人以放牧为生。在牧场露天圈养的大量马匹对一部分人产生了诱惑，于是出现了以偷盗马匹为业的盗马贼。在道奇城这个城市，盗马贼十分猖獗。为避免自己的马匹被盗，牧场主就联合组织了一支护马队伍，每个牧场主都必须派人参加护马队伍并支付一定的费用。但是，不久就有一部分牧场主退出了护马队，因为他们发现，即使自己不参加，只要护马队存在，他也可以免费享受别的牧场主给他们带来的好处。这种个别退出的人就成了"Free Rider"（"自由骑手"）。后来，几乎所有人都想通过自己退出护马队来占集体的便宜。于是，护马队解散了，盗马贼又猖獗起来。后来，人们把这种为得到一种收益但避开为此支付成本的行为称为"搭便车"，把这样的人称为"搭便车者"。

　　资料来源：樊纲. 市场机制与经济效率 [M]. 上海：上海三联书店，1995.

　　2. 公共物品的非竞争性导致市场失灵

　　俱乐部物品虽然具有非竞争性，但是可以实现排他性使用。例如，高速公路的修建者实行收费管理，不付费不能消费。这种排他性使用，虽然可以收回提供公共物品的成本，提高其生产者的积极性，增加供给，但是不能使所有人免费使用，致使公路的社会效用得不到有效、充分的发挥，从而降低了资源的配置效率，也会造成市场失灵。

二、政府对公共物品造成的市场失灵的干预

　　针对公共物品原因导致的市场失灵，政府干预主要决定是否提供公共物品以及提供多少公共物品的问题。

　　政府在如何确定某一公共物品是否值得提供及提供多少时，往往采用成本-利益分析的方法。

　　首先，估算提供某一公共物品的成本及获得的收益；其次，将两者加以比较；最后，根据结果确定该公共物品是否值得提供。如果有几个可供选择的公共物品，则分别比较各自的成本与收益，最后选择提供社会净收益较大的公共物品。

　　具体来说，政府往往通过以下方式提供公共物品：

　　第一，由中央政府直接经营公共物品。例如，在西方国家，造币厂和中央银行通常是由中央政府直接经营的。除此之外，各国之间的差异较大。例如，美国在公共物品生产方面会更多地偏向由私人提供；有一些国家的中央政府直接管理军工、医院、学校、图书

馆、自来水、煤气等行业。

第二，政府与私人部门签订合同，共同提供公共物品。采用与私人企业签订合同共同经营公共物品是发达国家使用最普遍、范围最广的一种形式。适用于这一类的公共物品主要是具有规模经济的自然垄断型产品，大部分为基础设施，也包括一些公共服务行业。

第三，政府以授权、许可的形式委托私人部门提供公共物品。在发达国家，许多公共领域都以这种方式委托私人公司进行经营，如自来水公司、电话公司和供电公司等。此外，还有很多公共项目也是由这种方式经营生产的，如电视台、广播电台、航海灯塔、报纸和杂志等。

第四，政府参股。政府参股的方式主要有四种：收益分享债券、收购股权、国有企业经营权转让以及公共参与基金。政府参股的方法主要应用于桥梁、水坝、发电站、高速公路、铁路、电信系统、港口和飞机场项目。比较引人注目且效果较好的参股领域之一是高科技开发研究领域。

第五，政府对私人部门提供补贴，鼓励其提供公共物品。鉴于公共物品市场低收益的特性，政府往往对私营企业生产公共物品进行经济资助。这种资助从表面上看付给了私营企业，实际上有利于公众。对私人企业提供经济资助的途径和方法非常多，主要形式有补助津贴、优惠贷款、无偿捐赠和减免税收等。享受财政补贴的公共领域主要有科学技术、住宅、教育、卫生、保健、图书馆和博物馆等。

任务二十五　认识外部效应

【学习目标】

1. 了解外部性的含义和种类。
2. 了解外部性导致市场失灵的原因。

任务描述

20世纪初的一天，列车在绿草如茵的英格兰大地上飞驰。车上坐着英国经济学家庇古（A.C.Pigou）。他一边欣赏风光，一边对同伴说："机车在田间经过，机车喷出的火花（当时是蒸汽机车）飞到麦穗上，给农民造成了损失，但铁路公司并不用向农民赔偿。"这正是市场经济的无能为力之处，称为"市场失灵"。

将近70年后的1971年，美国经济学家乔治·斯蒂（G.J.Stigler）和阿尔钦（A.A.Alchian）同游日本。他们在高速列车（这时已是电气机车）上见到窗外的禾苗，想起了庇古当年的感慨，就问列车员，铁路附近的农田是否受到列车的损害而减产。列车员说，恰恰相反，飞速奔驰的列车把吃稻谷的飞鸟吓走了，农民反而受益。当然，铁路公司也不能向农民收"赶鸟费"。这同样是市场经济无能为力的，也称为"市场失灵"。

思考：

1. 同样一件事情在不同的时代和地点结果不同，案例中的两个故事中的农民的结果有什么不同呢？

2. 分析一下该案例中产生市场失灵的原因。

笔记：

_____

_____

_____

任务精讲

一、外部性的含义

外部性（externality）是指经济活动的当事人对其他人造成的无法通过价格体系反映的影响。当市场交易对交易双方以外的第三者产生影响，并且这种影响又不能反映为市场价格时，就会出现外部性。外部性是一方对另一方的非市场影响。通过市场发生的影响不是外部性。在现实生活中，很多活动都具有外部效应。例如，周围人吸烟会给你带来危害，但你却不能要求赔偿；当你欣赏到邻居家阳台的鲜花时，会有一种美的享受，但却无需付费。这些都是外部性的表现。

二、外部性的种类

根据外部性对他人福利造成的影响，可以将其分为正外部性和负外部性；根据外部性发生的领域，可以将其分为生产外部性和消费外部性。

（一）生产正外部性

当某个厂商的生产经营活动给其他厂商或别人产生有利的影响，即带来收益时，生产正外部性就产生了。例如，在你的公司接受过业务培训的职工跳槽到其他单位，此时你的公司就给其他单位提供了技术更高的劳动力，有利于其他单位的生产，但却不能从该单位索要培训费用。

（二）消费正外部性

当某个消费者的行为给他人产生有利的影响，即带来收益时，产生消费正外部性。例如，某人进行了肝炎疫苗接种，不但可以使自己不患肝炎，并且由于减少了肝炎传染源而使他人感染此病的概率大大降低，有利于他人的身体健康。

（三）生产负外部性

当某个厂商的生产经营活动给其他厂商或别人产生不利的影响，即带来损失时，会产生生产负外部性。例如，上游化工厂排放的污水导致下游鱼苗死亡，渔民却无法追偿损失。

（四）消费负外部性

当某个消费者的行为给他人产生不利的影响，即给他人造成损失或不利影响时，产生消费负外部性。例如，私人轿车方便了个人的出行，但汽车尾气的排放会污染环境，损害他人的身体健康。

外部性的以上分类可以用表 25-1 来表示。

表 25-1　外部性的分类

分类标准		发生领域	
		生产	消费
对他人影响	收益	生产正外部性	消费正外部性
	损失	生产负外部性	消费负外部性

【小案例】

近些年来，补钙之风刮遍了全国市场的每一个角落，各大媒体有关补钙产品的广告更是形形色色。此时，人们在日常生活中的饮食结构也发生了改变，人们开始通过吃肉骨头来补钙，使曾备受冷落的肉骨头成为菜市场中最畅销的商品之一。经过各个厂家大肆宣传补钙对人体的重要性，人们意识到了"吃什么补什么"的原理，觉得吃肉骨头才最补钙的，并且吃肉骨头比吃补钙药品要便宜，还能避免药品所带来的副作用。

由于观念的改变，也因为肉骨头含钙量丰富，所以人们在买菜时开始将目光停留在猪骨头上。特别是猪的脚筒骨，因为其骨髓多，所以大家都争相抢购。但是一只猪身上的脚筒骨仅有约 1 千克，供应满足不了需求，于是脚筒骨的价格一路上涨，甚至比里脊肉的价格还要高。各家饭店也纷纷推出了各种骨头汤，并名列菜单"点击率"的首位。这种现象是那些补钙产品生产厂商始料不及的，它们没想到自己的广告费为饭店做了嫁衣。想一想：这属于哪种类型的外部性现象？

（资料来源：郑月玲. 每周一堂经济课 [M]. 北京：人民邮电出版社，2009.）

任务二十六 认识垄断与反垄断

【学习目标】

1. 了解垄断、反垄断的含义。
2. 了解垄断的低效率。
3. 掌握政府对垄断造成的市场失灵的干预方式。

任务描述

2008年10月，来自中国商业联合会石油流通委员会的消息说，在2006年年底，中国民营石油批发企业663家，民营加油站45 064座，但到2008年年底，中国民营石油批发企业关门、倒闭2/3，加油站关门、倒闭1/3。倒闭潮自1999年开始，集中于2007年，民营油企兵败如山倒，经营只能用惨淡来形容。这些年究竟发生了什么？我国的石油经营格局是较为典型的垄断经营。由于资源产品的稀缺性和投入、产出、运输成本高昂，加上石油对国计民生的重要性，我国一直采取对成品油销售市场特许经营的体制。这个市场实际上是封闭的，潜在竞争完全被消除。这也直接导致三大石油集团在石油开采、提炼、进口、成品油经营、成品油零售上是全过程、全方位垄断。石油的产业链比较长，对上述各个环节的一个环节不放开，就影响民营企业的真正进入。虽然我国的原油进口市场已经开放，但是原油的炼化必须纳入中石化、中石油，即"两油"的排产计划。不到"两油"炼化，就难以进入其排产计划。没有排产计划指标，在国内运输也是违法违规的，也就是不准运输。

思考：

试分析垄断将会给市场带来哪些不好的影响？

笔记：

_____

_____

_____

任务精讲

一、垄断及其影响

垄断（Monopoly）是市场不完善的表现，垄断市场是一个产量较低而价格较高的市场。它的存在，不仅造成资源浪费和市场效率低下，而且使社会福利减少。

在完全垄断的情况下，一个厂商就是一个行业，该厂商的产量便是整个行业的产量，其产量的多少将直接对价格造成影响。垄断厂商销售的商品没有任何类似的替代品，别的任何厂商如果想进入这个行业将十分困难，这就消除了市场中所有的竞争因素。因此，垄断厂商可以掌控和垄断市场价格。

比如在一些自然垄断行业，如电信、供电、供水等行业，垄断者凭借自身的垄断优势，往往使产品的价格和产出水平偏离社会资源配置的要求，从而影响市场机制自发调节经济的作用，降低了资源的配置效率。

（一）垄断造成市场效率低下

在垄断市场条件下，垄断厂商为实现自身利益最大化，也会像竞争厂商一样努力使生产定在边际收益等于边际成本的点上，但与竞争企业不同的是，垄断市场的价格不是等于而是大于边际收益，因此垄断厂商最终会选择在价格大于边际成本的点上组织生产。垄断厂商不需要被动地接受市场价格、降低成本，而可以在既定的成本水平之上加入垄断利润形成垄断价格。因此，垄断市场的价格比竞争市场高，产量比竞争市场低。

这样，一方面，导致厂商丧失了降低成本、提高效率的动力；另一方面，抬高的垄断定价成为市场价格，扭曲了正常的成本价格关系，对市场资源配置产生误导，造成一种供不应求的假象，导致更多的资源流向该行业。

（二）垄断造成社会福利损失

垄断对社会福利造成损失主要表现为使消费者剩余大大减少。消费者剩余是指消费者愿意为某种商品或服务支付的最高价格与其实际支付的价格之差。

（三）垄断造成寻租

寻租（Rent-seeking）通常指那些通过公共权力参与市场经济从而谋取非法收益的非生产性活动。在垄断市场条件下，垄断厂商为获取垄断利润，就必须保持其垄断地位，为此而付出的花费和开支就是寻租成本。比如向政府游说或贿赂立法者、采取合法手段规避政府的管制以及进行反垄断调查等发生的费用都属于寻租成本。由于寻租成本未用于生产性经营活动，因此会造成社会资源的浪费和社会福利水平的降低。例如，在药品的销售与采购中，寻租腐败的现象非常严重。由于各家医院拥有独立的药品采购权，其权利行使过程很难受到控制与监督。在患者难以承受的高昂医药费用中，有相当大的一部分作为药品的销售费用流入个人手中。

【小案例】

航线资源稀缺导致权力寻租

《第一财经日报》2010年6月14日报道：对于中国民航来说，一场前所未有的反腐风暴已经降临。2009年年底至今，已先后有多位民航高官要员落马，包括民航局前副局长宇仁录、民航局华北局前局长黄登科、首都机场原董事长张志忠、发展改革委民航局原处长匡新等。这些人腐败案发，大半是与"航线时刻"审批制度有关。

航空时刻资源是一种稀缺的资源，一直以来都被各种力量争夺，如首都机场高峰时每小时最高容量是 83 架次，现在的航线时刻早已经比黄金还金贵。业内专家表示，由于天空资源必然被国家掌握，而最终这种权利的分配又必须由国家职能部门来进行，甚至于由某一两个部门来主要负责分配。权利的过于集中，很容易导致在上述利益链条中出现寻租。

在民航内部，航线往往被称为"生命线"，拥有航线和时刻的好坏，可以直接决定航空公司的经济效益。在民航内部，争取更多、更好的航线和航班时刻资源，是各航空公司不约而同的目标。这也导致每年的两季航班时刻协调会被称为不少人利益的"交易会"，航空公司都会采取各种办法，为获得优质资源而努力。其中，与地区管理局、空管局的有关人员疏通关系，已经成为公开的秘密。例如，已经落马的黄登科曾管理的民航华北局是民航局下设的 7 个地区管理局之一，主要负责北京、天津、内蒙古、河北等地的航空事务管理，其中也包括对上述省（市、区）的航线、航班时刻审批。航线、航班时刻的审批制度给予了获得申请者的垄断权力，为了这种垄断权力申请者一定会对审批者实施寻租，这是导致民航多位高官落马的根本原因。

（资料来源：陈建萍. 微观经济学［M］. 北京：中国人民大学出版社，2012.）

二、政府对垄断造成的市场失灵的干预

针对垄断原因导致的市场失灵，政府干预的方式主要有：

（一）制定反托拉斯法

当垄断有损于消费者时，政府可以通过立法来打破垄断或禁止垄断的措施。政府可以通过制定反垄断法，即反托拉斯法，来实施对垄断行为的管制。例如，国家可以缩短专利的期限或使专利的延期更加困难。很多西方国家都不同程度地制定了反托拉斯法，最为突出的就是美国。这里以美国为例详细介绍。

19 世纪末和 20 世纪初，美国企业界出现了第一次大兼并，形成了一大批经济实力雄厚的大企业。例如，在 20 世纪早期，安德鲁·卡内基和 J.P.摩根将很多较小的钢铁公司结合在一起形成了美国钢铁公司。这些大企业被叫作垄断厂商或托拉斯。

1890—1950 年，美国国会通过一系列法案，反对垄断。例如，美国国会先后制定并颁布实施了《谢尔曼法》（1890 年）、《克莱顿法》（1914 年）、《联邦贸易委员会法》（1914 年）、《罗宾逊-帕特曼法》（1936 年）、《惠特-李法》（1938 年）、《塞勒-凯弗维尔法》（1950 年）等反托拉斯法。这些法律可以起到削弱或分解垄断企业、防止垄断产生的目的。

我们假设全球最大的两个软饮料供应商，可口可乐公司和百事可乐公司想合并，那么在合并之前一定会受到美国联邦政府的严格审查。美国司法部的经济学家、律师们可能认

为，这两家大型软饮料公司合并会形成更大的垄断势力，这会使得美国软饮料市场的竞争性大大减弱，使整个市场消费者利益下降。如果这样的话，法院将会判决不同意可口可乐公司和百事可乐公司的合并。

【小案例】

拆分美国铝业公司

美国铝业公司发明了现代化的铝生产工艺，许多年来，它一直是美国铝市场的唯一生产商（美国铝业公司不是纯粹垄断的唯一原因在于部分铝来自国外进口）。1937年，美国铝业公司成为美国政府反托拉斯法的实施目标。美国铝业公司的价格高出边际成本60%，铝市场明显属于非完全竞争市场。政府的诉讼是：美国铝业公司通过阻止新的生产者进入该市场来维持其近乎垄断的地位。例如，铝生产需要大量的电能，而美国铝业公司与电力公司签署协议，禁止电力公司向其他的铝生产者提供电能。

由于美国铝业公司有诸如此类的行为，因此美国最高法院宣判美国铝业公司违反了反托拉斯法，命令其必须进行拆分。之后，美国铝业公司加拿大分部变成了一个独立的、竞争性的公司。同时，政府建立了两家新的竞争者——雷诺铝业公司和凯萨铝业公司。

两个政策——实施反托拉斯法和政府组建新公司的结果是：铝市场变得更具竞争性。从美国铝业公司的经历中我们可得出如下结论：通过将垄断市场变成具有多家企业竞争的市场，可以降低市场价格，使市场更具竞争性。

（资料来源：罗伯特·E.霍尔.经济学：原理与应用 [M].毛文博，译.北京：中信出版社，2003.）

（二）公共管制

政府对垄断的管制主要是政府对垄断价格进行管制并进而影响到价格。价格管制就是使管制之下的垄断厂商制定的价格等于边际成本。这样可以将垄断造成的社会福利损失减少到最低限度，以实现资源的优化配置。例如，在自来水和电力公司中，这种价格管制是常见的。政府不允许它们任意收取高价格，而是对它们的定价进行限制。又如，一个垄断厂商在正常情况下索取150元的价格，那么政府可以实施120元的最高限价，以便降低消费者使用该产品的成本。在一定条件下，对垄断价格的强制限制，可能会导致垄断产量的提高。

【小案例】

价格管制

价格管制通常会阻止价格体系分配供给，因此必然要有其他的分配机制来代替。排队，这一在东欧计划经济下常见的情形，是一种可能。当美国在1973—1979年间设置汽油价格上限时，商人以"先到先得"的理念销售汽油，这让司机们略微尝到了当时人们生活的滋味：他们不得不排着长队等待购买汽油。汽油的真实价格，包括人们为汽油付出的货币以及他们花费在排队上的时间，往往比价格管制以前的价格还要高。例如，在1979

年的某个时候，政府把汽油价格固定在每加仑 1 美元（1 加仑＝3.785 升，下同）。如果市场价格是每加仑 1.2 美元，一个买了 10 加仑汽油的司机表面上省了 2 美元，但如果这个司机必须花费半个小时用来排队，而他的时间每小时价值 8 美元，那么他真正花费的就是 10 美元汽油费加 4 美元时间成本，最终汽油的价格变成了每加仑 1.4 美元。逃避管制的激励一直存在，逃避的方式也是多种多样的。具体方式有依赖于物品或服务的特点、产业的组织形式和政府的行政力度等。

（资料来源：徐辉. 经济学基础 ［M］. 北京：电子工业出版社，2012.）

任务二十七 认识不完全信息

【学习目标】

1. 了解信息不完全的含义。
2. 了解信息不完全的风险。
3. 掌握政府对信息不完全导致市场失灵的干预方式。

任务描述

2002 年 11 月 16 日，中国广东佛山发现第一起后来称为非典型肺炎（SARS）的病例。2003 年 2 月，广东地区 SARS 发病率进入高峰。此后，非典型肺炎迅速在全国传播。到 2003 年 6 月底，非典型肺炎疫情得到控制。

非典型肺炎让我们看到了典型的市场失灵。引人注目的首先是商品价格的不正常上涨。以北京为例，起初是与治疗非典相关的药品和医疗器械、用品的价格迅速上涨，人们熟知的中草药板蓝根、医用口罩、消毒剂、体温表等价格飞涨。2003 年，4 月 23 日、24 日，以蔬菜、粮食为主的生活必需品大幅度涨价。

应该说涨价有正常成分。由于人们对部分"非典"关联的商品需求增加，供求关系在短时间内发生了较大的变化，不少商品从供过于求变为供不应求。然而，从稍长时段看，这些商品的大幅度涨价不正常因素更多。因为就全国来看，大多数商品（包括中草药）供过于求，这种供求关系并未发生根本的变化。一些药品、蔬菜价格的成倍上涨甚至十几倍上涨缺乏内在理由。

思考：

为什么这些商品的价格能够扶摇直上，达到平时人们想都想不到的高价？

笔记：

_____

_____

_____

任务精讲

相信同学们都有过上市场买水果、蔬菜的经验。在市场里买苹果的时候，我们都会挑挑拣拣，货比三家，选那些看起来比较香甜可口的苹果。但是你能确保你挑选出来的苹果就是香甜可口的吗？怎样避免选出的是金玉其外而败絮其中的坏苹果呢？下面我们一起来搜寻克服信息不完全的方法。

一、信息不完全

（一）信息不完全的含义及原因

完全竞争市场上能够实现帕累托最优状态的一个重要假定就是完全信息，即市场交易双方对交易产品具有充分的信息。然而，在现实生活中，人们对信息的掌握是不完全的，而这种不完全又往往表现为信息的不对称。信息不完全（Asymmetric Information）是指参与经济活动的当事人拥有不同信息的状况，即有些人拥有比其他人更多的相关信息。例如，商品的卖方要比买方掌握更多的关于产品质量和数量等方面的信息。

信息不完全的产生是多种因素造成的。首先，获取信息需要成本。其次，人们认识能力的局限性和差异性使其不可能掌握全部的信息。最后，充分占有信息的一方会为了自身利益而向对方隐藏信息。

（二）逆向选择

逆向选择（Adverse Section）是指市场的一方不能知晓市场另一方的商品的类型或质量时，市场中大量的劣货会排挤好货并最终占领市场的过程。逆向选择最经典的例子是二手车市场。在该市场上，既有质量较好的二手车也有质量很差的二手车，但只有卖者掌握车的质量信息，而购买者对其缺乏了解。因此，在该市场上，双方的信息是不对称的。购买者此时的出价会介于质量较好的二手车价格与质量很差的二手车价格之间。这样一来，质量较好的二手车，质量高于价格，车主会不愿进入此市场或退出此市场；而质量很差的二手车，价格高于质量，车主愿意进入此市场或留在此市场，最终导致该市场上的车都是质量较差的二手车。但是，当购买者知道他要买到的车是质量较差的二手车时，他会降低自己的出价，这又会使得比质量最差的二手车稍好一些的二手车退出市场，最后质量最差的二手车占据了整个市场。

（三）道德风险

道德风险（Moral Hazard）是指在合约条件下，代理人凭借自己拥有的私人信息优势，可能采取"隐蔽信息""隐蔽行为"等方式，以有利于自己而有损于委托人的一种经济现象。根据信息经济学的观点，拥有私人信息优势的参与者被称为代理人，不拥有私人信息优势的参与者被称为委托人。

道德风险并不等同于道德败坏，违背职业道德并不属于道德风险。道德风险产生的原因在于代理人与委托人之间存在信息不完全。例如，签订了劳动合同后的员工不再像以往一样勤勉地工作，而是在领导不在时偷懒或工作不认真负责；购买了汽车保险后的车主开车时不再小心翼翼，也不再像以前那样小心保管自己的车子了；等等。因此，道德风险是在交易或合约达成后，因为信息多的一方的行为难以被信息少的一方察觉，所以信息多的一方以损害对方的利益为代价获得自己的利益。

【小知识】

1996 年诺贝尔经济学奖获得者詹姆斯·莫里斯在信息经济学理论领域做出了重大贡献，尤其是针对不对称信息条件下的"经济激励理论"的论述，让他荣膺了诺贝尔经济学奖。詹姆斯·莫里斯提出："当保险赔偿金数额庞大的时候，就会出现试图故意肇事之后获取保险赔偿金的人，这就是道德风险。"

二、政府对信息不完全造成的市场失灵的干预

针对信息不完全原因导致的市场失灵，政府干预的方式主要如下：

（一）解决逆向选择问题的措施

一是由政府规定企业对自己出售的产品提供质量保证。政府可以制定各种质量及各种技术安全质量标准并监督生产厂商实施。

二是由政府引导企业对自己出售的产品提供不同的产品包修年限。例如，在家用电器空调市场上，空调保修期一般为 3 年，但是个别品牌推出了 10 年甚至更长的保修期限，这就是一个市场信号，说明该品牌空调的质量更优秀，也反映了企业对自身产品质量的信心。

【小知识】

市场信号

市场信号是信息多的一方向信息少的一方发出的传递质量等方面的信息的信号，以便于信息少的一方区分出不同的情况。例如，有些产品为消费者展示其各种级别（如 ISO9000 体系、QS14949 体系）的鉴定证书或是被某种大型活动（如奥运会或世博会）指定的专用产品等，这些都是在向消费者传递市场信号，有助于消费者做出判断和选择产品。

三是政府鼓励企业对自己的产品树立品牌，通过"声誉"来分辨优质产品与劣质产品。一些公司为了在市场中树立良好的形象，实行了不满意就退货的销售政策。例如，某些大型商场规定，购买后一星期内可以无条件退货（只要物品没有受损）。有些消费者利

用这一退货政策，免费使用商场的商品，之后"不满意"退货。

四是政府鼓励企业通过广告等宣传方式来区分优质产品与劣质产品。企业可以通过电视、报刊、网络、活动等方式来打广告，达到树立企业的形象、宣传企业的产品的目的。例如，耐克品牌资助的街头篮球赛、汉帛品牌资助的设计师大赛、李宁品牌资助的中国体育队领奖队服等。因为参与或关注人群众多，并且能够较为有针对性地将品牌形象推向目标受众人群，此举有利于企业产品市场认知度的提升。

五是政府鼓励企业实现产品标准化。政府可以设立消费者权益保护部门，制定保护消费者合法权益的法令，一旦出现商品买卖或劳务纠纷，消费者可以进行投诉来维护自身的合法权益。

（二）解决道德风险问题的措施

解决道德风险问题的措施主要是一些制度安排：一是预付保证金，二是订立合同，三是树立品牌声誉，四是激励制度、效率工资。

道德风险产生的原因是因为个人不必承担其行动的后果。例如，员工偷懒不被发现的话就不会被扣工资；购买了健康保险的人不再像以往一样注重锻炼身体，因为生病了有保险公司支付治疗费用。如果能让制造风险的人承担一部分的后果，那么道德风险的问题就能够解决。例如，效率工资，大多数企业都会规定员工在一段时期内的任务额度，没有完成就扣发相应的工资，超额完成加发奖金。多劳多得，超额越多，员工赚的就越多，以此来激发员工的工作积极性。有的企业会分给员工小额度的企业股份，一方面让员工有主人翁意识，另一方面使员工认识到自身的收入直接和企业的效益挂钩，因此而努力工作。

技能训练

一、单项选择题

1. 一般来说，公共物品的生产低于社会理想的水平，可能的原因在于（ ）。

    A. 人们不愿意说真话   B. "搭便车"的倾向

    C. 人们的觉悟不高   D. 上面的说法都说得过去

2. 下列可能出现"搭便车"问题的物品是（ ）。

    A. 收费的高速公路   B. 提供九年义务教育

    C. 公共路灯   D. 私人经营的商店

3. 周围人吸烟会给你带来危害，这属于（ ）。

    A. 正外部性   B. 道德约束

    C. 负外部性   D. 外部性的内在化

4. 下列市场最有可能存在信息不对称问题的是（　　　）。

    A. 牙膏市场   B. 电器市场

    C. 二手车市场   D. 香皂市场

二、判断题

1. 同国防、外交一样，有线电视也属于纯公共物品。   （　　　）

2. 所有给交易双方之外的第三方造成的影响都属于外部性。 （　　　）

3. 逆向选择和道德风险问题普遍存在的原因是外部性。   （　　　）

三、技能分析

2003 年 7 月 14 日，家住北京市东城区四八条 37 号院的朱大爷因发现院内水管漏水，便在没有征得邻居同意的情况下，自行请人对自来水管线进行了检测，并缴纳了检测费 100 元。为了收回每户该分摊的 7.14 元检测费，朱大爷费尽口舌却没有结果，于是便将一些邻居告到了法院。东城区法院审理后，从法理上认定朱大爷在未得到他人授权的情况下，"擅自主张"检测水管，邻居完全有理由拒绝朱大爷分摊检测费的要求。然而，从更深的层面上讲，朱大爷的败诉是由公共物品自身性质决定的。

提问：

（1）漏水的水管是否属于公共物品？为什么？

（2）公共物品何以导致市场失灵？

（3）用经济学原理解释朱大爷败诉的原因。

四、综合实训

综合实训项目：负外部性调研。

项目名称：污染影响了谁——关于负外部性的调研。

实训目的：通过对负外部性对周边影响情况的实地调研，让学生更加深入地理解负外部性的概念，并且能够正确认识到负外部性市场给社会带来的影响。

实训内容：学生分组，在查阅资料的基础上进行市场调研，撰写调研报告。

实训时间：结束本项目的学习后，课外进行。

操作步骤如下：

（1）将班级每 5 名同学分成一组，每组确定一名负责人。

（2）以小组为单位，在组长的带领下，小组成员进行分工，确定一个具有负外部性的经济个体或组织作为调研目标。

（3）每个小组根据调研目标做好调研准备工作，包括负外部性来源、周围有哪些经济个体或组织可能受到影响及受到何种影响。

（4）以小组为单位进行实地调研，调查负外部性来源对于周围哪些人或组织会造成影响及实际影响有哪些，记录调查结果，拍摄相关照片。

（5）调查结束后，进行调查结果整理，小组讨论，并且撰写调研报告。

成果形式：撰写一篇调研报告，字数 1 000 字左右。

【思政园地】

强化反垄断 营造公平竞争市场环境

8 月 30 日，中央全面深化改革委员会召开会议，通过《关于强化反垄断深入推进公平竞争政策实施的意见》。习近平总书记在主持会议时强调，强化反垄断、深入推进公平竞争政策实施，是完善社会主义市场经济体制的内在要求。

一段时间以来，在平台经济、新媒体、教育课外培训、娱乐圈等行业和领域出现了垄断和资本无序扩张的现象，扰乱了市场秩序，损害了中小微企业和消费者合法权益。党中央高度重视，密集出台政策，严密部署落实，约谈相关企业，查处违法行为，强化反垄断和防止资本无序扩张取得初步成效。

我们要把思想和行动进一步统一到党中央的决策部署上来，充分意识到强化反垄断，反对不正当竞争，防止资本无序扩张的极端重要性，同时不折不扣落实政策，向垄断和不正当竞争行为、资本无序扩张做斗争。

强化反垄断，防止资本无序扩张，为中小微企业健康发展营造良好营商环境。在实现共同富裕征途中，我们不仅需要大企业，更需要中小微企业。党的十八大以来，中央围绕支持中小微企业发展，作出一系列重大决策部署，深化行政审批制度改革，完善公平竞争制度，改善营商环境，推动大众创业、万众创新，市场主体数量大幅增加，从 2012 年的 5 500 万户增加到如今的 1.46 亿户。新增市场主体绝大部分是中小微企业，在推动经济增长、促进技术创新、增加就业岗位等方面具有重要作用，是实现共同富裕的重要基石。但有些占有垄断地位的大企业，利用规模、技术和资本优势，垄断市场、垄断要素、垄断技术。有的无序扩张，随意变换赛道；有的恶意并购，挤占、限制甚至打压中小微企业的发展空间。因此，要加强反垄断，促进形成公平竞争的市场环境，为各类市场主体特别是中小微企业创造广阔的发展空间。

强化反垄断、防止资本无序扩张，以更好保护消费者合法权益。近年来，平台经济迅猛发展，深刻改变了社会生产和生活方式，给人们带来了极大便利。但是也有一些平台企业存在野蛮生长、无序扩张等突出问题。有的通过技术便利，线上挤压线下，诱导线下企业入驻平台，之后单方面提高入驻成本，再把成本转嫁消费者；有的利用平台"流量为王、赢者通吃"规则，只重流量无视质量，使"劣币驱逐良币"现象频发、假冒伪劣产品盛行；有的利用人性的弱点，生产和销售不利于社会长期发展的产品，甚至通过"无底线"的用户数据采集，进行大数据杀熟。为维护消费者权益，顺应人民对美好生活的向往，我们要旗帜鲜明反垄断、反不正当竞争，不是为了搞垮平台企业，恰恰相反，国家支持平台企业创新发展，目的是实现平台企业、入驻企业与消费者共赢的局面。

强化反垄断、防止资本无序扩张，关键是要给资本设置好"红绿灯"。对各类市场主体和各种资本，既要监督规范，也要促进发展，做到两手并重，两手都要硬。要明确规则，划出底线，设置"红绿灯"。国家广播电视总局日前发布通知称，广播电视机构和网络视听平台不得播出偶像养成类节目，不得播出明星子女参加的综艺娱乐及真人秀节目；坚决杜绝"娘炮"等畸形审美；坚决抵制炒作炫富享乐、绯闻隐私、负面热点、低俗网红、无底线审丑等泛娱乐化倾向。文娱、游戏等产业领域的乱象背后总有资本的影子，是不受约束的资本对这些产业领域的肆虐。因此，要亮起"红灯"，严格限制资本无序扩张在教育、医疗、文娱、游戏等领域造成的乱象。资本需要加以驯化，规范引导其正确流向。对于符合新阶段、新理念和新格局的产业领域，要一路"绿灯"，引导资本流向新一代信息技术、新能源、新材料、高端制造业，引导资本流向新一代人工智能、量子信息、集成电路、航空航天等领域，要引导资本服务高质量发展，实现共同富裕。

强化反垄断、防止资本无序扩张，企业从他律走向自律，关键在于监督。引导督促企业自觉服从党的领导，自觉服从和服务于经济社会发展大局，深刻意识到只有"做好时代的企业家，才有企业家的好时代"。企业要在促进科技进步、繁荣市场经济、便利人民生活、参与国际竞争中发挥积极作用。要加快健全市场准入制度、公平竞争审查机制、数字经济公平竞争监管制度、预防和制止滥用行政权力排除限制竞争制度等；金融创新必须在审慎监管的前提下进行。要完善反垄断体制机制，加快建立全方位、多层次、立体化监管体系，实现事前事中事后全链条、全领域监管，加强平台经济、科技创新、信息安全、民生保障等重点领域的执法司法。

行远自迩，笃行不怠。随着科学技术的迅猛发展，新产业、新产品、新业态、新模式层出不穷，监管往往滞后。我们要从构建新发展格局、推动高质量发展、促进共同富裕的战略高度出发，将强化反垄断、反不正当竞争进行到底，努力建设一个规范、透明、开放、有活力、有韧性的资本市场，更好服务高质量发展，促进形成公平竞争的市场环境，逐步实现全体人民共同富裕。

（资料来源：佚名.强化反垄断营造公平竞争市场环境［N］.中华工商时报，2021-09-08.）

项目九　推开宏观经济之窗

【学习目标】

思政目标

1. 观看"世界GDP动态演化与经济预测"短视频，切实感受中国改革开放的巨大成就，讲述经济增长的中国故事，增强中国特色社会主义的道路自信，培养中华民族伟大复兴的历史使命感。

2. 辨析GNP与GDP的异同，从统计指标的转变认识GDP的片面性和欺骗性，建立正确的发展观。

3. 诺贝尔经济学奖获得者斯蒂格利茨认为"GDP是充满穷人的富裕。"外部不经济现象需要破除GDP崇拜，引入绿色GDP、人类发展指数（HDI）等概念，重建科学的、可持续的发展观。

4. 从抗击新冠肺炎疫情的财政支持充分认识我国政府转移支付的功能，以及"万众一心众志成城"的底气。

知识目标

1. 了解国内生产总值、国民生产总值、国民收入等概念。
2. 掌握消费、储蓄与投资的关系。

能力目标

1. 能理解不同的GDP核算方法。
2. 能掌握经济循环的基本流程。

【案例导入】

中国国内生产总值超越日本

2010年，中国国内生产总值（GDP）同比增长10.3%，超过39.7万亿元，在金融危机后重拾两位数增长。在西方经济分析人士看来，这一数据有些"出人预料"。美联社说，在时任中国国家主席胡锦涛成功访美之际，该消息凸显了复苏强劲的中国与依然步履蹒跚的美欧经济体之间的差异。两位数的增速足以确保中国从日本头上抢过其戴了42年的"世界第二大经济体的帽子"。虽然国际上近年来对GDP争议颇多，认为其不够全面和科学，有批评者甚至将其形容为让美国制造出原子弹的"曼哈顿计划"，不过日本舆论对

的沮丧是实实在在的

"中日经济地位逆转"的沮丧是实实在在的。在更科学的统计方式出来之前，GDP 仍被看成衡量各国实力的最"硬"指标。

任务二十八　了解国民收入核算体系

【学习目标】

1. 了解国内生产总值的定义，能理解国内生产总值的概念。
2. 了解国民收入指标体系的内容和相关概念以及它们之间的关系。

任务描述

2007 年刚刚开始，广州便传出了一条"振奋人心"的消息：广州市 2006 年的地区生产总值达到 6 236 亿元，人均 GDP 将超过 11 000 美元。

一夜之间，广州"站在了现代化的门槛上"，各大媒体的重要版面纷纷为"广州的发达"留出一席之地。一时之间，广州率先迈入"发达"之列，神州大地也跟着一片欢腾。然而这欢腾中却也不乏反对之音，许多人士指出，广州的这一统计数字是以户籍人口为分母，而忽略了对 GDP 同样做出贡献的外来劳动者，即占广州近一半的外来劳动者只被作为创造 GDP 的分子，而不作为这一"人均数字"的分母享受分配。于是，广州的人均 GDP 过万元的神话被人直指虚假，舆论又是一片哗然。

赞成也好，反对也罢，引起这轩然大波的就是这向来为国人马首是瞻的 GDP。

思考：

什么是 GDP？它能衡量什么？不能衡量什么？GDP 有缺陷吗？

笔记：

_____

_____

_____

任务精讲

众所周知，美国是当今世界上经济实力最强的国家，属于发达国家，而我国则属于发展中国家，但是经济发展非常快，经济实力正在不断增强。在日常生活中，人们经常谈到一个国家的经济实力，经常把多个国家的经济实力进行比较。那么我们评价一个国家经济实力强弱的依据是什么呢？

宏观经济学以整个国民经济活动作为考察对象，其核心理论是国民收入决定理论。要想从总体上把握整个国民经济活动，就必须要有一套定义和计量总产出或总收入的方法，这套方法便是通常所说的国民收入核算体系。经济学已经建立了一整套相对科学、系统和合理的国民收入核算体系，目前世界上绝大多数国家均采用 1993 年经联合国修订的国民经济核算体系。

一、国内生产总值的含义

国内生产总值（Gross Domestic Product，GDP）是指在一定时期内（一个季度或一年），一个国家或地区的经济中生产出的全部最终产品和劳务的价值。GDP 常被公认为衡量国家经济状况的最佳指标。GDP 不但可以反映一个国家的经济表现，还可以反映一个国家的国力与财富。GDP 这个定义，包含以下几个方面的意思：

第一，国内生产总值是一个市场价值的概念。各种最终产品的价值都是用货币加以衡量的。产品市场价值就是用这些最终产品的单位价格乘以产量而获得的。假如某个国家一年生产 10 万件上衣，每件上衣售价 50（美元），则该国一年生产上衣的市场价值就是 500 万美元。

第二，国内生产总值测度的是最终产品的价值，中间产品的价值则不计入国内生产总值，否则就会造成重复计算。一般根据产品的实际用途，可以把产品分为中间产品和最终产品。所谓最终产品，是指在一定时期内生产的可供人们直接消费或使用的物品和服务。这部分产品已经到达生产的最后阶段，不能再作为原料或半成品投入其他产品和劳务的生产过程中去，如消费品、资本品等。中间产品是指为了再加工或转卖用于供别种产品生产使用的物品和劳务，如原材料、燃料等。

举个例子说，假定一件上衣从生产到消费者最终使用共要经过 5 个阶段：种棉、纺纱、织布、制衣、销售。假设棉花的价值为 15 美元，并假定它都是当年新生产价值，不再包含为生产棉花花费的化肥、种子等价值。再假定纺纱厂买进棉花纺织成纱售价为 20 美元，于是纺纱厂生产的新价值就是 5 美元，即增值 5 美元。织布厂买进棉纱织成布售价为 30 美元，于是织布厂生产的新价值是 10 美元，即增值 10 美元。制衣厂买进布匹制成成衣卖给售衣商为 45 美元，于是制衣厂生产的新价值是 15 美元，即增值 15 美元。售衣商将成衣卖给消费者为 50 美元，于是售衣商在销售中增值了 5 美元。这样，衣服的这种最终产品的价值恰好等于服装生产销售所经历的五个阶段所增加的价值，这可以从表 28-1 中看出。

表 28-1　服装生产过程中的价值增值　　　　　　　　　　单位：美元

	棉花	棉纱	棉布	制衣	销售
投入的中间产品的价值	0	15	20	30	45
产品的售价	15	20	30	45	50
新增的价值	15	5	10	15	5

由表 28-1 可见，这件上衣在 5 个阶段中新创造价值共计 15+5+10+15+5 = 50 美元，正好等于这件上衣的最后售价。因此，如果我们要计算这一时期生产的价值可以采用两种方法：一是计算生产出来的最终产品的价值，二是计算这一最终产品生产过程中新增加的价值，二者一定相等。

如果我们把投入的中间产品的价值也计算进去，必然会产生重复计算的问题。例如，如果把棉花、棉纱、棉布以及制衣的价值都算进这个时期的生产价值，则其总额就会变为 15+20+30+45+50 = 160（美元）。结果，棉花的价值被重复计算四次，棉纱的价值被重复计算三次，棉布的价值被重复计算两次，制衣的价值被重复计算一次。要避免这一弊病，只要从这个时期出售的全部产品的价值中减去中间产品的价值，就能得到这一时期生产的最终产品的价值。在上例中就是 160-(15+20+30+45) = 50（美元）。

在这里弄清楚什么是最终产品、什么是中间产品是极其重要的。在上例中，出售给消费者的服装就是最终产品。可见二者不是从产品的本身物质属性来区分的，而是从它在生产循环流转中的功能来区分的。一块布卖给制衣厂作原料，是中间产品，卖给家庭主妇直接制衣就是最终产品了。根据不重复出售这个定义，一般把用作个人消费、投资、政府购买和出口的产品称为最终产品。作为投资用的产品，如一台机器卖给某个企业作为设备，看来似乎是用于生产别的产品的中间产品，但是由于它不再出售，因而还是最终产品，这和用作原料的中间产品不同。此外，企业年终盘存的时候库存货物也被当成最终产品，它可以看成企业自己最终买给自己的最终产品，计算国内生产总值时也应该把库存的产品的价值计入。

第三，国内生产总值是一定时间内生产的而不是销售的最终产品的市场价值。假定今年某国销售的货物为 1 000 亿美元，但是其中 50 亿美元的产品是去年生产的，则计算今年的国内生产总值时，这 50 亿美元的产品的价值就不能计算在内，而应该从 1 000 亿美元中扣除出去。因为这 50 亿美元已经作为去年的存货投资计算到去年的国内生产总值中去了。同样，假如今年生产了 1 000 亿美元的产品，只卖掉 900 亿美元的产品，则所余的 100 亿美元库存同样应该计入今年的国内生产总值。根据上述道理，假定某国今年出售的最终产品为 1 000 亿美元，上年留下的库存为 50 亿美元，今年留作库存为 100 亿美元，则可知今年生产的国内生产总值为 1 050 亿美元。总之，今年生产的最终产品价值等于今年售卖的最终产品的价值减去上年库存，而加上今年库存的价值。

国内生产总值是计算期内生产的最终产品的价值，因而是流量而不是存量。流量是指一定时期内发生的变量，存量是指一定时点上存在的变量。例如，某人花 20 万美元买了一幢旧房，这 20 万美元就不能计入国内生产总值，因为在它的生产年份，其价值已经被计入国内生产总值了。但是买卖这幢旧房的经纪人的手续费则可以计入国内生产总值，因为这笔费用是经纪人买卖旧房的过程中提供的劳务报酬。

第四，国内生产总值是指一个国家领土内生产的产品和劳务，既包括本国企业生产的产品和劳务，也包括外国企业在本国生产的产品和劳务。例如，日本公民在我国工作获得的收入就应该计入我国的国内生产总值中，但是它不计入日本的国内生产总值中。

第五，国内生产总值一般仅仅是指为了市场而生产的物品和劳务的价值，而非市场活动不包括在内。在我们的现实生活中，许多产品和劳务虽然对人们经济福利也很有关系，但是如果不是市场交换活动，就不能包括在国内生产总值中。自给自足的生产、慈善机构的活动、在家中做饭和打扫卫生的活动等，都不能计入国内生产总值中。例如，一个人花钱请人做保姆，那么保姆的收入就应该计入国内生产总值中；而如果这个人和保姆结婚了，妻子的生活费也许和她当保姆时的收入一样多，但是由于不再是市场交易活动，因此就不能够再计入国内生产总值。

第六，国内生产总值仅仅是一定时期内生产的价值，包含时间的因素。因为国内生产总值统计的复杂性，所以一般来说各个国家都采用一年的时间作为一个统计周期。当然，在不同的地区有时也会采用季度、月作为统计周期。

【小资料】

20 世纪最伟大的发现之一

美国著名的经济学家保罗·萨缪尔森说："GDP 是 20 世纪最伟大的发现之一。"没有 GDP，我们就无法进行国与国之间经济实力的比较、贫穷与富裕的比较，我们就无法知道我国 2011 年的 GDP 总量排在全世界的第二位，而美国的 GDP 几乎是我国 GDP 的 2 倍。没有 GDP 这个总量指标，我们无法了解我国的经济增长速度是快还是慢，是需要刺激还是需要控制。因此，GDP 就像一把尺子、一面镜子，是衡量一国经济发展和生活富裕程度的重要指标。如果你要判断一个人在经济上是否成功，你首先要看他的收入。高收入的人享有较高的生活水平，同样的逻辑也适用于一国的整体经济。当判断经济富裕还是贫穷时，要看人们口袋里有多少钱，这正是国内生产总值的作用。

二、名义国内生产总值和实际国内生产总值

一个社会经济体系生产千千万万种的物品和劳务，它们之所以能加总统计，就是因为都用货币来衡量其价值。例如，每千克香蕉 12 元，每千克柑橘 8 元。这样，各种不同的货物的价值才可以比较并合计。每种最终产品的市场价值就是用各种产品和劳务的单位价格乘以产量获得的。把所有最终产品的市场价值加总起来就是国内生产总值。

由于国内生产总值的核算中有价格乘以产量的关系，因此产量和价格的变动都会使国内生产总值变动。但是人们的物质福利只与所生产的物品和劳务的数量和质量有关系。如果产品和劳务的数量和质量不变，而价格提高一倍，国内生产总值就会增加一倍，但人们的物质福利并未增加。为此，我们有必要把国内生产总值变动中的价格因素抽象出来，只研究产品和劳务的数量变化。这就要区别名义国内生产总值和实际国内生产总值这两个概念。

名义国内生产总值是指用生产物品和劳务当年的价格计算的全部最终产品的市场价值。实际国内生产总值是指用以前某年价格作为基期的价格来计算出来的全部最终产品的市场价值。假设某国最终产品以香蕉和上衣代表。两种物品在 2018 年（现期）和 2008 年（基期）的价格分别如表 28-2 所示，则以 2008 年价格计算的 2018 年实际国内生产总值为 260 万美元。

表 28-2　名义 GDP 和实际 GDP

项目	2008 年的名义 GDP	2018 年的名义 GDP	2018 年的实际 GDP
香蕉	15 万单位×1 美元 =15 万美元	20 万单位×1.5 美元 =30 万美元	20 万单位×1 美元 =20 万美元
上衣	5 万单位×40 美元 =200 万美元	6 万单位×50 美元 =300 万美元	6 万单位×40 美元 =240 万美元
合计	215 万美元	330 万美元	260 万美元

某个时期名义国内生产总值和实际国内生产总值之间的差可以反映出这一时期和基期相比的价格变动程度，因为通过计算名义国内生产总值的比率，可以计算出价格变动的百分比。

在上例中，$\frac{330}{260} \times 100\% = 126.9\%$，说明从 2008 到 2018 年该国的价格水平上涨了 26.9%。

三、国民收入指标体系

国民收入的指标体系中，除了上面说过的国内生产总值（GDP）之外，还包括国民生产总值（GNP）、国内生产净值（NDP）、国民收入（NI）、个人收入（PI）、个人可支配收入（PDI）。它们之间也存在一定的关系，下面分别讨论。

（一）国民生产总值（GNP）

国民生产总值是指一个经济社会在某一给定的时期内由一国拥有的全部生产要素所生产的全部最终产品和劳务的市场价值总和，简称 GNP。国民生产总值和国内生产总值这两个统计指标在统计思想上反映了是按国民原则还是按国土原则进行统计的区分。国民生产总值测量一国居民的收入，是按国民原则进行统计，包括本国公民从国外取得的收入，但不包括外国居民在本国取得的收入。

国民生产总值和国内生产总值的关系如下：

国民生产总值=国内生产总值+本国公民在国外生产的最终产品的价值总和-外国公民在本国生产的最终产品的价值总和

在 1991 年 11 月之前，美国一直是用 GNP 作为对经济总产出的基本衡量指标，后来改用了 GDP。现在大多数国家都采用 GDP 指标，主要原因如下：

第一，一般来说，一个国家的对外开放程度越高，用 GDP 作为衡量指标就越具有科学性。在当今世界，国际贸易在各国经济中越来越重要，许多国家对外贸易的比例在不断增加。因此，大多数国家都采用 GDP。

第二，由于国外要素收入的数据不足，而 GDP 的数据则比较容易获得，于是采用 GDP。

第三，GDP 相对于 GNP 来说是国内就业潜力的更好的衡量指标（本国使用外资的时候解决的是本国的就业问题）。

（二）国内生产净值（NDP）

国内生产净值（Net Domestic Product，NDP）是指一个国家或地区在一定时期内生产的最终产品和劳务按市场价格计算的净值及新增加的产值。NDP 是按市场价格计算的国内生产净值的简称，等于国内生产总值减去所有常住单位的固定资产折旧，即 NDP = GDP－资本折旧（Depreciation）。

（三）国民收入（NI）

这里说的国民收入是狭义的国民收入，是指一个国家在一定时期内用于生产产品和提供劳务的各种生产要素获得报酬和收入的总和。国民收入与国民生产净值的区别是：从理论上来讲，前者是从分配的角度考察的。后者是从生产的角度考察的。从数量上来讲，国民收入等于国民生产净值减去企业间接税加上政府津贴。间接税从形式上看是由企业负担的，实际上间接税附加在成本上，在销售的时候转移了出去。间接税作为产品的价格附加，既不是任何生产要素提供的，也不能为任何生产要素获得，因此计算国民收入时要扣除。政府津贴是国家对产品售价低于生产要素成本价格的企业的补贴，目的是弥补企业的损失来维持这种产品的生产。这种补贴可以看成一种赋税（即倒付的税），属于企业生产要素的收入。因此，计算国民收入要从间接税中扣除政府补贴。

国民收入用公式表示为：

国民收入＝国民生产净值－企业间接税＋政府津贴

（四）个人收入（PI）

个人收入是指一个国家所有个人在一定时期内从各种来源得到的收入的总和。个人收入包括劳动收入、企业主收入、租金收入、利息和股息收入、政府转移支付收入和企业转移支付收入等。个人收入与国民收入的区别在于：国民收入中有一部分不分配给个人，如利润收入中要向政府缴纳公司所得税，公司还要留下一部分利润，另外职工收入中也要有一部分以社会保险费的形式上缴有关机构，这些都不构成个人收入。而个人收入中通过再分配的渠道取得的部分，如人们以各种形式从政府和企业那里得到的转移支付，则不属于国民收入。

个人收入的构成可用公式表示为：

个人收入＝国民收入－（公司未分配利润+公司所得税+公司和个人缴纳的社会保障费）+（政府对个人支付的利息+政府对个人的转移支付+企业对个人的转移支付）

（五）个人可支配收入（DPI）

个人可支配收入是指一个国家所有的个人在一定时期内得到的收入总和中减去个人或家庭纳税部分后实际得到的由个人自由使用的收入。个人收入并不是人们实际得到的、可任意支配的款项，它必须扣除个人所得税后才能归个人自由支配。

个人可支配收入一方面是用于个人消费，包括食品、衣物、居住、交通、文娱和其他杂项方面的支出；另一方面用于个人储蓄，包括个人存款、个人购买债券等。个人可支配收入用公式表示为：

个人可支配收入＝个人收入－个人所得税＝个人消费支出+个人储蓄

四、国内生产总值的核算方法

GDP 核算有三种方法，即支出法、生产法和收入法。三种方法从不同的角度反映国民经济生产活动成果。

（一）用支出法核算 GDP

支出法核算 GDP，就是从产品的使用出发，把一年内购买的各项最终产品的支出加总而计算出的该年内生产的最终产品的市场价值。这种方法又称最终产品法、产品流动法。从支出法来看，国内生产总值包括一个国家（或地区）所有常住单位在一定时期内用于最终消费、资本形成总额以及货物和服务的净出口总额，反映本期生产的国内生产总值的使用及构成。

如果用代表各种最终产品的产量，代表各种最终产品的价格，则使用支出法核算 GDP的公式是：

$$Q_1 P_1 + Q_2 P_2 + \cdots + Q_n P_n = GDP$$

在现实生活中，产品和劳务的最后使用，主要是居民消费、企业投资、政府购买和出口。因此，用支出法核算 GDP，就是核算一个国家或地区在一定时期内居民消费、企业投资、政府购买和净出口这几方面支出的总和。

居民消费（用字母 C 表示）包括购买冰箱、彩电、洗衣机、小汽车等耐用消费品的支出，购买服装、食品等非耐用消费品的支出以及用于医疗保健、旅游、理发等劳务的支出。建造住宅的支出不属于居民消费。

企业投资（用字母 I 表示）是指增加或更新资本资产（包括厂房、机器设备、住宅以及存货）的支出。投资包括固定资产投资和存货投资两大类。固定资产投资指新造厂房、购买新设备、建筑新住宅的投资。为什么住宅建筑属于投资而不属于消费呢？因为住宅像别的固定资产一样是长期使用、慢慢地被消耗的。存货投资是企业掌握的存货（或称成为库存）的增加或减少。如果年初全国企业存货为 2 000 亿美元而年末为 2 200 亿美元，则存货投资为 200 亿美元。存货投资可能是正值，也可能是负值，因为年末存货价值可能大于也可能小于年初存货。企业存货之所以被视为投资，是因为它能产生收入。从国民经济统计的角度看，生产出来但没有卖出去的产品只能作为企业的存货投资处理，这样使从生产角度统计的 GDP 和从支出角度统计的 GDP 相一致。

计入 GDP 中的投资是指总投资，即重置投资与净投资之和，重置投资也就是折旧。

投资和消费的划分不是绝对的，具体的分类则取决于实际统计中的规定。

政府购买（用字母 G 来表示）是指各级政府购买物品和劳务的支出，包括政府购买军火、军队和警察的服务、政府机关办公用品与办公设施、举办诸如道路等公共工程、开办学校等方面的支出。政府支付给政府雇员的工资也属于政府购买。政府购买是一种实质性的支出，表现出商品、劳务与货币的双向运动，直接形成社会需求，成为国内生产总值的组成部分。政府购买只是政府支出的一部分，政府支出的另一部分如政府转移支付、公债利息等都不计入 GDP。政府转移支付是政府不以取得本年生产出来的商品与劳务的作为报偿的支出，包括政府在社会福利、社会保险、失业救济、贫困补助、老年保障、卫生保健、对农业的补贴等方面的支出。政府转移支付是政府通过其职能将收入在不同的社会成员间进行转移和重新分配，将一部分人的收入转移到另一部分人手中，其实质是一种财富的再分配。有政府转移支付发生时，即政府付出这些支出时，并不相应得到什么商品与劳务，政府转移支付是一种货币性支出，整个社会的总收入并没有发生改变。因此，政府转移支付不计入国内生产总值中。

净出口（用字母 X−M 表示，X 表示出口，M 表示进口）是指进出口的差额。进口应从本国总购买中减去，因为进口表示收入流到国外，同时也不是用于购买本国产品的支出；出口则应加进本国总购买量之中，因为出口表示收入从外国流入，是用于购买本国产品的支出。因此，净出口应计入总支出。净出口可能是正值，也可能是负值。

把上述四个项目加起来，就是用支出法计算 GDP 的公式：

$$GDP = C + I + G + (X - M)$$

（二）用收入法核算 GDP

用收入法核算 GDP，就是从收入的角度，把生产要素在生产中所得到的各种收入相加来计算的 GDP，即把劳动所得到的工资、土地所有者得到的地租、资本所得到的利息以及企业家才能得到的利润相加来计算 GDP。这种方法又叫要素支付法、要素成本法。

在没有政府的简单经济中，企业的增加值即其创造的国内生产总值，就等于要素收入加上折旧，但当政府介入后，政府往往征收间接税，这时的 GDP 还应包括间接税和企业转移支付。间接税是对产品销售征收的税，包括货物税、周转税。这种税收名义上是对企业征收，但企业可以将其计入生产成本之中，最终转嫁到消费者身上，因此也应视为成本。同样，企业转移支付（即企业对非营利组织的社会慈善捐款和消费者呆账）也不是生产要素创造的收入，但要通过产品价格转移给消费者，故也应看作成本。

资本折旧也应计入 GDP，因为资本折旧虽不是要素收入，但包括在总投资中。

此外，非公司（企业）主收入也应计入 GDP 中。非公司（企业）主收入是指医生、律师、小店铺主、农民等的收入。他们使用自己的资金，自我雇用，其工资、利息、租金很难像公司的账目那样，分成其自己经营应得的工资、自有资金的利息、自有房子的租金等，其工资、利息、利润、租金常混在一起作为非公司（企业）主收入。

这样，按收入法计算的 GDP 公式就是：

GDP=工资+利息+利润+租金+间接税和企业转移支付+折旧

也可看成：

GDP=生产要素的收入+非生产要素的收入

从理论上讲，用收入法计算出的 GDP 与用支出法计算出的 GDP 在量上是相等的。

【小知识】

美国 2002 年 GDP 的构成及其比重（收入法）

国内生产总值的构成	金额/10 亿美元	百分比/%
1. 工资、薪水和津贴	4 427	57.97
2. 净利息	425	5.57
3. 个人租金收入	146	1.91
4. 企业间接税、调整与统计误差	553	7.24
5. 折旧	830	10.86
6. 非公司业主收入	520	6.81
7. 公司税前利润	736	9.64
国内生产总值	7 637	100.00

资料来源：保罗·萨谬尔森，威廉·诺德豪斯. 经济学 [M]. 16 版. 北京：机械工业出版社，1998.

（三）用生产法核算 GDP

用生产法核算 GDP 是指按提供物质产品与劳务的各个部门的产值来计算国内生产总值。生产法又叫部门法，这种计算方法反映了国内生产总值的来源。

运用这种方法进行计算时，各生产部门要把使用的中间产品的产值扣除，只计算增加的价值。商业等部门按增值法计算，卫生、教育、行政、家庭服务等部门无法计算其增值，就按工资收入来计算其服务的价值。

按生产法核算国内生产总值，可以分为下列部门：农、林、渔业，矿业，建筑业，制造业，运输业，邮电和公用事业，电、煤气、自来水业，批发、零售商业，金融、保险、不动产业，服务业，政府服务和政府企业。把以上部门生产的国内生产总值加总，再与国外要素净收入相加，考虑统计误差项，就可以得到用生产法计算的 GDP 了。

从理论上说按上述三种方法核算出来的 GDP，应该是完全相等的。但在国民经济核算的实践中，由于受资料来源、统计口径等因素的限制，三种方法的计算结果往往不相等。特别是支出法得出的 GDP 数值与生产法、收入法的核算结果之间经常存在一定的出入。在我国国民经济核算实践中，生产法和收入法计算的 GDP 数值相等。这是因为生产法和收入法都是对各个产业部门增加值的计算。支出法核算的 GDP 则与前两者存在一定的统计误差。

在实际统计中，一般以国民经济核算体系的支出法为基本方法，即以支出法计算出的国内生产总值为标准。

一个国家片面追逐 GDP 的快速增长，在经济总量快速增长的同时会带来一系列的负面效应。例如，高失业率、通货膨胀加剧、环境污染、居民安全感及幸福指数下降。国民经济增长在追求"更快、更高、更强"的同时，忽视了货币政策和财政政策的同步，使人民存在银行里的存款大幅缩水，这是通货膨胀导致的结果。近几年房价持续上涨及医疗费、学费猛涨直接降低了人民的幸福指数。

这一切都说明，GDP 指数高不是灵丹妙药，不是"神仙一把抓"，并非可以衡量一切，有很多方面 GDP 不仅无能为力，而且还可能适得其反。GDP 的这些不足之处，早些年就引起了舆论的广泛关注，国人并非没有理解，但为什么人们直到现今一提 GDP 就兴奋，对 GDP 顶礼膜拜呢？

一些人士指出，GDP 崇拜的原因乃是其被人为地抬到了太高的政治高度，有的官员几乎把 GDP 看成执政合法性的象征。于是，GDP 从政策上、体制上、文化上，获得了全面支持。任何其他指标，如教育、文化、卫生、环保、拆迁居民安置等，统统要为 GDP 让路。对官员的考核，别的指标都是软约束，GDP 却是硬家伙！

从现在开始，我们一方面要认识到 GDP 的重要性，另一方面也要看淡 GDP，看淡指标，加紧"内功"的修炼，增强冲击抵抗力，在波涛汹涌、变幻莫测的世界竞争中，真正实现国富民强。

任务二十九 熟悉国民经济的流转过程

【学习目标】

1. 熟悉两部门、三部门、四部门经济中的主体和运转条件。
2. 掌握两部门、三部门、四部门经济中的收入流程模型与恒等式。

任务描述

国民经济如何正常运行？

2002 年国家经贸委的调查数据显示，当年我国 86% 的商品供过于求，企业找不到赚钱的投资项目。而当时有 11 万亿元银行储蓄，这说明了家庭挣来的钱没花出去，直接导致了企业大量的商品没有卖出去，这样经济的正常循环就出现了问题。为了保证经济的正常循环国家想了很多的办法刺激消费和投资，如扩大财政支出、调整货币政策、加大出口等。

思考：

一个国家的经济怎样才能平稳地正常运转呢？宏观经济怎样才能达到平衡？

笔记：

_____

_____

任务精讲

一、两部门经济中的收入流程模型与恒等式

凯恩斯假设，一国的宏观经济中有两个部门，即只有家庭（居民户）和企业（厂商）两个部门。家庭出卖劳动，到企业去做工，挣来钱去购买企业生产产品；企业生产的产品，把产品卖出去，收回钱来继续生产。一国的宏观经济要想平衡，其条件是家庭挣的钱全部花了，企业生产的产品全部卖了，这样宏观经济就能正常运行了。但是现实问题是家庭挣的钱没有都花出去，企业生产的产品也没有全部卖出去。那么宏观经济还能正常运转吗？

现实经济中没有一个家庭会把挣来的钱都花出去，其一般是将一部分钱花出去，将一部分钱存起来。同时，企业也不可能一直都是简单再生产，企业想扩大再生产，就需要投资。家庭不花的钱存进银行，便有了储蓄。企业加大投资时向银行贷款，有了投资。于是，宏观经济中出现了投资和储蓄，只要企业的投资和家庭的储蓄相等，宏观经济也能正常运转。因此，宏观经济平衡最重要的条件是储蓄等于投资。在两部门经济中，总需求分为居民的消费需求和企业的投资需求，消费需求和投资需求可以分别用消费支出和投资支出来代表，所以有：

$$总需求 = 消费 + 投资$$

如果以 AD 代表总需求，C 代表消费，I 代表投资需求，上式可以写成：

$$AD = C + I$$

【注意】

这里所说的两部门是指一个假设的经济社会，其中只有家庭（消费者）和企业（即厂商），因而不存在企业间接税，在两部门经济中，没有税收、政府支出以及进出口贸易。

总供给是全部产品和劳务供给的总和，产品和劳务是由各种生产要素生产出来的，因此总供给是各种生产要素供给的总和，即劳动、资本、土地和企业家才能供给的总和。生产要素供给的总和可以用各种生产要素得到的相应的收入的总和来表示，即用工资、地租、利息、利润的总和来表示。工资、地租、利息、利润是消费者得到的收入，这些收入分为消费和储蓄两部分。

$$总供给 = 消费 + 储蓄$$

如果以 AS 代表总需求，C 代表消费，S 代表投资需求，上式可以写成：

$$AS = C + S$$

总需求和总供给的恒等式就是：

$$AD = AS$$

即 $C+I=C+S$，于是有 $I=S$，即消费等于投资。这也是宏观经济学中最基本的恒等式。两部门经济循环模型如图 29-1 所示。

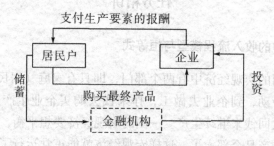

图 29-1 两部门经济循环模型

【注意】

①上述的投资恒等式是国民收入恒等式的简化形式，二者是属于定义性的恒等式，都是根据国民收入以及投资与储蓄的定义得出的。在两部门的情况下，国内生产总值等于消费加投资，国民收入等于消费加储蓄，而国内生产总值又等于国民收入，所以有了投资-储蓄恒等式。

②这种恒等关系就是两部门经济的总供给（$C+S$）和总需求（$C+I$）的恒等关系。只要遵循储蓄和投资的这些定义，储蓄和投资一定相等，而不管经济是否充分就业或通货膨胀，即是否均衡。

③需要说明的是，这里讲的储蓄等于投资，是对整个经济而言的，至于某个人、某个企业或某个部门，则完全可以通过借款或贷款，使投资大于或等于储蓄。

按照凯恩斯的理论，如果要让两个部门的经济运转起来，储蓄一定要等于投资，但我们国家现实的情况是一般储蓄大于投资，很多人喜欢把钱存起来，他们要存钱给孩子交学费、看病和养老等，这些导致我国的储蓄率一直居高不下。如果大家减少消费，商家积压在仓库的东西就卖不出去，这样经济就会偏离正常运行的轨道，经济就会出问题。因此，政府一直都在努力扩大内需，希望大家把储蓄的钱拿出来消费，只有大家花钱，经济才有希望实现增长。

为什么要储蓄等于投资的时候经济才会平稳呢？这是因为当储蓄大于投资时，通货就在紧缩，因为东西卖不出去，这样企业只能降价卖，甚至赔本卖；当投资大于储蓄时，大家都想赚钱，这时需求多了，东西少了，企业就会提价卖商品，于是就会出现通货膨胀。因此，两部门经济平衡的条件是储蓄一定要等于投资。

二、三部门经济中的收入流程模型

在社会经济生活中，政府是一个不可缺少的经济主体，政府一方面向厂商与家庭征税，构成政府的税收收入，另一方面购买厂商生产的商品与家庭的生产要素，构成政府支出。政府支出分为对产品的购买与转移支付两部分。政府购买是指政府为了满足政府活动的需要而进行的对产品的购买，转移支付是政府不以换取产品为目的的支出，如各种补助金、救济金等。个人有了收入要缴纳个人所得税，企业要缴纳企业所得税，还有增值税等；政府有了收入后就要支付出去。这样整个宏观经济才能运转。如果政府的财政收入和财政支出不相等的话，就会出现财政赤字，或者出现财政盈余。

【小知识】

政府的转移支付

政府的转移支付大都具有福利支出的性质，如社会保险福利津贴、抚恤金、养老金、失业补助、救济金以及各种补助费等，农产品价格补贴也是政府的转移支付。由于政府的转移支付实际上是把国家的财政收入还给个人，因此有的西方经济学家称之为负税收。

三部门经济流程模型如图29-2所示。

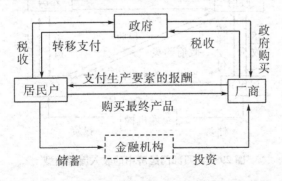

图 29-2　三部门经济流程模型

在模型中，社会总需求项目下又增加了一个政府需求，即政府购买，用 G 表示，于是有：

$$总需求=消费+投资+政府支出，即$$

$$AD=C+I+G$$

从总供给来看，除了居民供给的各种生产要素之外，还有政府的供给，政府供给是指政府为整个社会提供的国防、立法和基础设施等"公共物品"。政府要提供这些"公共物品"就必须有相应的收入，也就是税收。因此，在价值上可以用政府税收来代表政府的供给。社会总供给项目下增加了一个政府税收，用 T 来表示。

$$总供给=消费+储蓄+税收$$

$$AS=C+S+T$$

在社会总供求均衡时，有 $I+G=S+T$。移项后 $I-S=T-G$，$T-G$ 是政府收支差额，差额为正表示财政盈余，差额为负表示财政赤字。上式可以写为 $I=S+(T-G)$。此时，如果私人储蓄不能满足私人投资的要求，则可以用公共储蓄弥补。

三、四部门经济中的收入流程模型

现代社会经济都是开放经济。随着经济全球化进程的不断发展，对外经济关系在各国经济中处于越来越重要的地位。因此，我们把宏观经济置于世界市场中考察。四部门国民经济是由企业、居民、政府和国外部门这四种经济单位组成的经济社会。在这种经济系统中，国外部门作为供给者向国内三部门提供产品，就是进口；国外部门作为需求者购买国内产品，就是出口。当国外部门加入进来时，宏观经济平衡的条件是进口等于出口。

如果一国的出口大于进口，就会出现贸易顺差；如果一国的进口大于出口，就会出现贸易逆差。无论是贸易顺差还是贸易逆差，都是宏观经济不平衡的表现。

四部门经济中的收入流程模型如图29-3所示。

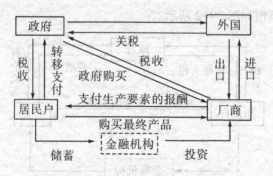

图29-3 四部门经济中的收入流程模型

图29-3表明了四部门经济的循环流程，即居民户、企业、政府和国外之间的经济联系。这时总需求不仅包括居民的消费需求、企业的投资需求与政府的购买需求，而且还包

括国外的需求。国外的需求对国内来说就是出口，于是用出口来代表国外需求。因此：

$$总需求=消费+投资+政府支出+出口$$

如果用 X 代表出口，则上式可以写为：

$$AD = C + I + G + X$$

四部门经济的总供给中，除了居民供给的各种生产要素和政府的供给外，还有国外的供给，国外的供给对国内来说就是进口。这样有：

$$总供给=消费+储蓄+政府税收+进口$$

如果以 M 代表进口，则上式可以写为：

$$AS = C + S + T + M$$

在社会总需求和总供给实现均衡时有：

$$C + I + G + X = C + S + T + M$$

移项后，可变为：

$$I + G + X = S + T + M$$

在国民收入核算中，这种恒等式是一种事后的恒等关系，即在一年的生产与消费之后，从国民收入核算表中反映出来的恒等关系，但在一年的生产活动中，总需求和总供给并不总是相等的，有时总需求大于总供给，有时总需求小于总供给。在接下来的国民收入决定理论中，我们将详细分析总需求与总供给之间的这种关系。

总结起来，两部门、三部门和四部门经济中的收入流程模型与恒等式如表 29-1 所示。

表 29-1　国民经济流程模型及其恒等式

类型	含义	储蓄-投资恒等式
两部门经济	消费者（居民）和厂商	$I = S$
三部门经济	消费者（居民）、厂商、政府部门	$I = S + (T-G)$ 表示了整个社会的储蓄（私人储蓄和政府储蓄之和）和整个社会的投资的恒等关系
四部门经济	消费者（居民）、厂商、政府部门和国外部门	$I = S + (T-G) + (M-X)$ 其中，$(M-X)$ 可以代表外国在本国的储蓄

技能训练

一、单项选择题

1. 下列哪一项不列入国内生产总值的核算？（　　　）

A. 出口到国外的一批货物

    B. 经纪人为一座旧房买卖收取的一笔佣金

    C. 政府给贫困家庭发放的一笔救济金

    D. 保险公司收到一笔家庭财产保险

2. 在下列情况中，应该计入当年国民生产总值的是（　　　）。

    A. 去年生产而在今年销售出去的计算机

    B. 当年生产的计算机

    C. 张山去年购买而在今年转让给他人的计算机

    D. 某计算机厂商当年计划生产的计算机

3. 下列产品中能计入当年 GDP 的有（　　　）。

    A. 纺纱厂购入的棉花

    B. 某人花 10 万元买了一幢旧房

    C. 家务劳动

    D. 某企业当年生产没有卖掉的 20 万元产品

4. 在三部门模型中，居民储蓄 =（　　　）。

    A. 净投资   B. 总投资

    C. 总投资−政府开支+折旧   D. 净投资−政府储蓄

二、简答题

1. 试述名义 GDP 和实际 GDP 的区别，为什么估计一个国家的经济增长状况通常使用实际 GDP？

2. 国内生产总值与国民生产总值有何区别？

3. 乘数理论的适用条件有哪些？

三、单项实训

单项实训项目：资料分析——收集近五年来世界主要国家的 GDP 数据资料。

实训要求如下：

（1）此次实训项目以个人形式完成。

（2）记录资料的来源。

（3）形成书面的分析报告，数据应包括世界主要的经济实体，报告分析世界主要国家 GDP 的变动趋势，并进一步探析其结构及变化原因。

【思政园地】

绿色 GDP

绿色 GDP 是综合环境经济核算体系中的核心指标，在现在的 GDP 基础上融入资源和环境的因素。具体而言，绿色 GDP 是从 GDP 中扣除由环境污染、自然资源退化、教育低下、人口数量失控、管理不善等因素引起的经济损失成本。

人类的经济活动包括两方面的活动。一方面在为社会创造着财富，即所谓"正面效应"，但另一方面又在以种种形式和手段对社会生产力的发展起着阻碍作用，即所谓"负面效应"。这种负面效应集中表现在两个方面，其一是无休止地向生态环境索取资源，使生态资源从绝对量上逐年减少；其二是人类通过各种生产活动向生态环境排泄废弃物或砍伐资源使生态环境从质量上日益恶化。现行的国民经济核算制度只反映了经济活动的正面效应，而没有反映负面效应的影响，因此是不完整的，是有局限性的，是不符合可持续发展战略的。

改革现行的国民经济核算体系，对环境资源进行核算，从现行 GDP 中扣除环境资源成本和对环境资源的保护服务费用，其计算结果可称之为"绿色 GDP"。

计算可持续收入（绿色 GDP）的公式为：

可持续收入（绿色 GDP）＝传统 GDP－（生产过程资源耗竭全部＋生产过程环境污染全部＋资源恢复过程资源耗竭全部＋资源恢复过程环境污染全部＋污染治理过程资源耗竭全部＋污染治理过程环境污染全部＋最终使用资源耗竭全部＋最终使用环境污染全部）＋（资源恢复部门新创造价值全部＋环境保护部门新创造价值全部）

绿色 GDP 这个指标，实质上代表了国民经济增长的净正效应。绿色 GDP 占 GDP 的比重越高，表明国民经济增长的正面效应越高，负面效应越低，经济增长与自然环境和谐度越高，反之亦然。实施绿色 GDP 核算，将经济增长导致的环境污染损失和资源耗减价值从 GDP 中扣除，是统筹"人与自然和谐发展"的直接体现，对"统筹区域发展""统筹国内发展和对外开放"是有力的推动。同时，绿色 GDP 核算有利于真实衡量和评价经济增长活动的现实效果，克服片面追求经济增长速度的倾向和促进经济增长方式的转变，从根本上改变 GDP 唯上的政绩观，增强公众的环境资源保护意识。

从 20 世纪 70 年代开始，联合国和世界银行等国际组织在绿色 GDP 的研究和推广方面做了大量工作。2004 年以来，我国也在积极开展绿色 GDP 核算的研究。2004 年，国家统计局、国家环保总局正式联合开展了中国环境与经济核算绿色 GDP 研究工作。中科院可持续发展战略首席科学家、可持续发展战略研究组组长牛文元教授指出，从政府层面上，我国国民经济核算的理论与实践大致经历了 4 个阶段：1951—1981 年实行的是物质产品平衡表体系；1982—1991 年为计划经济向市场经济转型阶段；1992—1995 年正式启用市场经济核算体系；1995 年至今，初步进入"绿色 GDP"阶段。在现阶段，国家制定的能源价格、资源价格、环境价格、生态补偿规则、企业成本核算、绿色税费额度、世贸绿色仲裁等，都要以绿色会计制度为依据。在学者专家的努力下，我国已开始启动"绿色核算"的准备工作。

人类发展指数（HDI）

1990 年，联合国开发计划署（United Nations Development Programme，UNDP）创立了人类发展指数（HDI），即以"预期寿命、教育水平和生活质量"三项基础变量，按照一定的计算方法，得出的综合指标，并在当年的《人类发展报告》中发布。1990 年以来，人类发展指标已在指导发展中国家制定相应发展战略方面发挥了极其重要的作用。之后，联合国开发计划署每年都发布世界各国的人类发展指数，并在《人类发展报告》中使用它来衡量各个国家人类发展水平。

根据近数十年的数据，挪威和澳大利亚一直稳居人类发展指数最高的两个位置（20世纪 90 年代中期以前澳大利亚长期领先，此后挪威长期领先），第三位及以下的排名经常变化，但北欧国家、德国、加拿大、新西兰、美国、瑞士、荷兰、韩国、新加坡都是近年来排名大致长期属于前列的国家。2016 年 12 月 1 日，联合国开发计划署在北京发布《2016 年中国城市可持续发展报告：衡量生态投入与人类发展》报告，报告指出，广州以人类发展指数 0.869 排名中国内地城市第一，北京、南京、沈阳、深圳、上海居 2 至 6 位。

人类发展指数由三个指标构成：预期寿命、成人识字率和人均 GDP 的对数。这三个指标分别反映了人的长寿水平、知识水平和生活水平。人类发展指数从动态上对人类发展状况进行了反映，揭示了一个国家的优先发展项，为世界各国尤其是发展中国家制定发展政策提供了一定依据，从而有助于挖掘一国经济发展的潜力。通过分解人类发展指数，可以发现社会发展中的薄弱环节，为经济与社会发展提供预警。

（资料来源：百度百科）

项目十　认识失业与通货膨胀

【学习目标】

思政目标

1. 分析后疫情时代的就业环境，结合我国政府的"稳增长、保就业、惠民生"政策，领会就业是民生之本，是以人民为中心执政理念的主要体现。

2. 正确认识当前的就业形势，引导学生提高自我核心竞争力，并转变观念，树立现代择业观、就业观和创业观。

3. 从杜甫诗句"岂闻一绢直万钱，有田种谷今流血"，到委内瑞拉极高的通胀率和斯里兰卡国家破产，增强"此生无悔入华夏"的民族自豪感。

4. 面对全球通胀大变局的挑战和机遇，激励学生为实现中华民族伟大复兴的宏伟目标而奋斗。

知识目标

1. 了解失业和通货膨胀的定义。

2. 熟悉失业的种类及其影响，失业率的计算。

能力目标

1. 能判断失业类型并作出应对。

2. 能知晓通货膨胀的应对措施。

【案例导入】

20 世纪 80 年代阿根廷的恶性通货膨胀

20 世纪 80 年代，阿根廷年均通货膨胀率达到 450%，1989 年 1~12 月其通货膨胀率更飙升至 20 000%。在这种情况下，经济活动的主要目的只是避免通货膨胀吞噬一切。一位阿根廷商人约格这样描述："通货膨胀使你终日战战兢兢。我们公司所在的产业只能给你 4~5 天的赊账时间。人们不再关心生产力乃至技术，保护你的流动资产比包括技术在内的长期目标更重要，尽管你希望两者兼顾。这是通货膨胀不可避免的恶果，即货币疾病，你的钱分崩离析。当通货膨胀率每天超过 1% 时，你别无选择。你放弃计划，只要可以支撑到周末就会感到满足。然后我就会待在公寓里阅读有关古代板球比赛的书籍。人均而言，目前我们比 1975 年贫穷 25%。真正的受害者是你看不见的穷人、老人和年轻人。他们被赶出大型火车站……那些人是阿根廷生活中的弃儿，像大海的浪花。"阿根廷的高通货膨胀终于出现了一个充满希望的转机。1989 年，刚刚当选总统的梅内姆宣布了反通货膨胀计划。此外，该计划还支持许多以市场为导向的经济改革。梅内姆在 1991 年年初任命由哈佛大学培养的经济学家卡瓦洛为经济大臣。到 20 世纪 90 年代中期，通货膨胀率已降为每年 30%左右。

失业与通货膨胀理论成了现代西方宏观经济学的重要组成部分。

任务三十　熟悉失业理论

【学习目标】

1. 熟悉失业理论。
2. 熟悉失业的种类及其影响、失业率的计算、失业的治理方法。

任务描述

中国正面临世界上最大的就业问题

美国经济学家奥肯发现，在 3%的 GDP 增长率水平上，GDP 增长速度每提高 2 个百分点，失业率便下降 1 个百分点；反之，GDP 每下降 1 个百分点，失业率便上升 1 个百分点。奥肯定律被发达国家的经验证明是正确的，也就成为调控宏观经济、解决失业问题的主要依据。

但是，统计分析显示，20 世纪 80 年代，我国 GDP 每增长 1 个百分点可拉动就业增长 0.32 个百分点，"九五"期间就业增长速度不足"六五"期间就业增长速度的 1/3。为什么我国在 1997 年以后进入稳定增长的阶段，劳动力市场却失衡加剧，失业率逐年增加，就业问题越来越突出呢？

思考：

我国目前失业率居高不下的原因是什么？

笔记：

___

___

___

任务精讲

一、失业理论

【小案例】

职业人因此而恐慌——失业现象

21世纪的纽约街头，一个因失业而没办法养活全家的中年人徘徊在街头，每天都在马路上东跑西蹿，希望能找到一份工作。一天，当他经过一处中产阶级的别墅时，他看见有很多政府人员上门收缴该户人家因为失业未支付别墅的分期付款而抵押给政府的资产。该户人家只能黯然搬出自己的别墅，去社会环境极度不安定、生活条件极差的贫民窟生活。

该中年人见到此景，感到深深的悲哀。他慢慢地离开了别墅区，决定从明天开始要加倍努力寻找工作，然后赚取钱财来维持现有生活。

（一）传统经济学的失业理论

传统经济学认为，在完全竞争条件下，如果工资可以按照劳动力供求变化而自由涨落，那么通过市场机制的调节，可以使一切可供使用的劳动力资源都被用于生产，实现充分就业。也就是说，工人只要按照现行工资率受雇于雇主，都会有工作做，不会存在非自愿性的真正失业。

（二）现代失业理论：凯恩斯的失业理论

凯恩斯学派的失业理论主要体现在凯恩斯的失业理论中，凯恩斯的失业理论的基础是有效需求原理。

有效需求是指商品的总供给价格和总需求价格达到均衡的社会总需求。在凯恩斯看来，仅仅靠市场发动的力量，不能达到供给与需求的均衡状态，从而不能形成足以消除非自愿失业和实现充分就业的有效需求。凯恩斯认为，非自愿性失业存在的根本原因在于有效需求不足，而有效需求不足主要与三个基本心理规律，即边际消费倾向递减规律、资本边际效率递减规律和灵活偏好规律有关。

综上所述，凯恩斯认为，资本主义社会存在的上述三大基本心理规律，导致了投资需求与消费需求的不足，因此在资本主义社会，有效需求是不足的，失业的存在便是必然的。

有效需求不足是失业产生的根源，因此凯恩斯认为，只要国家积极干预经济，设法刺激"有效需求"，就可能消除失业，实现充分就业。凯恩斯提出的主要措施有：第一，刺激私人投资，为个人消费的扩大创造条件。第二，促进国家投资。凯恩斯主张国家调节利息率和实行"可控制的通货膨胀"以刺激私人投资，增加流通中的货币量以促进生产的扩大和商品供给的增加。凯恩斯还强调扩大军事开支对增加国家投资、减少失业所起的积极作用。

（三）货币学派的失业理论

货币学派的失业理论可以简单归结为"自然失业率"假说。弗里德曼说的"自然失业率"是指在没有货币因素干扰的情况下劳工市场和商品市场自发供求力量发挥作用时应有的出于均衡状态的失业率。也就是在任何情况下都存在着与实际工资率结构相适应的某种均衡失业水平，这种均衡失业水平就是"自然失业率"。弗里德曼认为，"自然失业率"在现代社会普遍存在，但是并不是一个固定的量。

（四）发展经济学派的失业理论

发展经济学派是指研究和解决发展中国家经济问题与经济发展的经济学流派，其代表人物是刘易斯、费景汉和拉尼斯以及托达罗等。刘易斯等人主要探讨了二元结构发展模式下的失业问题。所谓二元结构，是指发展中国家的经济由两个不同的经济部门组成：第一，传统农业部门；第二，现代工业部门。发展经济学派认为，传统农业部门的劳动生产率很低，边际劳动生产率为零甚至为负数，这里有大量的非公开性失业，而现代工业部门的劳动生产率相对较高，但是就业人数少，其相对较高的工资水平可以吸引传统农业部门劳动力的转移。发展经济学派强调在现代工业部门资本累积的重要性，认为加快现代工业部门的资本累积，可以增强其吸纳传统农业部门劳动力的能力，最终达到解决二元结构失业的问题。

二、失业及其类型

（一）失业的定义及衡量

失业这一概念是指有劳动能力并且想工作的人找不到工作的情况，即劳动的完全闲置状态。没有劳动能力的人不存在失业问题。有劳动能力的人虽然没有职业，但自身也不想就业的人，不称为失业者。对失业的规定，在不同的国家往往有所不同。在美国，失业者是指那些失去工作，而且属于以下三种情况之一者：第一，寻找工作达四周的人；第二，暂时被解雇正在等待恢复工作的人；第三，正等待在四周之内到新工作岗位报到的人。

1. 劳动力

劳动力是指年龄在 16 周岁以上的正在工作与不在工作但正在寻找工作或被暂时辞退并等待重返工作岗位的人（不包括正在上学、退休、因病而无法工作或由于各种原因不愿寻找工作的成年人）。

2. 就业者

就业者是指那些从事有报酬工作的人，包括那些有工作但由于生病、罢工或休假而暂时不在工作岗位的人，也包括没有报酬的家庭成员在家庭企业等工作。

2. 失业者

失业者是指在一定的年龄范围内（如 16~65 岁），有工作能力，愿意工作并积极寻找工作而未能按当时通行的实际工资水平找到工作的人。

$$失业率=失业者人数÷劳动力总数×100\%$$
$$=失业者人数÷(失业者人数+就业者人数)×100\%$$

（二）失业的种类

一般来说，失业按其形成的原因大体可以分为以下几种类型：

1. 自愿性失业

自愿性失业是指劳动者不愿意接受现行货币工资和现行工作条件而引起的失业。这种失业是由于劳动人口主观不愿意就业而造成的，因此称为自愿性失业。自愿性失业无法通过经济手段和政策来消除，因此不是经济学研究的范围。

2. 摩擦性失业

摩擦性失业是指劳动者正常流动过程中产生的失业。摩擦性失业是一种求职性的失业，仅仅是因为劳动市场的信息不完备性，厂商找到需要的雇员和失业者找到合适的工作都需要花费一定的时间。摩擦性失业是一种短期失业。

3. 周期性失业

周期性失业是指经济周期中的衰退或萧条时，因社会总需求下降而造成的失业。当经济发展处于一个周期中的衰退期时，社会总需求不足，因而厂商的生产规模也缩小，从而导致较为普遍的失业现象。周期性失业对于不同行业的影响是不同的，一般来说，需求的收入弹性越大的行业，周期性失业的影响越严重。

也就是说，人们收入下降，产品需求大幅度下降的行业，周期性失业情况比较严重。通常用紧缩性缺口来说明这种失业产生的原因。紧缩性缺口是指实际总需求小于充分就业的总需求时，实际总需求与充分就业总需求之间的差额，图30-1说明了紧缩性缺口与周期性失业之间的关系。

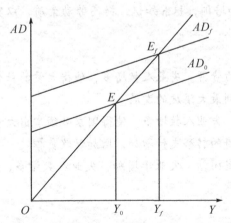

图30-1 紧缩性缺口

4. 非自愿失业或需求不足失业

非自愿失业的概念是凯恩斯提出来的。非自愿失业是指劳动者愿意接受现行货币工资率与现行的工作条件但仍然找不到工作。这主要是因为一个社会的有效需求太低，不能为每一个想工作的人提供就业机会，即想就业的人数超过了以现行工资率为基础的职位空缺，由此而产生的失业便为非自愿失业或需求不足失业。非自愿失业或需求不足失业包括两种类型：一是经济循环失业，即经济周期运行在衰退与萧条阶段因为社会总需求不足而引起的失业；二是增长不足型失业，即因为需求的增长速度慢于劳动的增长速度和劳动生产率的提高速度而产生的失业。

5. 结构性失业

结构性失业是指劳动力的供给和需求结构不一致而造成的失业，其特点是既有失业，也有职位空缺，失业者或者没有合适的技能，或者居住地点不当，因此无法填补现有的职位空缺。结构性失业是一种长期性的失业，一般是由于经济结构的变化与劳动力在职业、技能、产业、地区分布等方面不协调造成的失业。

【小知识】

失业的好处与坏处

失业的好处如下：

第一，有利于提高劳动生产率。失业率增加也就意味着失业人数增多，在一定的社会条件下，做相同工作量的工作人数减少，工作量大，从而迫使劳动生产率提高。

第二，就业者的压力增大。失业率增加使工作岗位的供不应求的关系进一步加剧，使工作岗位的竞争压力增大，从而加大就业者的压力。

第三，促进就业者素质的整体提高。失业率增加，失业人数增多，使得更多失业者进入"蓄水池"，不断地参加培训，积累知识，提高劳动素质，以实现再就业，从而使就业者的劳动素质整体提高。

失业的坏处如下：

第一，浪费大量的人力资源。失业人数增多，使得大量的社会人力资源不能够得到充分利用，不能够使社会得到最大限度的发展。

第二，财政负担增加。失业人数增多，使得国家必须拿出大量的钱用来保障失业者的最低生活水平，从而使政府的转移支付增加，增加财政负担。

第三，影响社会的安定团结。失业率增加，失业人数增多，使得社会无业游民增多，从而影响社会的安定团结。

（三）充分就业

充分就业是一个有多重含义的经济术语。充分就业的概念是英国经济学家凯恩斯在《就业、利息和货币通论》一书中提出的，是指在某一工资水平之下，所有愿意接受工作的人，都获得了就业机会。充分就业并不等于全部就业，而是仍然存在一定的失业。所有的失业均属于摩擦性失业和结构性失业，而且失业的间隔期很短。通常把失业率等于自然失业率时的就业水平称为充分就业。

三、失业的影响

失业会产生诸多影响，一般可以将其分成两种：社会影响和经济影响。

（一）失业的社会影响

失业的社会影响虽然难以估计和衡量，但失业最易为人们所感受到。失业威胁着作为社会单位和经济单位的家庭的稳定。没有收入或收入遭受损失，户主就不能起到应有的作用。家庭的要求和需要得不到满足，家庭关系将因此而受到损害。西方有关的心理学研究表明，解雇造成的创伤不亚于亲友的去世或学业上的失败。此外，家庭之外的人际关系也受到失业的严重影响。一个失业者在就业的人员当中失去了自尊和影响力，面临着被同事拒绝的可能性，并且可能要失去自尊和自信。最终，失业者在情感上受到严重打击。

（二）失业的经济影响

失业的经济影响可以用机会成本的概念来理解。当失业率上升时，经济中本可由失业工人生产出来的产品和劳务就损失了。衰退期间的损失，就好像是将众多的汽车、房屋、衣物和其他物品都销毁掉了。从产出核算的角度看，失业者的收入总损失等于生产的损失，因此丧失的产量是计量周期性失业损失的主要尺度，因为其表明经济处于非充分就业状态。

四、失业的治理

因为失业既是一个经济问题，又是一个社会问题，所以即便是发达国家，其政府也非常重视失业问题的治理。由于失业对经济社会发展的巨大影响，可以说失业的影响要比通货膨胀的影响严重许多，如果治理不善，其结果将直接影响国家大局的稳定，影响宏观经济的正常运行，因此各国政府都高度重视对失业问题的治理。

（一）摩擦性失业的治理

摩擦性失业经常被看成一种自愿失业，其原因就在于这种失业局面的出现往往和求职者的不同要求有关，另外也和雇佣信息不畅有关，因此对摩擦性失业的治理应该从以下两个方面入手：

其一，对于劳动者来说，劳动者要对自身的情况有很清楚的了解，要清楚自己在社会上的处境和能够胜任的大致工作目标与就业方向。劳动者只有对自身有清楚的了解，才能减少寻找工作需要的时间，同时也会相应减少变动工作岗位的频率。

其二，对于社会而言，社会应该设立较规范的职业介绍机构，定期发布劳动力需求信息，即要以尽可能多的传播途径传播就业的有关信息，以达到减少摩擦性失业的目的。

（二）结构性失业的治理

大多数国家在经济增长的过程中都会出现经济结构的变化，而经济结构的变化必然会引起结构性失业。政府要接受伴随经济增长的经济结构的变化，制定与其相适应的政策以解决失业问题。主要措施包括：加强基础教育和职业教育，促进高等教育；对青年及成年劳动力进行工作经验训练；对失业者给予训练和再训练；等等。同时政府应鼓励劳动密集型产业的发展，支持中小企业发展。其目的是按照经济发展对劳动力提出的新要求来调节和改善劳动力供给，进而达到减少失业的目的。

（三）周期性失业的治理

周期性失业是指总需求相对不足而减少劳动力派生需求导致的失业，或者说，经济周期中的衰退或萧条阶段因需求下降而造成的失业。周期性失业是由于"有效需求"不足引起的，也就是说周期性失业是由劳动力市场以外的原因造成的，因此对周期性失业的治理不能靠劳动力市场来解决。对于周期性失业，国家应该积极干预经济，如增加政府支出、减少政府税收、增加货币供给等方法，刺激总需求的增长，从而达到增加生产、提高就业水平的目的。

任务三十一　熟悉通货膨胀理论

【学习目标】

1. 了解短期和长期的菲利普斯曲线。
2. 掌握通货膨胀的概念及原因。

任务描述

2016年1月，全国居民消费价格总水平同比上涨1.8%。其中，城市上涨1.8%，农村上涨1.5%；食品价格上涨4.1%，非食品价格上涨1.2%；消费品价格上涨1.5%，服务价格上涨2.2%。2016年1月，全国居民消费价格总水平环比上涨0.5%。其中，城市上涨0.5%，农村上涨0.5%；食品价格上涨2.0%，非食品价格上涨0.2%；消费品价格上涨0.6%，服务价格上涨0.4%。近年来持续上涨的房地产售价正逐渐向租赁价格传递。2016年第一季度，中国普通住宅租赁价格较2015年同期上涨10%，达到近年来的最高涨幅，由于房地产销售价格不直接计入消费价格，但租赁价格计入消费价格，租赁价格的上涨将会对消费价格产生一定的推动作用。价格预期的因素也将促使居民消费价格维持上涨态势。根据中国人民银行调查显示，44.3%的受访者认为中国物价会继续上行，较上一年同期提高15.6个百分点。国内外理论和实践经验表明，在居民和企业对价格上涨预期心理未消除的情况下，价格上涨势头极可能再持续一段时间。

思考：

从物价上涨的因素来看，资料所指的通货膨胀是何种类型？为什么？

笔记：

_____

_____

_____

任务精讲

一、通货膨胀的概述

（一）通货膨胀的含义

通货膨胀通常被人们认为是由于纸币的发行量超过商品流通中所需要的货币量而引起的货币贬值、物价上涨的现象。这里所指的物价上涨是指总体物价水平的上涨，是全方位的，而不是某一种或某几种商品的物价上涨，并且这种上涨是持续的。通货膨胀的实质是社会总需求大于社会总供给。

（二）通货膨胀的成因

通货膨胀的成因错综复杂，这些成因又会随着经济的变化发展而不断变化，多种成因又会错综复杂地交织在一起。

第一，纸币供应量超过流通中实际所需货币量是造成通货膨胀的直接原因。纸币是一种纯粹的货币符号，没有价值，只是代替金属货币执行流通手段的职能。纸币的发行量应以流通中需要的金属货币量为限度，如果纸币的发行量超过了流通中需要的金属货币量，纸币就会贬值，物价就要上涨。在 2008 年经济危机中，我国经济仍在稳定的增长，但是要保证这种增长，应对流通领域的需要，国家要增加纸币的发行量，以至于一定程度上纸币的发行量超过了经济所需量，从而导致了货币的贬值。

第二，目前的通货膨胀预期强烈，通货膨胀预期又推动物价水平的上涨，消费者价格指数（CPI）涨幅与居民实际感受存在一定偏差。居民对市场信息掌握不全面，对商品价格进一步上涨存在恐慌，住房、农副产品、水电、汽油等与人们息息相关的产品价格增幅较大，但这些商品并不能代表价格的总水平。实际上，我国居民消费者价格指数（CPI）和工业生产者价格指数（PPI）都持续升高。近年来，农产品屡次引发整体价格上涨，粳米、玉米等粮食品种，大蒜、蔬菜、绿豆等农副产品价格上涨较快。抢购风潮的出现进一步造成市场需求增大，从而带动了物价的上涨，引致通货膨胀。

第三，多年来，我国一直保持着极大的贸易顺差，外国资本大量流入，造成本国需求过旺，从而造成通货膨胀。最主要的表现是进口大宗商品价格的上涨。目前，我国大宗商品进口，特别是在一些基础性原材料、能源以及一小部分农产品上对外依存度很高，石油、铜、铁矿石、大豆等都超过了 50%，巨大的需求量造成了进口产品价格上涨。同时，我国的劳动力资源丰富且价格低廉，造成我国初级产品价格低于国际市场价格，自从对外开放后，国际上对我国初级产品需求很大，从而拉动国内初级产品的价格上涨。这些产品的价格上涨又引发了其他商品价格的上涨。

第四，我国的物价上涨首先是由一部分商品价格上涨带动起来的，如猪肉、大蒜、房地产等。这些产品或产业带动其他产品价格上涨。这种发展是不全面的，是结构性的。产业结构失衡同时会影响国家通货膨胀调控政策的实施。产业结构缺陷致使我国更容易受到输入型通货膨胀的影响，使我国的通货膨胀现象更加复杂。

二、通货膨胀的衡量

度量通货膨胀的程度，从世界各国的实际做法看，主要采取三个衡量指标：零售物价指数（RPI）、消费者价格指数（CPI）、生产者价格指数（PPI）。

（一）零售物价指数

零售物价指数（RPI）是表明商品价格从一个时期到下一个时期变动程度的指数。零售物价指数一般采用加权平均的方式，即根据某种商品在总支出中所占的比重来确定其价格的加权数的大小。零售物价指数的计算公式如下：

$$零售物价指数 = \frac{\sum P_t Q_t}{\sum P_0 Q_t} \times 100\%$$

式中，P_0 和 P_t 是基期和本期的价格水平，Q_t 是本期的商品量（上式中采用的是报告期加权平均法，计算物价指数还有一种方式，是采用基期加权法，是用基期的商品量作为权数来计算物价指数的）。

（二）消费者价格指数

消费者价格指数（CPI）也称零售物价指数或生活费用指数，是一个反映居民家庭一般购买的消费价格水平变动情况的宏观经济指标。消费者价格指数是度量一组代表性消费商品及服务项目的价格水平随时间而变动的相对数，是用来反映居民家庭购买消费商品及服务的价格水平的变动情况。因为消费物价指数与人们生活直接相关，并且消费物价的变动最容易引起人们的注意，所以在度量通货膨胀程度的时候，这个指数在检验通货膨胀效应方面有其他指标难以比拟的优越性。

（三）生产者价格指数

生产者价格指数（PPI）又称批发价格指数，是衡量工业企业产品出厂价格变动趋势和变动程度的指数，是反映某一时期生产领域价格变动情况的重要经济指标，也是制定有关经济政策和国民经济核算的重要依据。这种指数局限性在于统计范围狭窄，能够反映商品流通的物价变化情况，但不能反映劳务价格情况。由于批发价格的变动幅度常常小于零售商品的价格波动幅度，因此在用批发价格指数来判断总供给与总需求的对比关系时，可能会出现信号失真的现象。

（四）通货膨胀率

通货膨胀率是货币超发部分与实际需要的货币量之比，用以反映通货膨胀、货币贬值的程度。其计算公式为：

$$通货膨胀率 = \frac{P_t - P_{t-1}}{P_{t-1}} \times 100\%$$

式中，P_t 和 P_{t-1} 分别为 t 时期和（$t-1$）时期的价格水平。假定某国去年的物价水平为 102，今年的物价水平上升到 108，那么这一时期的通货膨胀率就为（108 – 102）÷102 = 5.88%。

【小知识】

衡量通货膨胀的三种指数，以消费者价格指数和国民生产总值平减指数较为适当，因此也最普遍地被采用为度量通货膨胀的尺度。但这两个指数也并非是最正确的尺度，因为两者都不同程度地遗漏了一些资产的价格。两种指数都只计算当年生产的商品和劳务的价格变动，并未计算以前生产的实质性资产及金融资产，如房地产、古董、名书字画、金银宝石、股票债券等价格的变动，因此不能全面反映通货膨胀的程度。特别是在现代经济条件下，这些资产已深入人们生活。实际上，在通货膨胀期间，人们出于保值需要，往往将货币转化为其他资产，从而导致上述实质性资产及金融资产的价格大幅度上涨。

三、通货膨胀的类型

（一）按价格上升的速度分类

（1）温和型通货膨胀。温和型通货膨胀是指一般物价水平按照不太大的幅度持续上升的通货膨胀。通货膨胀率在 10% 以下即可认为是温和型通货膨胀。

（2）严重型通货膨胀。严重型通货膨胀是指一般物价水平按照相当大的幅度持续上升的通货膨胀。一般物价上涨在 10% 以上，100% 以下即可认为是严重型通货膨胀。

（3）恶性型通货膨胀。在经济学上，恶性通货膨胀是一种不能控制的通货膨胀，价格飞速上涨，物价无法控制，货币贬值严重，经济活动紊乱，最后导致整个货币制度、价格体系甚至整个国民经济完全崩溃。恶性通货膨胀一般指通货膨胀率在 100% 以上的通货膨胀。

【小知识】

恶性通货膨胀产生的原因

西方学者认为，所有恶性通货膨胀具有共同特征。恶性通货膨胀的原因之一是货币供给的大量增加，这是由于政府需要为其巨额预算赤字融资。随着货币供给的大量增加，通货膨胀就会迅速发展。高通货膨胀引起税收实际价值的迅速下跌，这反过来又增加了赤字。通货膨胀导致预算赤字的增加主要通过两条渠道。其一是税收体制，主要体现在税收的计算和缴付上的滞后。其二是名义利率的效应。预算赤字包括对国债的付息。由于当通货膨胀率上升时名义利率也趋于上升，因此一般而言，更高的通货膨胀增加了政府的名义利息，从而增加了赤字。

西方学者认为，预算赤字与通货膨胀之间具有一种双向的互动关系。通过迫使政府为赤字融资而发行钞票，巨额预算赤字可以导致快速的通货膨胀。高通货膨胀反过来又增加了赤字。如果必须以货币手段融资的赤字非常之大，则因此而发生的通货膨胀会发展为恶性通货膨胀。根据历史上一些事例提供的证据，持续的以货币融资的赤字为 GDP 的 10% ~ 12%，就足以引发恶性通货膨胀。

（二）按对不同商品的价格影响的大小分类

（1）平衡的通货膨胀。平衡的通货膨胀下每种商品的价格都按照相同的比例上升。

（2）非平衡的通货膨胀。非平衡的通货膨胀下每种商品的上升比例并不完全相同。

（三）按通货膨胀预期区分类

（1）预期型通货膨胀。预期型通货膨胀指通货膨胀过程被经济主体预期到了以及由于这种预期而采取各种补偿性行动引发的物价上升运动。在市场上，人们已经认识到通货膨胀的存在，因此在各种交易、合同、投资中都要将未来的通货膨胀率计算在内，从而无形中加重了市场的通货膨胀压力，引起物价的进一步上涨。

（2）未预期的通货膨胀。未预期的通货膨胀，即人们没有预见价格的上涨或价格上涨速度超出人们的预料。

四、通货膨胀的成因

在现代经济学中，通货膨胀是如此常见而且影响巨大的，因此探讨通货膨胀的成因便成为经济学家们责无旁贷的任务。在众多的解释通货膨胀的成因理论中，较为流行的有以下几种：

（一）需求拉动型通货膨胀

需求拉动型通货膨胀又称超额需求型通货膨胀，是指总需求超过总供给引的一般物价水平普遍而持续的上涨。通俗地说，这种通货膨胀是"过多的货币追逐过少的商品"，从而使物价上涨。

下面用图 31-1 来说明总需求是如何拉动物价上涨的。在图 31-1 中，横轴 Y 表示国民收入，纵轴 P 表示一般物价水平，AD 为总需求曲线，AS 为总供给曲线，总供给曲线 AS 起初为水平状态，这表示在国民收入水平较低时，总需求的增加不会引起价格水平的上涨。图 31-1 中总需求从 AD_0 增加到 AD_1，国民收入也从 Y_0 的水平上升到 Y_1，但价格水平仍保持在 P_1 水平；当国民收入增加到 Y_1 时，总需求继续增加，此时将导致国民收入和一般价格水平同时上升。图 31-1 中总需求从 AD_1 增加到 AD_2 时，国民收入从 Y_1 的水平增加到 Y_2，价格也从 P_1 上升到 P_2 的水平。也就是说，在这个阶段，总需求的增加，在提高国民收入的同时也拉升了一般价格水平；当国民收入增加到潜在的国民收入水平，即 Y_f 时，此时国民经济已经处于充分就业的状态。在这种情况下，总需求的增加只会拉动价格上升，而不会使国民收入增加。图 31-1 中总需求从 AD_3 上升到 AD_4，国民收入仍然保持在 Y_f，但物价水平从 P_3 上升到 P_4 水平。

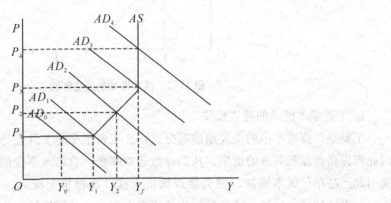

图 31-1　需求拉动的通货膨胀

也就是说，当经济体系中有大量资源闲置时，总需求的增加不会引起物价上涨，只会导致国民收入增加；当经济体系中的资源接近充分利用时，总需求的增加会同时拉升国民收入和一般价格水平；当经济体系中的资源利用达到充分就业状态时，总需求的增加不会使国民收入增加，而只会导致一般价格水平上升。

（二）成本推动型通货膨胀

成本推动型通货膨胀又称成本通货膨胀或供给通货膨胀，是指在没有超额需求的情况下由于供给方面成本的提高引起的通货膨胀。成本的增加意味着只有在高于以前的价格水平时，才能达到与以前同样的产量水平，即总供给曲线向左上方移动。在总需求不变的情况下，总供给曲线向左上方移动使国民收入减少，价格水平上升，这种价格上升就是成本推动的通货膨胀，可以用图 31-2 来说这种情况。

在图 31-2 中，原来的总供给曲线 AS_0 与总需求曲线 AD 决定了国民收入水平为 Y_0，价格水平为 P_0。成本增加后，总供给曲线向左上方移动到 AS_1，总需求保持不变，从而决定了新的国民收入为 Y_1，价格水平为 P_1。价格水平由 P_0 上升到 P_1 是由于成本的增加引起的，这便是通常所说的成本推动的通货膨胀。

引起成本增加的原因并不完全相同，因此成本推动的通货膨胀又可以根据其原因的不同而分为以下几种：

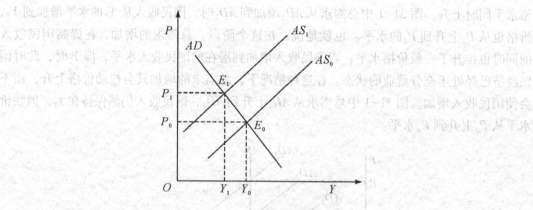

图 31-2　成本推动的通货膨胀

1. 工资成本推动的通货膨胀

工资是厂商成本中的主要组成部分之一，工资水平的上升会导致厂商成本增加，厂商因此而提高产品和劳务的价格，从而导致通货膨胀。总需求不变的条件下，如果工资的提高引起产品单位成本增加，便会导致物价上涨。在物价上涨后，如果工人又要求提高工资，而再度使成本增加，便会导致物价再次上涨。这种循环被称为工资-物价"螺旋"。

2. 利润推动的通货膨胀

利润推动的通货膨胀也称价格推动的通货膨胀，是指市场上具有垄断地位的厂商为了增加利润而提高价格所引起的通货膨胀。寡头企业和垄断企业为保持利润水平不变，依靠其垄断市场的力量，运用价格上涨的手段来抵消成本的增加；或者为追求更大利润，以成本增加作为借口提高商品价格，从而导致价格总水平上升。

3. 原材料成本上涨推动通货膨胀

原材料成本上涨推动通货膨胀是指市场上原材料价格上涨导致的最终产品的价格提高而引起的通货膨胀。

（三）结构性通货膨胀

结构性通货膨胀是指物价上涨是在总需求并不过多的情况下，而对某些部门的产品需求过多造成部分产品的价格上涨现象，如钢铁、猪肉、食用油等。如果结构性通货膨胀没能有效抑制就会变成成本推动型通货膨胀，进而造成全面通货膨胀。

结构性通货膨胀是由鲍莫尔在 1967 年提出的。鲍莫尔把经济活动分为两个部分：一是劳动生产率不断提高的先进部门（工业部门）；二是劳动生产率保持不变的保守部门（服务部门）。当前者由于劳动生产率的提高而增加货币工资时，由于攀比，后者的货币工资也以同样的比例提高。在成本加成定价的通常做法下，整个经济必然产生一种由工资成本推进的通货膨胀。因此，在经济结构的变化中，某一部门的工资上升，将引起其他部门向其看齐，从而以同一比例上升。

（四）混合型通货膨胀

由于当工资得到增加时，人们的需求也会增加，于是成本推动型通货膨胀也会转变为需求拉动型通货膨胀，我们很难分清现实中的通货膨胀是由于需求拉动的还是成本推动的。经济学家萨缪尔森和索洛就提出了混合型通货膨胀（Hybrid Inflation），即由需求拉上和成本推动共同起作用而引起的通货膨胀，是需求与成本因素混合的通货膨胀。

五、通货膨胀的影响

通货膨胀既会对个人的经济生活产生影响，也会对整个社会的经济生活产生重大影响，一般可以将通货膨胀对经济的影响分成两种，即通货膨胀的收入再分配效应和通货膨胀的产出效应。

（一）通货膨胀的收入再分配效应

通货膨胀意味着人们手中持有货币的购买力下降，从某种程度上讲，是人们过去劳动成果的缩水。也就是说，通货膨胀会导致人们的实际收入水平发生变化，这就是通货膨胀的再分配效应，但是通货膨胀对不同经济主体的再分配效应是不同的。

第一，通货膨胀不利于靠固定货币收入维持生活的人。对于固定收入阶层来说，其收入是固定的货币数额，落后于上升的物价水平，也就是说他们获得货币收入的实际购买力下降，其实际收入因通货膨胀而减少。如果他们的收入不能随通货膨胀率变动的话，他们的生活水平必然降低。

在现实生活中，靠政府救济金维持生活的人比较容易受到通货膨胀的冲击，因为政府的救济金发放水平的调整相对较慢。此外，工薪阶层、公务员以及其他靠福利和转移支付维持生活的人，都比较容易受到这种冲击。而那些收入能随着通货膨胀变动的人，则会从通货膨胀中得益。例如，在扩张中的行业工作并有强大的工会支持的工人就是这样，他们的工资合同中订有工资随生活费用的上涨而提高的条款，或者有强有力的工会代表他们进行谈判，他们在每个新合同中都有可能得到大幅度的工资增长。

第二，通货膨胀对储蓄者不利。随着价格上涨，存款的购买力就会降低，那些持有闲置货币和有存款在银行的人会受到严重打击。同样，像保险金、养老金以及其他固定价值的证券财产等，它们本来作为防患未然和养老的，在通货膨胀中，其实际价值也会下降。

第三，通货膨胀还会在债务人和债权人之间产生收入再分配的作用。具体来说，通货膨胀牺牲了债权人的利益而使债务人得益。例如，A 向 B 借款 1 万元，约定一年以后归还，假定这一年中发生了通货膨胀，物价上升了一倍，那么一年后 A 归还给 B 的 1 万元只能购买到原来一半的产品和劳务，也就是说通货膨胀使得 B 损失了一半的实际收入。

为了反映通货膨胀对于借款人和贷款人实际收入的影响，一般用实际利率来代替名义利率，实际利率等于名义利率减去通货膨胀率。假设银行存款利率为 5%，而通货膨胀率为 10%，则此时存款的实际收益率为负 5%（5%-10%=-5%）。

（二）通货膨胀的产出效应

在短期，需求拉上的通货膨胀可以促进产出水平的提高，成本推进的通货膨胀却会导致产出水平的下降。需求拉上的通货膨胀对就业的影响是清楚的，它会刺激就业、减少失业；成本推进的通货膨胀在通常情况下会减少就业。在长期，上述影响产量和就业的因素都会消失。

通货膨胀的产出效应是建立在各个产业对通货膨胀的预期不同的基础之上的，是以牺牲某些行业和部门的利益为代价的，从总体来说对社会是没有好处的，因此适当的通货膨胀只能是刺激经济增长的药引子，而不能长期实行。否则其带来的将是通货膨胀的财富再分配效应，从而整体上导致经济的下滑。当货币当局宣称将采用某个通货膨胀目标时，该通货膨胀目标是事前最优的，它使得政府的损失函数达到最小。如果公众相信政府承诺，并按照这个承诺形成通货膨胀预期，随之设定名义工资，那么在给定的名义工资下，先前宣称的通货膨胀目标对货币当局而言就不再是最优的了，因为非预期的通货膨胀可以提高产出，相机抉择的货币当局可以违反自己的承诺，采用更为扩张性的货币政策来增加就业，即货币政策存在时间不一致性问题。但是公众在形成通货膨胀预期时也会考虑到政府违约的可能性，从而提高通货膨胀预期，使得政府宣称的通货膨胀目标从一开始就无法操作，最终导致通货膨胀偏差的出现：均衡时相机抉择下的通货膨胀率要高于固定法则下的通货膨胀率，但两者的产出水平相同。

技能训练

一、单项选择题

1. 失业率是指（   ）。
   A. 失业人口与全部人口之比
   B. 失业人口与全部就业人口之比
   C. 失业人口与全部劳动人口之比
   D. 失业人口占就业人口与失业人口之和的百分比
2. 某人正在等待着某项工作，这种情况可归类于（   ）。
   A. 就业   B. 失业
   C. 非劳动力   D. 就业不足
3. 周期性失业是指（   ）。
   A. 经济中由于正常的劳动力流动而引起的失业
   B. 由于总需求不足而引起的短期失业
   C. 由于经济中一些难以克服的原因而引起的失业

D. 由于经济中一些制度上的原因而引起的失业

4. 由于经济衰退而形成的失业属于（　　）。

    A. 摩擦性失业   B. 结构性失业

    C. 周期性失业   D. 自然失业

5. 下列人员中，不属于失业人员的是（　　）。

    A. 调动工作的时间在家休养者

    B. 半日工

    C. 季节工

    D. 对薪水不满意而待业在家的大学毕业生

6. 通货膨胀是（　　）。

    A. 一般物价水平普遍、持续的上涨

    B. 货币发行量超过流通中的黄金量

    C. 货币发行量超过流通中的商品的价值量

    D. 以上都不是

7. 可以称为温和的通货膨胀的情况是指（　　）。

    A. 通货膨胀率在 10% 以上，并且有加剧的趋势

    B. 通货膨胀率以每年 5% 的速度增长

    C. 通货膨胀率一直保持在 2%~3% 的水平

    D. 通货膨胀率每年在 50% 以上

二、讨论题

讨论通货膨胀对民生的影响。

三、单项实训

单项实训项目（一）：市场调查——近年来大学生就业状况。

实训要求如下：

（1）此实训项目以团队形式完成。

（2）大学生就业状况调查表如表 1 所示，完成表 1，并记录资料的来源。

表 1　大学生就业状况调查表

年份	全国大学生就业状况		所在专业大学生就业状况		
	毕业人数/万	就业人数/万	本专业毕业人数/万	就业率/%	对口就业率/%
2015					

表1(续)

年份	全国大学生就业状况		所在专业大学生就业状况		
	毕业人数/万	就业人数/万	本专业毕业人数/万	就业率/%	对口就业率/%
2016					
2017					
2018					

单项实训项目（二）：近年来我国消费物价指数、生产者物价指数的走势及成因分析。

实训要求如下：

（1）此实训项目以团队形式完成。

（2）收集我国近年来的CPI、PPI数据，分析其具有的意义，探讨工资与CPI之间是否具有联动关系。

【学习参考案例】

津巴布韦恶性通货膨胀案例

津巴布韦是一个矿产资源丰富、土地肥沃的非洲南部国家，于1980年独立，曾经经济实力仅次于南非，曾被誉为"非洲面包篮"，来自津巴布韦的粮食养活了非洲的饥民。然而自总统穆加贝在2000年推行激进土地改革，强行没收白人农场主的土地分配给自己的"黑人兄弟"以后，津巴布韦的农业、旅游业和采矿业一落千丈，经济逐渐濒于崩溃。

津巴布韦元最早比美元值钱，1980年独立的时候，津元与美元汇率为1：1.47。在土改以后，由于经济崩溃，政府财政入不敷出，于是开始印钞。

现如今回顾从2001年到2015年的津巴布韦通货膨胀过程，各种混乱的数据超出了一般人的理解能力。动辄百分之几百几千的通货膨胀，最后甚至只能以指数来衡量。恐怕只能用货币面值才能让人理解了：时间回到2006年8月，津央行以1比1000的兑换率用新元取代旧币。

2008年5月，津央行发行1亿面值和2.5亿面值的新津元，时隔两周，5亿面值的新津元出现（大约值2.5美元），再一周不到，5亿、25亿和50亿新津元纸币发行。同年7月，津央行发行100亿面值的纸币。同年8月，政府从货币上勾掉了10个零，100亿津巴布韦元相当于1新津巴布韦元。

2009年1月，津央行发行100万亿面值新津元。同年4月，津政府宣布，新津元退出法定货币体系，以美元、南非兰特、博茨瓦纳普拉作为法定货币，以后的几年中，澳元、人民币、日元、印度卢比又加入津国法定货币体系。

2001年，100津元可以兑换1美元。十年不到，2009年10的31次方的新津元才能兑换到1美元。津巴布韦元彻底沦为了垃圾货币。

【思政园地】

做好"六稳"，抓好"六保"

2020年国务院政府工作报告指出，引导各方面集中精力抓好"六稳""六保"。"六稳"指的是稳就业、稳金融、稳外贸、稳外资、稳投资、稳预期工作；"六保"指的是保居民就业、保基本民生、保市场主体、保粮食能源安全、保产业链供应链稳定、保基层运转。

2020年伊始，突如其来的疫情严重冲击我国经济，造成前所未有的影响。一是经济增长不稳。生产、消费、交换等经济活动大范围停滞，导致投资、消费、进出口快速下行，经济负增长。二是经济主体陷入危机。疫情冲击下，企业部门、家庭部门、政府部门受到严重影响，企业和家庭收入下降，陷入现金流危机，时间一长，可能破产。政府部门收入下降，支出上升，导致债务积累、赤字增加。三是金融风险加大。疫情的不确定性给金融市场投资者造成严重干扰，导致预期不稳，资产价格波动性上升，金融市场动荡。而疫情冲击下企业、居民收入下降乃至破产也会传导到金融机构，导致金融机构资产损失，并进而威胁金融稳定。四是内外经济失衡。疫情冲击给进出口造成重大影响，一季度我国进出口均呈负增长。疫情也会影响资本收支平衡，引起汇率波动。此外，世界经济出现前所未见的负增长、负利率、负油价、负收益，我国经济发展的外部环境严重恶化。经济形势发生重大变化，外部环境严重恶化，经济平稳健康发展面对一系列新挑战和新风险。鉴此，中央及时作出新的安排，在扎实做好"六稳"的基础上，提出了"六保"的新任务，形成了"六稳"加"六保"的工作框架。

经济发展要紧紧围绕"六稳""六保"，立足资源禀赋优势，以更大力度推进改革，要审时度势、站位高远，树立五种思维。一是树立战略思维。推进"六稳""六保"不仅是当下的务实之举，更是长远的战略制度安排，需要久久为功，持续用力。二是树立底线思维。推进"六稳""六保"就是以底线思维谋发展新路径，特别是保居民就业、保基本民生、保粮食能源安全的底线。三是树立调控思维。树立"六保"是底线，"六稳"是高线的区间调控思维，守住"六保"，争取更好的"六稳"。四是树立系统思维。"六稳"和"六保"是彼此联系的，要通过保产业链供应链—保市场主体—保居民就业的主线，带动消费、投资、进出口，实现经济平稳健康发展。五是树立开放思维。要坚定不移扩大对外开放，以开放促改革促发展，在更大范围、更宽领域、更深层次上提升"六稳""六保"改革成效。引导各方面集中精力抓好"六稳""六保"，破除体制机制障碍，激发市场主体活力，增强发展新动能，稳就业、保民生、促消费，拉动市场、稳定增长，走出一条有效应对冲击、实现良性循环的新路子，把制度优势更好地转化为经济社会发展的动力，扎实做好"六稳"工作，全面落实"六保"任务，实现经济平稳健康发展。

项目十一 逆向行事的宏观调控

【学习目标】

思政目标

1. 从生猪价格对 CPI 的影响及我国的政策应对，充分了解我国人民至上的治国理政理念和实践。

2. 从国际收支平衡角度解读鸦片战争和当今的中美贸易战，结合"一带一路"的伟大战略，坚定中国特色社会主义的道路自信、理论自信、制度自信、文化自信。

3. 学习宏观经济政策工具，充分理解我国供给侧结构性改革的时代意义。

4. 学习财政政策，形成依法纳税意识。

5. 分析疫情下我国货币政策实施成效，充分认识我国政府干预在解决市场失灵问题方面的制度性优势。

知识目标

1. 了解宏观经济政策的目标，类型。

2. 掌握财政政策的内容构成、工具、运用。

3. 掌握货币政策的内容构成、工具、运用。

能力目标

1. 能知晓 CPI 对生产生活的影响。

2. 养成关注宏观经济政策的习惯，能抓住政策机遇或规避政策风险。

【案例导入】

谁要为经济萧条负责

确定一次萧条开始的时间是一件非常讲究技巧的事情，可能引致重要的政治后果。回顾 1980—1982 年和 1990—1991 年的两次经济下滑，我们可以看到这一点。

萧条的典型定义是 GDP 连续两个季度没有增长。套用这个定义，20 世纪 80 年代早期发生了两次萧条。一次始于 1980 年 1 月，于同年 7 月结束；另一次则开始于 1981 年 7 月，于次年 11 月结束。许多经济学家将这两次萧条合并成一次下滑趋势，中间出现停滞现象，相当多的政治争论围绕这一事实展开。如果将两次萧条看成一次，这次超级萧条应该开始于卡特总统的任职期内，而如果认定为二次的话，很多人就可以将萧条归结为里根总统上任后实施的新预算政策。

事实上，两位总统很可能都不是导致 20 世纪 80 年代初期经济萧条的主要原因。主要原因包括 1979 年伊朗政府垮台以后油价上升以及联邦储备委员会打击通货膨胀的决定，哪怕这可能同时打击经济。

10 年以后，又一次萧条导致了新的政治争论，这次的问题不在于是一次或是两次萧条，而是萧条究竟是什么时候开始的。1991 年 4 月，美国国家经济研究局的一个委员会选择 1990 年 7 月作为萧条的开端，政府解释这次萧条是由萨达姆·侯赛因在 1990 年 8 月入侵科威特，油价因此飙升几个月而引起的。这种解释暗示布什总统没有能防止萧条。但是萨达姆·侯赛因直到 8 月份才入侵了科威特，当美国国家经济研究局将 7 月作为萧条的开端后，这说明经济在入侵以前已经在退步。因此，布什政府的政策应该成为被谴责的目标。

（资料来源：斯蒂格利茨.《经济学》小品和案例 ［M］. 王则柯，等译. 北京：中国人民大学出版社，1998.）

任务三十二　了解宏观经济政策目标

【学习目标】

1. 了解宏观经济政策的四大主要目标并能理解目标之间的关系。
2. 熟悉宏观经济政策工具。

任务描述

2008 年 3 月，贝尔斯登被摩根大通以 2.4 亿美元的低价收购，次贷危机持续加剧首次震动华尔街。2008 年 9 月，美国政府宣布接管"两房"，雷曼兄弟银行宣布申请破产保护。由此，国际金融危机达到白热化阶段，并席卷全球。许多企业纷纷宣布破产，我国也不例外。2008 年全球金融危机爆发后，中国政府采取的宏观经济政策为"积极的财政政策"和"适度宽松的货币政策"。

思考：

中国的宏观经济政策为什么会连续实行？这样对中国金融、经济带来了怎样的效应？

笔记：

任务精讲

一、宏观经济政策目标的内容

（一）宏观经济政策目标

经济学家认为，宏观经济政策应该同时达到四个目标：充分就业、物价稳定、经济增长、国际收支平衡。

1. 充分就业

充分就业是指包含劳动在内的一切生产要素都以愿意接受的价格参与生产活动的状态。充分就业包含两种含义：一是指除了摩擦性失业和自愿性失业之外，所有愿意接受各种现行工资的人都能找到工作的一种经济状态，即消除了非自愿失业就是充分就业。二是指包括劳动在内的各种生产要素都按其愿意接受的价格，全部用于生产的一种经济状态，即所有资源都得到充分利用。失业意味着稀缺资源的浪费或闲置，从而使经济总产出下降，社会总福利受损。因此，失业的成本是巨大的，降低失业率、实现充分就业就常常成为西方宏观经济政策的首要目标。

2. 物价稳定

物价稳定是指物价总水平的稳定。一般用价格指数来衡量一般价格水平的变化。物价稳定不是指每种商品价格的固定不变，也不是指价格总水平的固定不变，而是指价格指数的相对稳定。价格指数又分为消费物价指数（CPI）、批发物价指数（PPI）和国民生产总值折算指数（GNP Deflator）三种。物价稳定并不是通货膨胀率为零，而是允许保持一个低而稳定的通货膨胀率。所谓低，就是通货膨胀率在 1%~3%；所谓稳定，就是在相当一段时期内能使通货膨胀率维持在大致相等的水平上。这种通货膨胀率能为社会所接受，对经济也不会产生不利的影响。

3. 经济增长

经济增长是指在一个特定时期内经济社会生产的人均产量和人均收入的持续增长。经济增长包括：一是维持高经济增长率；二是保持经济持续增长的能力。一般认为，经济增长与就业目标是一致的。经济增长通常用一定时期内实际国民生产总值年均增长率来衡量。经济增长会增加社会福利，但并不是增长率越高越好。这是因为：一方面，经济增长要受到各种资源条件的限制，不可能无限地增长，尤其是对于经济已相当发达的国家来说更是如此；另一方面，经济增长也要付出代价，如造成环境污染、引起各种社会问题等。因此，经济增长就是实现与本国具体情况相符的适度增长率。

4. 国际收支平衡

国际收支平衡具体分为静态平衡与动态平衡、自主平衡与被动平衡。静态平衡是指一国在一年的年末，国际收支不存在顺差也不存在逆差；动态平衡不强调一年的国际收支平衡，而是以经济实际运行可能实现的计划期为平衡周期，保持计划期内的国际收支均衡。自主平衡是指由自主性交易，即基于商业动机，为追求利润或其他利益而独立发生的交易实现的收支平衡。被动平衡是指通过补偿性交易，即一国货币当局为弥补自主性交易的不平衡而采取调节性交易达到的收支平衡。国际收支平衡的目标要求做到汇率稳定，外汇储备有所增加，进出口平衡。国际收支平衡不是消极地使一国在国际收支账户上经常收支和资本收支相抵，也不是消极地防止汇率变动、外汇储备变动，而是使一国外汇储备有所增加。适度增加外汇储备被看成改善国际收支的基本标志。一国国际收支状况不仅反映了这个国家的对外经济交往情况，还反映出该国经济的稳定程度。

【小知识】

国际收支平衡是指一国国际收支净额，即净出口与净资本流出的差额为零。国际收支净额＝净出口－净资本流出（或 $BP=NX-F$）。在特定的时间段内，国际收支衡量一国对所有其他国家的交易支付。如果一国货币的流入大于流出，国际收支是正值。此类交易产生于经常项目、金融账户或资本项目。国际收支平衡被视为一国相关价值的一个经济指标，包括贸易余额、境外投资和外方投资。

（二）宏观经济目标之间的关系

以上四大目标相互之间既存在互补关系，也有交替关系。互补关系是指一个目标的实现对另一个目标的实现有促进作用。例如，为了实现充分就业水平，就要维护必要的经济增长。交替关系是指一个目标的实现对另一个有排斥作用。例如，物价稳定与充分就业之间就存在两难选择。为了实现充分就业，必须刺激总需求，扩大就业量，这一般要实施扩张性的财政政策和货币政策，由此就会引起物价水平的上升；而为了抑制通货膨胀，就必须采取紧缩的财政政策和货币政策，由此又会引起失业率的上升。又如，经济增长与物价稳定之间也存在着相互排斥的关系。因为在经济增长的过程中，通货膨胀难以避免的。再如，国内均衡与国际均衡之间存在着交替关系。这里的国内均衡是指充分就业和物价稳定，而国际均衡是指国际收支平衡。为了实现国内均衡，就可能降低本国产品在国际市场上的竞争力，从而不利于国际收支平衡；为了实现国际收支平衡，又可能不利于实现充分就业和稳定物价的目标。

因此，政府在制定经济政策时，必须对经济政策目标进行价值判断，权衡轻重缓急和利弊得失，确定目标的实现顺序和目标指数高低，同时使各个目标能有最佳的匹配组合，使所选择和确定的目标体系成为一个和谐的有机的整体。

二、宏观经济政策工具

宏观经济政策工具是用来达到政策目标的手段。在宏观经济政策工具中，常用的有需求管理、供给管理、国际经济政策。

（一）需求管理

需求管理是指通过调节总需求来达到一定政策目标的宏观经济政策工具。需求管理包括财政政策和货币政策。需求管理政策是以凯恩斯的总需求分析理论为基础制定的，是凯恩斯主义重视的政策工具。

需求管理是要通过对总需求的调节，实现总需求等于总供给，达到既无失业又无通货膨胀的目标。需求管理的基本政策有实现充分就业政策和保证物价稳定政策两个方面。在有效需求不足的情况下，也就是总需求小于总供给时，政府应采取扩张性的政策措施，刺激总需求增长，克服经济萧条，实现充分就业；在有效需求过度增长的情况下，也就是总需求大于总供给时，政府应采取紧缩性的政策措施，抑制总需求，以克服因需求过度扩张而造成的通货膨胀。

【小案例】

2008年的全球性金融危机给世界经济造成重创，中国政府迅速、及时做出反应，于2008年11月推出4万亿元投资计划及一系列扩大内需的刺激措施，为中国经济率先复苏和世界经济增长做出了重要贡献。4万亿元投资计划按照"调结构、转方式、促民生"的基本方针安排投资，对扩大内需和加强经济社会薄弱环节发挥了重要作用。从2008年第四季度到2010年年底，我国新增了中央政府投资11 800亿元，带动地方政府投资8 300亿元、银行贷款14 100亿元、企业自有资金等其他投资5 800亿元，共同完成4万亿元的投资工作量。4万亿元投资计划着力加强了七大重点领域投入，包括保障性安居工程，农村民生工程和农村基础设施，铁路、公路和机场等重大基础设施，医疗卫生、教育、文化等社会事业，节能减排和生态建设，自主创新和产业结构调整，汶川地震灾后恢复重建。

（二）供给管理

供给学派理论的核心是把注意力从需求转向供给。供给管理是通过对总供给的调节，来达到一定的政策目标。在短期内影响供给的主要因素是生产成本，特别是生产成本中的工资成本。在长期内影响供给的主要因素是生产能力，即经济增长的潜力。供给管理政策具体包括控制工资与物价的收入政策、指数化政策、人力政策和经济增长政策。

1. 收入政策

收入政策是指通过限制工资收入增长率从而限制物价上涨率的政策，因此也叫工资和物价管理政策。之所以对收入进行管理，是因为通货膨胀有时是由成本（工资）推进造成的（参见成本推进型通货膨胀）。收入政策的目的就是制止通货膨胀。收入政策有以下三种形式：一是工资与物价指导线。政府可以根据劳动生产率和其他因素的变动，规定工资和物价上涨的限度，其中主要是规定工资增长率。企业和工会都要根据这一指导线来确定工资增长率，企业必须据此确定产品的价格变动幅度，如果违反，则以税收形式以示惩戒。二是工资物价的冻结。政府可以采用法律和行政手段禁止在一定时期内提高工资与物价，这些措施一般是在特殊时期采用，在严重通货膨胀时也被采用。三是税收刺激政策，即以税收来控制增长。

2. 指数化政策

指数化政策是指定期地根据通货膨胀率来调整各种收入的名义价值，以使其实际价值保持不变。指数化政策主要有：一是工资指数化；二是税收指数化，即根据物价指数自动调整个人收入调节税等。

3. 人力政策

人力政策又称就业政策，是一种旨在改善劳动市场结构，以减少失业的政策。人力政策主要包括以下几种。一是人力资本投资。由政府或有关机构向劳动者投资，以提高劳动者的文化技术水平与身体素质，适应劳动力市场的需要。二是完善劳动市场。政府应该不断完善和增加各类就业介绍机构，为劳动的供求双方提供迅速、准确而完全的信息，使劳动者找到满意的工作，企业也能得到其所需的员工。三是协助工人进行流动。劳动者在地区、行业和部门之间的流动，有利于劳动的合理配置与劳动者人尽其才，也能减少由于劳动力的地区结构和劳动力的流动困难等原因而造成的失业。对工人流动的协助包括提供充分的信息、必要的物质帮助与鼓励。

4. 经济增长政策

经济增长政策主要包括以下几种。一是增加劳动力的数量和质量。增加劳动力的数量的方法包括提高人口出生率、鼓励移民入境等；提高劳动力的质量的方法有增加人力资本投资。二是资本积累。资本积累主要源于储蓄，政府可以通过减少税收、提高利率等途径来鼓励人们储蓄。三是技术进步。技术进步在现代经济增长中起着越来越重要的作用。因此，促进技术进步成为各国经济政策的重点。四是计划化和平衡增长。现代经济中各部门之间协调增长是经济本身要求的，国家的计划与协调要通过间接的方式来实现。

（三）国际经济政策

国际经济政策是对国际经济关系的调节。现实中，每一个国家的经济都是开放的，各国经济之间存在着日益密切的往来与相互影响。一国的宏观经济政策目标中有国际经济关系的内容（即国际收支平衡），其他目标的实现不仅有赖于国内经济政策，而且也有赖于国际经济政策。因此，宏观经济政策也应该包括国际经济政策。

任务三十三　熟悉财政政策

【学习目标】

1. 了解财政政策的定义。
2. 熟悉财政政策的支出工具、收入工具、财政政策的运用。

3. 理解内在稳定器与斟酌使用、功能财政与预算盈余、赤字财政政策与公债等财政政策工具的运用。

4. 了解财政政策局限性。

任务描述

在美国，流行着这样的说法："每个人有两件事情不可避免，一件是死亡，另一件就是纳税。"政府的钱是从这里来的，税收是财政收入的主要来源；除此之外还有债务收入、企业收入和其他收入。现在我国和国外大都对个人收入实行的是累进税，但利息税在我国实行的是 20% 的比例税，富人和穷人都按利息收入的 20% 纳税，富人和穷人按同比例纳税，前者负担轻后者负担重，因此比例税不利于调节收入分配。但这是一个无奈的选择，当初开征利息税时，还没有实行存款实名制，现在实行了，但银行还没有联网，因而难以汇总个人存款的利息所得。在美国，利息税不是一个独立的税种，而是纳入个人的总收入，一并征收个人收入所得税，实行超额累进税率。无论是发达国家还是不发达国家，政府财政收入主要是从税收中来。税收的特点是强制性，而且是无偿的。我国现在税收管理体制分为国家税和地方税两部分，国家税归中央政府所有，地方税归地方政府所有。税收是一个政府赖以生存的经济基础，没有税收收入，政府难以维持运转。因此，纳税是每一个公民的义务，如果大家都不纳税的话，政府就无法运转了。有了收入就要进行支出。例如，公立学校的教师的收入是从政府的税收而来的，是大家交的税款养活了教师。大家缴税给政府，政府把这笔钱从财政部拨出一部分给教育部，教育部拨给全国的学校，学校再给教师发一部分工资。国家的行政机构及庞大的公务员队伍等都需要财政资金养活，都由政府发工资。这些支出叫财政的经常性支出，就是每个月都要支出，不能停发，否则政府机构就无法运转了。

思考：

政府的钱从哪里来？到哪里去？

笔记：

_____

_____

_____

任务精讲

一、财政政策的内容与运用

（一）财政政策的内容

宏观财政政策是国家调控经济、实现政策目标最主要的政策工具之一。所谓财政政策

（Fiscal Policy），是指政府为提高就业水平，减轻经济波动，防止通货膨胀，实现稳定增长而采取的税收和政府支出的政策，即政府为了实现其宏观经济政策目标而对其收入和支出水平所作出的决策。

财政政策的主要内容包括政府支出与税收。政府支出包括政府公共工程支出、政府购买以及转移支付。政府税收主要是个人所得税、公司所得税和其他税收。

1. 政府支出体系

第一，政府支出的内容。其主要包括：社会福利支出；退伍军人的福利支出；国家防务和安全支出；债务利息支出；教育和职业训练支出；公共卫生和保健支出；科学技术研究费用；交通、公路、机场、港口和住宅的支出；自然资源的环境保护的支出；国际交往与国际事务的支出。

第二，政府支出方式。其主要有政府购买和政府转移支付。政府购买是指政府对商品和劳务的购买。其特点是以取得商品和劳务作有偿支出。政府购买是一种实质性的支出。政府购买可以使经济资源的利用从私人部门转到公共部门。由于政府购买有着商品和劳务的实际交易，因此直接形成社会需求和社会购买力，是国民收入的一个组成部分，作为计入 GNP 的四大需求项目（消费、投资、政府购买和出口余额）之一。

政府转移支付是指政府单方面的、无偿的资金支付。其包括社会保障支出、社会福利支出、政府对农业的补贴以及债务利息支出、捐赠支出等。其特点是不以取得商品和劳务作补偿的支付。政府转移支付是货币性支出，是通过政府把一部分人的收入转给另一部分人，整个社会的收入总量并没有变化，变化的仅是收入总量在社会成员之间的分配比例。正是由于政府转移支付只是资金使用权的转移，并没有相应的商品和劳务的交换发生的这个特点，因此其不能计入 GNP，不能算作国民收入的组成部分。

【小案例】

政府增加政治支出 大选因素刺激亚洲经济增长

2004 年是亚洲的大选年，印度、印度尼西亚、日本、马来西亚、菲律宾、斯里兰卡、韩国举行国家领导人选举，中国香港和中国台湾地区举行地区领导人大选，数量创下历史纪录。这 9 个国家和地区的总人口达到 16 亿人，占全球总人口的 25%。经济学家认为，这些国家和地区的执政党为保住政权，在选举年将会增加政府支出和避免提高利率，这将有助于刺激企业获利与经济增长。

于 2004 年 5 月 10 日举行总统大选的菲律宾，全国最大的电视广播网 ABS-CBN 可望因候选人购买政治广告而大大增加利润。在印尼，候选人以赠送速食面、茶包、果汁和香烟等手段来拉拢选民，使烟草、食品等商品的销路非常看好。

据渣打银行雅加达分行的经济学家艾奇森估计，全球第四人口大国印尼花在 4 月 5 日举行国会大选和 7 月 5 日首度直选总统上的"政治支出"可能高达 10 亿美元。

据报道，印度国会下议院和 4 个省议会的 9 500 名议员候选人，竞选支出估计也会高达 10 亿美元，这是 1999 年竞选时的 3 倍。幅员辽阔的印度选举将持续 4 天，部分候选人不惜租用飞机来进行宣传拉票活动。印度首家低成本飞机业公司——狄堪公司总经理戈平纳斯称："我们的订单排满整个选举季节，如果我们再多 20 架直升机就好了。"

韩国选民在 2004 年 4 月 15 日投票选举国会议员。韩国最大的造纸业生产商韩松纸业公司总经理金振曼表示："每逢选举，用于竞选传单和海报的纸张便会需求大增。"

为了刺激经济成长，中央银行在选举期间都将避免提高利率，政府也会扩大公共支出。例如，韩国央行 2004 年 3 月 10 日宣布将利率维持在 3.75% 的历史最低水平；印度政府 2004 年 1 月宣布移动电话、航空、电脑、药品等行业减税，金额达 23 亿美元；马来西亚政府在 3 月 21 日全国大选前，向政府公务员发放 1.05 亿美元的奖金。

印度尼西亚最大零售商 Matahari Putra Prima 公司的投资者关系部主任高钟健表示："部分流入经济体系的选举资金将直接转换成消费者支出增长。"不过，经济学家认为，在这种增长效应过后，菲律宾与亚洲一些国家和地区可能因赤字扩大推动利率上扬，进而使经济增长速度放缓。新加坡摩根大通银行资深经济学家马力克称："选举对市场而言是短期利多，政府方面必须当心对财政造成压力。"

（资料来源：张伟. 政府增加政治支出 大选因素刺激亚洲经济增长 [N]. 中华工商时报，2004-03-18.）

2. 政府收入体系

政府的收入主要来源于税收和公债两个部分。

（1）税收。税收是政府收入中最主要的部分，是国家为了实现其职能按照法律预先规定的标准，强制地、无偿地取得财政收入的一种手段。各国的税收通常由许多具体的税种组成，并且依据不同的标准可以对税收进行不同的分类。

第一，按照课税对象的性质，可将税收分为财产税、所得税和流转税三大类。财产税是对不动产或房地产，即土地和土地上的建筑物等所征收的税。财产税主要包括财产税、遗产税、赠予税等。所得税是指对个人或公司的收入征收的税，如个人的工薪收入，股票、债券、存款等资产的收入，公司的利润。所得税是大多数西方国家的主体税种，因此所得税税率或税收的变动对经济活动会产生重大影响。流转税是对流通中的商品和劳务买卖的总额征税，包括增值税、消费税、关税等，流转税是目前我国最大的税类。

第二，按照税负能否转嫁，可将税收分为直接税和间接税两种。直接税是直接征收的，不能再转嫁给别人的税，如财产税、所得税和人头税。间接税是间接地向最终消费者征收的作为生产商和销售商的原来纳税人能最终转嫁给最终消费者的税，如消费税、进口税。

第三，按照收入中被扣除的比例，可将税收分为累退税、累进税和比例税三种。累退税是指税率随征税对象数量增加而递减的一种税，即收入越大，税率越低。累进税是税率随征税对象数量的增加而递增的一种税，即课税对象数额越大，税率也越高，上述的财产税和所得税一般是累进税。比例税是税率不随征税对象数量的变动而变动的一种税，即按固定比率从收入中征税。比例税多适用于流转税，如财产税、大部分关税。

政府支出的主要来源是税收。政府当年的税收和支出之间的差额称为预算余额（budget balance）。预算余额为零称为预算平衡（balanced budget），预算余额为正数称为预算盈余，预算余额为负数称为预算赤字。如果政府增加支出而没有相应增加税收，或者减少税收而没有相应减少支出，这种做法称为赤字财政（deficit financed）。

【小知识】

拉弗曲线：税收不是越高越好

1974 年的一天，经济学家阿瑟·拉弗和一些著名的记者与政治家坐在华盛顿的一家餐馆里。拉弗拿来一块餐巾并在上面画上了一个图来说明税率如何影响税收收入。拉弗提出，美国已处于这条曲线向下的一边。他认为，税率如此之高，以至于降低税率实际上会增加税收收入。很少有经济学家认真地考虑拉弗的建议。就经济理论而言，降低税率可以增加税收收入的思想可能是正确的，但值得怀疑的是实际上并非这样。没有证据可以证明拉弗的观点。当里根于 1980 年当选美国总统时，他进行了减税。里根总是说："第二次世界大战期间我拍过电影赚过大钱。"那时，附加所得税税率达 90%。"你只能拍四部电影就达到最高税率那一档了。"里根继续说，"因此，我们拍完四部电影就停止工作，并到乡下度假。"高税率引起少工作，低税率引起多工作。里根的经历证明了拉弗曲线是正确的。里根认为，税收如此之高，以至于不鼓励人们努力工作。里根认为，减税将给人们适当的工作激励，这种激励又会提高经济福利，甚至可以增加税收。由于降低税率是要鼓励人们增加其供给的劳动数量，因此拉弗和里根的观点就以供给学派经济学而闻名。

（2）公债。当政府发生预算赤字时，就可以通过发行公债向公众借钱或增发货币来弥补。

公债是政府依据认用原则获取财政收入的一种特定方式，是一种特殊的财政活动。当国家财政一时支出大于收入、遇有临时急需时，发行公债比较简捷，可解燃眉之急。从长远看，公债还是筹集建设资金的较好形式。一些投资大、建设周期长、见效慢的项目，如能源、交通等重点建设，往往需要政府积极介入。

（二）财政政策的运用

财政政策就是要运用政府开支与税收来调节经济。具体来说：第一，在经济萧条时期，总需求小于总供给，经济中存在失业，政府就要通过扩张性的财政政策包括增加政府支出与减税。减税可以增加企业和居民的可支配收入，从而增加消费和投资；政府支出的增加则直接刺激总需求，从而可能使经济走出萧条。第二，在经济繁荣时期，总需求大于总供给，经济中存在通货膨胀，政府要通过紧缩性的财政政策来抑制总需求，以实现物价稳定。紧缩性的财政政策包括减少政府支出与增税。减少政府支出直接使总需求下降，征税可以减少居民和企业的消费与投资。扩张性财政政策和紧缩性财政政策的政策目标与特点可以通过表33-1来反映。

表33-1 财政政策的目标和特点

政策目标	政策特点	财政收入政策	财政支出政策
实现充分就业	扩张性财政政策	减少政府税收	增加政府支出
抑制通货膨胀	紧缩性财政政策	增加政府税收	减少政府支出

【小知识】

稳健财政政策的基本含义

稳健财政政策要配合宏观调控，不给经济带来扩张性的影响。针对2003年以来我国部分行业出现的投资过热问题，中国人民银行采取了提高法定存款准备金率、提高利率等一系列手段控制银行信贷的过快增长，迄今为止宏观调控已经取得明显效果，但是宏观调控的微观基础并不稳固。为巩固宏观调控的基础，稳健财政政策要适当控制和减少长期建设国债与财政赤字的规模，避免给经济带来扩张性的效应。

稳健财政政策要突出其结构调整功能。与通常西方发达国家的宏观调控政策是总量控制不一样，在中国经济转型的背景下，宏观调控政策要为中国的经济体制改革和经济的长期持续稳定发展创造良好的宏观经济环境。因此，中国的宏观调控政策既包括总量控制又包括结构调整。

稳健财政政策意味着要抓住财政收入增长加快的有利时机进一步推进税制改革，加大农业税减免力度。我国政府已经积极酝酿和推行税制改革、完善操作方案以及积极推进出口退税机制改革。

稳健财政政策要加强财政支出结构的调整力度，从支持经济增长转变为促进经济结构优化和经济社会协调发展。过去我国的财政支出过多注重支持经济增长，而在经济社会协调发展方面欠债很多。在稳健的财政政策框架下要调整国债资金使用方向，更多注重财政资金在社会保障制度建设方面的投入，加大对社会性基础设施建设的支持，重点转向农村、医疗卫生、教育、环保等方面。我国要按照公共财政理论及政策框架确立公共财政制度，使财政功能由经济建设型转为公共服务型，从而实现社会经济和谐稳定发展。

【小知识】

酌情使用的财政政策是政府根据经济形势的分析，主动采用的增减政府收支的决策。例如，当政府认为总需求非常低，即出现经济衰退时，政府应通过削减税收、降低税率、增加支出或双管齐下以刺激总需求。反之，当政府认为总需求非常高，即出现通货膨胀时，政府应增加税收或减少支出以抑制总需求

二、内在稳定器与斟酌使用

（一）内在稳定器（自动稳定器）的概念

内在稳定器（built-in stabilizers）是指财政制度本身具有的能够调节经济波动，维持经济稳定发展的作用。也就是说，经济系统本身存在的一种会减少各种干扰对国民收入冲击的机制，能够在经济繁荣时期自动抑制过热，在经济衰退时期自动减轻萧条，无须政府采取任何行动。

内在稳定器的作用特点表现在当国民收入下降时，它会自动地引起政府支出的增加和税收的减少，从而阻止国民收入进一步下降；当国民收入增加时，它又会自动地引起政府支出的减少和税收的增加，从而避免经济的过度膨胀。

（二）内在稳定器的因素

1. 累进税制度

当经济繁荣时，随着生产扩大、就业增加，人们的收入随之增加，而通过累进的所得税征收的税额也自动地以更快的速度增加。税收以更快的速度增加意味着人们的可支配收入的增幅相对较小，从而使消费和总需求增幅也相对较小，最终起到抑制总需求扩张和经济过热的作用。当经济衰退时，国民产出水平下降，个人收入和公司利润普遍下降，在税率不变的条件下，政府税收会自动减少，留给人们的可支配收入也会自动减少一些，从而使消费和总需求也自动少下降一些，起到缓解经济衰退的作用。

因此，在税率既定不变的条件下，税收随经济周期自动地同方向变化，税收的这种自动变化与政府在经济繁荣时期应当增税、在经济衰退时期应当减税的意图正相吻合，因此其是经济体系内有助于稳定经济的自动稳定因素。

2. 政府转移支付制度

同税收的作用一样，政府转移支付有助于稳定可支配收入，从而有助于稳定在总支出中占很大比重的消费支出。大家知道，政府转移支付包括政府的失业救济和其他社会福利支出，按照失业救济制度，人们被解雇后，在没有找到工作以前可以领取一定期限的救济金，另外政府也对穷人进行救济。这些福利支出对经济具有稳定作用。当经济出现衰退与萧条时，由于失业人数增加，穷人增多，符合救济条件的人数增多，失业救济和其他社会福利支出就会相应增加，从而间接地抑制人们的可支配收入的下降，进而抑制消费需求的下降。当经济繁荣时，由于失业人数减少和穷人减少，福利支出额也自行减少，从而抑制可支配收入和消费的增长。

3. 农产品价格维持制度

经济萧条时，国民收入下降，农产品价格下降，政府按照支持价格收购农产品，可以使农民的收入和消费维持在一定水平。经济繁荣时，国民收入上升，农产品价格上升，政府减少对农产品的支持，并抛售农产品，限制农产品价格的上升，抑制了农民收入的增长，减少了总需求。农产品价格维持制度有助于减轻经济波动，被认为是稳定器之一。

总之，政府税收和转移支付的自动变化，农产品价格维持制度都是财政制度的内在稳定器，是政府稳定经济的第一道防线，其在轻微的经济萧条和通货膨胀中往往起着良好的稳定作用。但是，当经济发生严重的萧条和通货膨胀时，内在稳定器不但不能使经济回复到没有通货膨胀充分就业状态，而且还会起到阻碍作用。例如，当经济陷入严重萧条时，政府采取措施促使经济回升，但是当国民收人增加时，税收趋于增加，转移支付却减少，使经济回升的速度减缓，这时内在稳定器的变化都与政府的需要背道而驰。因此，在关键时期还是要靠财政政策和货币政策的干预，内在稳定器只能起到配套作用。

（三）酌情使用的财政政策

酌情使用的财政政策是政府根据经济形势的分析，主动采用的增减政府收支的决策。例如，当政府认为总需求非常低，即出现经济衰退时，政府应通过削减税收、降低税率、增加支出以刺激总需求。反之，当政府认为总需求非常高，即出现通货膨胀时，政府应增加税收或减少支出以抑制总需求。前者称为扩张性（膨胀性）财政政策，后者称为紧缩性财政政策。究竟什么时候采取扩张性财政政策，什么时候采取紧缩性财政政策，应由政府对经济发展的形势加以分析权衡，斟酌使用。这是凯恩斯主义的需求管理的内容。凯恩斯分析的是需求不足型的萧条经济，因此他认为调节经济的重点应放在总需求的管理方面，使总需求适应总供给。当总需求小于总供给出现衰退和失业时，政府应采取扩张性财政措施以刺激经济；当总需求大于总供给出现通货膨胀时，政府应采取紧缩性财政措施以抑制总需求。

但是，在采用以上财政政策过程中会遇到许多制约因素影响其作用的发挥。制约因素主要有：一是时滞。认识经济形势、做出决策、实施财政政策都需要一定的时间，因此财政政策往往不能起到很好的作用。二是不确定性。实行财政政策时，政府主要面临乘数大小难以准确确定及从采取财政政策到实现预定目标之间的时间难以准确预测。三是外在的不可预测的随机因素的干扰也可能导致财政政策达不到预期效果。四是"挤出效应"的存在。政府增加支出，会挤占私人投资的空间，使私人投资支出的减少，从而使财政政策的效果也减弱。

三、功能财政与预算盈余

（一）功能财政

功能财政是指政府在财政方面的积极财政政策主要是为实现无通货膨胀的充分就业水平，为实现这一目标，预算可以盈余，也可以为赤字，而不能以预算平衡为目的。

功能财政思想是凯恩斯主义者的财政思想，他们认为，不能机械地用财政预算收支平衡的观点来对待财政赤字和财政盈余，而应从反经济周期的需要来利用预算赤字和预算平衡。

当国民收入低于充分就业的收入水平（即存在通货膨胀紧缩缺口）时，政府有义务实行扩张性的财政政策，增加政府支出和减少税收，以实现充分就业。如果起初存在财政盈余，政府有责任减少盈余甚至不惜出现更大赤字，坚定地实行扩张政策。反之，当存在通货膨胀缺口时，政府有责任减少政府支出，增加税收。如果起初存在财政预算赤字，政府就应该通过紧缩减少赤字，甚至出现盈余。

功能财政思想认为，在一个功能存在缺口的经济中，政府不能以平衡预算为目标来对待预算盈余和赤字，而应从反经济周期的需要来利用预算赤字和盈余，否则就不能在总支出不足时避免衰退，也不能消除过度支出带来的物价水平上涨。

（二）预算盈余

充分就业预算盈余的概念是美国经济学家 C.布朗（Brown）在 1956 年提出的，是指既定的政府预算在充分就业的国民收入水平，即潜在的国民收入水平上产生的政府盈余。

充分就业预算盈余概念的提出，具有以下两个十分重要的作用：

第一，把收入水平固定在充分就业的水平上，消除经济中收入水平周期性波动对预算状况的影响，从而能更准确地反映财政政策预算状况的影响。

第二，使政策制定者注重充分就业问题，以充分就业为目标确定预算规模，从而确定财政政策。

但是，这一概念同样存在一定的缺陷，因为充分就业的国民收入或潜在国民收入本身就是难以准确估算的。

四、赤字财政政策与公债政策

（一）凯恩斯主义经济学家主张运用赤字财政政策的理由

第一，在经济萧条时期，财政政策是增加政府支出，减少政府税收，这样就必然出现财政赤字。凯恩斯认为，财政政策应该为实现充分就业服务，因此必须放弃财政收支平衡的旧信条，实行赤字财政政策。

第二，凯恩斯主义经济学家认为，赤字财政政策不仅是必要的，而且是可能的。其一，债务人是国家，债权人是公众，国家与公众的根本利益是一致的。其二，政府的政权是稳定的，这就保证了债务的偿还是有保证的，不会引起信用危机。其三，债务用于发展经济，使政府有能力偿还债务，弥补赤字。

第三，政府实行赤字财政政策是通过发行公债来进行的。公债直接卖给中央银行，而不是直接卖给公众。

（二）公债政策

公债（national debt）是指政府的举债行为。公债一般与财政赤字相联系，当年的公债与同期财政赤字相等，而累积的公债则等于历年的财政赤字再减去财政结余。公债的持有包括：银行部门持有、私人持有、公司持有和国外持有。

政府公债政策的益处如下：

第一，有利于政治上的稳定。特别是财政支出大幅度增加时，如果用大幅度的提高税率来弥补赤字，往往会引起纳税人的普遍不满，以致影响整个社会的稳定。如果以借债的形式筹措资金，人们是比较容易接受的。

第二，有助于将项目受益者和纳税人联系在一起。政府用大量财政支出举办的公共工程，如公路、水利工程、学校等，受益者可能要分布或延续到几代人中去，如果用大量征税的办法来支付这些建设项目的费用，结果是把整个费用的重担都压到了项目建设时期那些纳税人身上，真正的或大多数的受益者反而没有负担任何费用。如果采用举债的办法，可以在短期内筹措大量资金，使这些公共项目尽快上马，然后再从税收中将这些资金收回来，使这些项目所需资金更多地负担到其受益人身上。

第三，有助于刺激经济。增加税收，公众的收入降低，会对经济产生紧缩的作用。公债与税收不同，公债是政府暂时将公众手中的部分钱借走，对经济是有刺激作用的。

五、财政政策的局限性

财政政策实施中遇到的困难及局限性主要体现在以下几个方面：

（一）有些财政政策的实施会遇到阻力

例如，增税一般会遭到公众的普遍反对，减少政府购买可能会引起大垄断资本的反对，削减政府转移支付则会遭到普通民众的反对。

（二）财政政策会存在"时滞"

第一，财政政策的形成过程需要较长的时间。因为财政政策的变动一般是一个完整的法律过程，这个过程包括议会与许多专门委员会的讨论、政府部门的研究、各利益集团的院外活动等。这样在财政政策最终形成并付诸实践时，经济形势可能已经发生了意想不到的变化，因此会影响其所要达到的目标。

第二，财政政策发挥作用也有时滞。有些财政政策对总需求有即时的作用，如政府购买的变动对增加总需求有直接而迅速的作用，减税对增加个人可支配收入有即时的作用，但对消费支出的影响则要一定时间后才会产生。

（三）公众的行为可能会偏离财政政策的目标（动态不一致）

例如，政府采取增支减税政策扩大总需求时，人们并不一定会把增加的收入用于增加支出，也可能转化为储蓄。

（四）非经济因素

除此之外，财政政策的实施还要受到政治因素的影响（如选举）。

任务三十四　熟悉货币政策

【学习目标】

1. 了解货币政策的定义、中央银行的性质与职能、活期存款的创造。
2. 熟悉完整的货币乘数、影响货币供给量的因素。
3. 掌握货币政策工具的具体运用。
4. 了解货币政策的局限性。

任务描述

在现代社会，货币的供给是由银行创造的。这一点大家很难理解，我们一般人认为，我们手中的货币是由印钞厂印刷出来的。人们不理解为什么银行能创造货币。我们经济生活中的货币供应，其实中国人民银行并没有多印钞票，都是银行通过信用活动创造出来的，是在银行循环往复的存贷过程中创造出来的。为什么现在的银行比米店多？是因为每个银行都在创造货币。现代社会经济是一环一环扣在银行身上而加速运行的。当有一天大家都不到银行存钱，或者把钱从银行取出来放到自己床下藏起来，整个经济的链条就断掉了。

思考：

1. 为什么银行能创造货币？
2. 为什么把钱放在家中保存对经济的危害性很大？

笔记：

_____

_____

_____

任务精讲

一、中央银行的性质与职能

（一）中央银行的性质

中央银行的性质是由其业务活动的特点和发挥的作用决定的。中央银行具有国家机关的性质，但与一般的行政机关又有很大的不同。

中央银行履行其职责主要是通过特定金融业务进行的，对金融和经济的管理调控基本上是采用经济手段，如调整利率和准备金率、在公开市场上买卖有价证券等。这些手段的运用更多地具有银行业务操作的特征，这与主要依靠行政手段进行管理的国家机关有明显不同。

中央银行对宏观经济的调控是分层次实现的，即通过货币政策工具操作调节金融机构的行为和金融市场运作，然后再通过金融机构和金融市场影响到各经济部门。其作用比较平缓，市场的回旋空间较大。这与一般国家机关的行政决定直接作用于各微观主体而又缺乏弹性有较大不同。

中央银行在政策制定上有一定的独立性，这在后面将专门论及。

总之，从中央银行业务活动的特点和发挥的作用看，中央银行既是为商业银行等普通金融机构和政府提供金融服务的特殊金融机构，又是制定和实施货币政策、监督管理金融业、规范与维护金融秩序、调控金融和经济运行的宏观管理部门。这可以看成对中央银行性质的基本概括。

（二）中央银行的职能

1. 中央银行是"发行的银行"

中央银行是"发行的银行"是指国家赋予中央银行集中与垄断货币发行的特权，中央银行是国家唯一的货币发行机构（在有些国家，硬辅币的铸造与发行由财政部门负责）。中央银行集中与垄断货币发行权是其自身之所以成为中央银行最基本、最重要的标志，也是中央银行发挥其全部职能的基础。几乎在所有国家，垄断货币发行权都是与中央银行的产生和发展直接相连的。从商业银行逐步演变而成为中央银行的发展进程看，货币发行权的独占或垄断是中央银行性质发生质变的基本标志；从国家直接设立的中央银行看，垄断货币发行权是国家赋予中央银行的最重要的特权之一，是所有授权中首要的也是最基本的特权。一部中央银行史，首先是一部货币发行权逐渐走向集中、垄断和独占的历史。

2. 中央银行是"银行的银行"

中央银行是银行的银行，是指中央银行的业务对象不是一般企业和个人，而是商业银行和其他金融机构及特定的政府部门；中央银行与其业务对象之间的业务往来仍具有银行固有的办理"存、贷、汇"业务的特征；中央银行为商业银行和其他金融机构提供支持、服务，同时也是商业银行和其他金融机构的管理者。"银行的银行"这一职能最能体现中央银行是特殊金融机构的性质，也是中央银行作为金融体系核心的基本条件。中央银行对商业银行和其他金融机构的活动能够施以有效影响也主要是通过这一职能实现的。

3. 中央银行组织、参与和管理全国的清算

在存款准备金制度建立后，各商业银行都在中央银行设立了存款账户，这给中央银行负责全国的资金清算带来了极大的便利。各金融机构之间的清算通过其在中央银行的存款账户进行转账、轧差，直接增减其存款金额便可完成。中央银行办理金融机构同城票据交换和同城、异地的资金清算，具有安全、快捷、可靠的特点。这一方面加速了资金周转，

减少了资金在结算中的占用时间和清算费用，提高了清算效率，解决了非集中清算带来的困难；另一方面，中央银行通过组织、参与和管理清算，对金融机构体系的业务经营能够进行全面、及时地了解和把握，为中央银行加强金融监管和分析金融流量提供了条件。目前，大多数国家的中央银行都已成为全国的资金清算中心。

4. 中央银行是"政府的银行"

中央银行是"政府的银行"是指：第一，中央银行根据法律授权制定和实施货币政策，对金融业实施监督管理，负有保持货币币值稳定和保障金融业稳健运行的责任；第二，中央银行代表国家参加国际金融组织，签订国际金融协定，参与国际金融事务与活动；第三，中央银行为政府代理金库，办理政府所需要的银行业务，提供各种金融服务。此外，许多国家中央银行的主要负责人是由政府任命的；绝大多数国家中央银行的资本金由国家政府所有或由政府控制股份；有些国家的中央银行直接是政府的组成部门。

【小案例】

央行货币政策肩负重任，成本巨大

当百亿热钱敲打国门、气势汹汹下注人民币升值时，当国内居民已不再愿意持有美元时，被各界期望扮演雷霆救兵的货币政策，委实肩负了太多的重任。

至少有两件事已经让中国人民银行头痛不已：

第一件事是外汇占款造成基础货币的快速膨胀。在当前人民币钉住美元的汇率制度下，为了维持1美元兑8.27人民币的固定汇率，央行必须在外汇市场上买入所有愿意按照这个价格出售的外汇，无论它是来自贸易或者直接投资的顺差，或者是出于人民币升值预期的短期资本流入。但是在基础货币供给中举足轻重的外汇占款，却无法为央行所控制。就这样外汇占款成为我国基础货币供给的主要渠道。2003年1月，外汇占款为23 323亿元，占央行当期基础货币总供给的44.5%；2003年底的外汇占款余额达到了近3万亿元；2004年5月，外汇占款达到34 160亿元，占当期央行基础货币总供给的52%。

第二件事是央行必须发行票据以冲销外汇占款带来的基础货币膨胀。为了冲销外汇占款导致的基础货币快速增长，除了削减对商业银行的再贷款外，央行开始自己发行大量的债务票据来回笼基础货币。2003年4月22日至12月底，央行一共发行了63期央行票据，发行总额为7 226.8亿元，发行余额为3 376.8亿元。2004年，央行票据到目前为止也已发行86期。随着央行票据发行数量的增加，利息负担也越来越重。据社科院金融研究所曾刚大致测算，若不考虑其他发行费用，仅2003年一年，央行就必须承担高达数10亿元以上的票据应付利息总额。而2004年所发行的央行票据规模远远超过了去年，利息费支出将会更高。

央行已经开始尝试从总量上控制货币政策操作成本。有一个例子发生在2004年10月28日加息前后的公开市场操作中。10月19日，央行公开市场发行了1年期价格为96.62元的400亿元央行票据，参考收益率为3.498 2%。10月26日，央行再次以同样的价格、收益率和期限发行票据 240 亿元。到了 11 月 2 日，就是加息后的第一次公开市场操作，央行再次贴现发行 1 年期票据 80 亿元，但价格已降到 96.55 元，参考收益率为 3.573 3%。

并不仅仅是巧合。在人民银行其他公开市场交易日中，部分 3 个月期限的央行票据在加息前后也有类似的价格变动。

加息前，央行相对以较低成本的价格发行动辄 200 亿元、400 亿元的央行票据，而在加息后，央行票据规模立即缩水至 80 亿元、100 亿元。该学者认为，这种操作手法的原因之一正是基于成本考虑。

从国际上看，中央银行应该是个稳当当赢利的机构。不需要像我国央行那样支付准备金利息，也没有央行票据利息费用的担忧。公开市场操作完全靠吞吐国债就能完成。

（资料来源：佚名. 央行货币政策肩负重任，成本巨大 [N]. 21 世纪经济报道，2004-11-17.）

二、活期存款的创造

（一）存款准备金与法定准备金率

存款准备金就是中央银行（中国人民银行）根据法律的规定，要求各商业银行按一定的比例将吸收的存款存入在中国人民银行开设的准备金账户，对商业银行利用存款发放贷款的行为进行控制。商业银行缴存准备金的比例，就是准备金率。

在现代金融制度下，金融机构的准备金分为两部分，一部分以现金的形式保存在自己的业务库，另一部分则以存款的形式存储于中央银行，后者即为存款准备金。

存款准备金分为"存款准备金"和"超额准备金"两部分。中央银行在国家法律授权中规定金融机构必须将自己吸收的存款按照一定比率交存中央银行，这个比率就是存款准备金率，按这个比率交存中央银行的存款为存款准备金存款。金融机构在中央银行存款超过存款准备金的部分为超额准备金存款，超额准备金存款与金融机构自身保有的库存现金，构成超额准备金（习惯上称为备付金）。超额准备金与存款总额的比例是超额准备金率（即备付率）。金融机构缴存的存款准备金，一般情况下是不准动用的。而超额准备金，金融机构可以自主动用，其保有金额也由金融机构自主决定。

（二）活期存款的创造

商业银行以经营工商业存款、放款为主要业务，并为顾客提供多种服务。商业银行的资金来自活期存款、储蓄存款、定期存款以及自己发行股票、债券等，商业银行的资金运用在贷放短期放款、中期放款和长期放款，而且还可以办理信托放款、租赁业务、有价证券投资等。

中央银行发行的现金，只占货币（M1）的一部分。除现金之外的货币是怎样产生的？从银行体系的总体来看，它能够创造存款——派生存款，存款是货币，所以说商业银行也可以创造货币。

要理解商业银行体系如何创造存款，我们通过一个虚拟的例子来说明。

假定商业银行的准备金率为 20%。

首先，假设某储户 A 把 100 万元现金存入某商业银行（简称为银行 1），银行 1 将 20 万元作为准备金存入自己在中央银行的账户上，将剩余 80 万元全部贷出。假定将这 80 万元放贷给客户 B，客户 B 把 80 万元用于购买机器设备，结果这 80 万元到了机器设备销售者 C 的手中，我们假设 C 把钱全部存入银行 2。这样银行 2 增加 80 万元存款，然后银行 2 留下 20% 的准备金存入自己在中央银行的账户上，即 16 万元，把其余的 64 万元放贷给客户 D，客户 D 用之购买钢材，结果这 64 万元流到了钢材销售商 E 的手中，E 将其存入银行 3。这样银行 3 增加了 64 万元的存款，然后银行 3 把 12.8 万元用作准备金存入自己在中央银行的账户上，然后再贷出 51.2 万元……由此不断存贷下去，各银行的存款总和计算如下：

$$存款总和 = 100 + 80 + 64 + 51.2 + \cdots$$
$$= 100 \times (1 + 0.8 + 0.8^2 + 0.8^3 + \cdots + 0.8^{n-1})$$
$$= 100 / (1 - 0.8)$$
$$= 500 （万元）$$

贷款总和计算如下：

$$贷款总和 = 80 + 64 + 51.2 + \cdots$$
$$= 100 \times (0.8 + 0.8^2 + 0.8^3 + \cdots + 0.8^n)$$
$$= 400 （万元）$$

由此可见，存款总和（用 D 表示）同这笔原始存款（用 R 表示）及法定准备金率（用 R_d 表示）之间的关系为：

$$D = R / R_d$$

商业银行可以创造货币——派生存款，但其能力受制于中央银行，原因是准备金率中的很大一部分属于法定准备金率，中央银行改变法定准备金率，就可以对商业银行的创造派生存款的能力施加重要影响。

三、完整的货币乘数与影响货币供给量的因素

（一）基础货币

在现代经济中，每个国家的基础货币都来源于货币当局的投放。货币当局投放基础货币的渠道主要有三条：一是直接发行通货；二是变动黄金、外汇储备；三是实行货币政策。基础货币具体又有以下 11 项决定因素，其中前 6 项为增加基础货币的因素，后 5 项为减少基础货币的因素。

（1）中央银行在公开市场上买进有价证券；

（2）中央银行收购黄金、外汇；

（3）中央银行对商业银行的再贷款或再贴现；

（4）财政部发行通货；

（5）中央银行的应收未收款项；

（6）中央银行的其他资产；

（7）政府持有的通货；

（8）政府存款；

（9）外国存款；

（10）中央银行在公开市场上卖出有价证券；

（11）中央银行的其他负债。

基础货币是中央银行的负债，是商业银行及整个银行体系赖以扩张信用的基础。基础货币通过货币乘数的作用改变货币供给量。在货币乘数一定的情况下，基础货币增多，货币供给量增加；基础货币减少，货币供给量减少。

（二）货币乘数

货币乘数也称货币扩张系数，是用以说明货币供给总量与基础货币的倍数关系的一种系数。

在基础货币一定的条件下，货币乘数决定了货币供给的总量。货币乘数越大，则货币供给量越多；货币乘数越小，则货币供给量越少。因此，货币乘数是决定货币供给量的又一个重要的甚至是关键的因素。但是，与基础货币不同，货币乘数并不是一个外生变量，因为决定货币乘数的大部分因素都不是决定于货币当局的行为，而是决定于商业银行及社会大众的行为。

货币乘数的决定因素主要有5个，分别是活期存款的法定准备金率、定期存款的法定准备金率、定期存款比率、超额准备金率以及通货比率。其中，法定准备金率完全由中央银行决定，成为中央银行的重要政策工具；超额准备金率的变动主要决定于商业银行的经营决策行为，商业银行的经营决策又受市场利率、商业银行借入资金的难易程度、资金成本的高低、社会大众的资产偏好等因素的影响；定期存款的法定准备金率和通货比率决定于社会公众的资产选择行为，又具体受收入的变动、其他金融资产的收益率、社会公众的流动性偏好程度等因素的影响。

货币乘数是指货币供给量对基础货币的倍数关系，简单地说，货币乘数是一单位准备金产生的货币量。在货币供给过程中，中央银行的初始货币提供量与社会货币最终形成量之间存在着数倍扩张（或收缩）的效果或反应，即所谓的乘数效应。货币乘数主要由通货-存款比率和准备金-存款比率决定。通货-存款比率是流通中的现金与商业银行活期存款的比率。它的变化反向作用于货币供给量的变动，通货-存款比率越高，货币乘数越小；通货-存款比率越低，货币乘数越大。准备金-存款比率是商业银行持有的总准备金与存款之比，准备金-存款比率也与货币乘数有反方向变动的关系。

基础货币是具有使货币供给总量倍数扩张或收缩能力的货币。基础货币表现为中央银行的负债，即中央银行投放并直接控制的货币，包括商业银行的准备金和公众持有的通货。

完整的货币（政策）乘数的计算公式是：

$$k = (R_c + 1)/(R_d + R_e + R_c)$$

其中，R_d、R_e、R_c 分别代表法定准备金率、超额准备金率和现金在存款中的比率。货币（政策）乘数的基本计算公式是货币供给/基础货币。货币供给等于通货（即流通中的现金）和活期存款的总和；基础货币等于通货和准备金的总和。

（三）影响货币供给量的因素

货币供给量是指一国在某一时期内为社会经济运转服务的货币存量，它由包括中央银行在内的金融机构供应的存款货币和现金货币两部分构成。世界各国中央银行货币估计口径不完全一致，但划分的基础依据是一致的，即流动性的大小。所谓流动性，是指一种资产随时可以变为现金或商品，而对持款人不带来任何损失。货币的流动性程度不同，在流通中的周转次数就不同，形成的货币购买力及其对整个社会经济活动的影响也不一样。

一般说来，中央银行发行的钞票具有极强的流动性或货币性，随时都可以直接作为流通手段和支付手段进入流通过程，从而影响市场供求关系的变化。商业银行的活期存款，由于可以随时支取、随时签发支票而进入流通，因此其流动性也很强，也是影响市场供求变化的重要因素。有些资产，如定期存款、储蓄存款等，虽然也是购买力的组成部分，但必须转换为现金，或者活期存款，或者提前支取才能进入市场购买商品，因此其流动性相对较差，它们对市场的影响不如现金和活期存款来得迅速。

货币供给量决定于基础货币与货币乘数这两个因素，并且是这两个因素的乘积。这两者又受多种复杂的因素影响。

综上所述，货币供给量是由中央银行、商业银行以及社会公众这三个经济主体的行为共同决定的。

四、货币政策的具体运用

（一）货币政策概述

货币政策（monetary policy）是指中央银行通过对货币供给量的调整来调节利息率，再通过利息率的变动来影响总需求的政策手段。凯恩斯主义货币政策的直接目标是利息率，最终目标是总需求变动。凯恩斯主义之所以认为货币量可以调节利息率，是以人们的财富只有货币与债券这两种形式的假设为前提的。

货币政策与财政政策的不同之处在于：财政政策直接影响社会总需求的规模，中间不需要任何变量；而货币政策则是通过货币当局货币供给量的变化来调节利率进而间接地调节总需求，因而货币政策是间接发挥作用的。

（二）货币政策的工具

在凯恩斯主义的货币政策中，中央银行一般通过公开市场业务、调整再贴现率和调整法定存款准备金率这三种主要的货币政策工具来改变货币供给量，以达到宏观经济调控的目标。

1. 公开市场业务

由于公开市场业务在调节基础货币时具有主动性、微调性和前瞻性等特点，因此它是目前各国中央银行控制货币供给量最重要也是最常用的工具。所谓公开市场业务（open market operation）是指中央银行在金融市场上公开买卖政府债券，以控制货币供给和利率的政策行为。中央银行在金融市场上公开买进或卖出政府债券，通过扩大或缩减商业银行存款准备金，从而导致货币供给量的增减和利率的变化，最终决定物价和就业水平。

公开市场业务过程大致如下：当经济过热时，即中央银行认为市场上货币供给量过多，出现通货膨胀，便在公开市场上出售政府债券，承购政府债券的既可能是各商业银行，也可能是个人或公司。当商业银行购买政府债券后，准备金会减少，可以贷款的数量也减少。通过货币乘数的作用，整个社会的货币供给量将会成倍数减少。反之，如果经济萧条时，市场上出现银根紧缩，这时中央银行可在公开市场上买进政府债券，商业银行通过政府的购买增加了准备金，个人或公司出售债券所得现金也会存入银行。这样各商业银行的准备金便可以增加，银行的贷款能力也可以扩大，再通过货币乘数的作用，整个市场的货币供给量成倍数增加。中央银行买卖政府债券的行为，也会引起债券市场上需求和供给的变化，进而会影响到债券价格和市场利率。有价证券市场是一个竞争性市场，其证券价格由供求双方决定。当中央银行购买证券时，证券的需求就增加，证券的价格也随之上升，从而使利率下降，利率的下降又会使投资和消费需求上升，从而刺激经济，增加国民收入；反之亦然。因此，中央银行可以通过公开市场业务增加或减少货币供给量，以实现宏观经济调控的目的。

【小知识】

中国人民银行从1998年开始建立公开市场业务一级交易商制度，选择了一批能够承担大额债券交易的商业银行作为公开市场业务的交易对象，2012年公布的公开市场业务一级交易商共包括49家。这些交易商可以运用国债、政策性金融债券等作为交易工具与中国人民银行开展公开市场业务。从交易品种看，中国人民银行公开市场业务债券交易主要包括回购交易、现券交易和发行中央银行票据。其中，回购交易分为正回购和逆回购两种。正回购为中国人民银行向一级交易商卖出有价证券，并约定在未来特定日期买回有价证券的交易行为，正回购为央行从市场收回流动性的操作，正回购到期则为央行向市场投放流动性的操作。逆回购为中国人民银行向一级交易商购买有价证券，并约定在未来特定日期将有价证券卖给一级交易商的交易行为，逆回购为央行向市场上投放流动性的操作，逆回购到期则为央行从市场收回流动性的操作。现券交易分为现券买断和现券卖断两种，前者为央行直接从二级市场买入债券，一次性地投放基础货币；后者为央行直接卖出持有债券，一次性地回笼基础货币。中央银行票据，即中国人民银行发行的短期债券，央行通过发行央行票据可以回笼基础货币，央行票据到期则体现为投放基础货币。

2. 调整再贴现率

贴现和再贴现是商业银行和中央银行的业务活动之一，一般商业银行的贴现是指客户因急需使用资金，将所持有的未到期票据，出售给商业银行，兑现现款以获得短期融资的行为。商业银行在用现金购进未到期票据时，可以按该票据到期值的一定百分比作为利息预先扣除，这个百分比就叫做贴现率。商业银行在将贴现后的票据保持到票据规定的时间向票据原发行单位自然兑现。商业银行若因储备金临时不足等原因急需现金时，则可以将这些已贴现的但仍未到期的票据出售给中央银行，请求再贴现。中央银行作为银行的银行，有义务帮助解决银行的流动性的职责。这样中央银行从商业银行手中买进已贴现了的但仍未到期的银行票据的活动就称为再贴现。再贴现时同样要预先扣除一定百分比的利息作为代价，这种利息就叫做中央银行对商业银行的贴现率，即再贴现率。这就是再贴现率的本意。但在当前的美国，商业银行主要不再用商业票据而是用政府债券作为担保向中央银行借款。因此，现在都把中央银行给商业银行及其他金融机构的借款称为"贴现"，相应的放款利率都称为"贴现率"。

中央银行通过变动再贴现率可以调节货币供给量。若中央银行感到市场上银根紧缩，货币供给量不足时，便可以降低再贴现率，商业银行向中央银行的"贴现"就会增加，从而使商业银行的准备金增加，可贷出去的现金增加，通过货币乘数的作用下使整个社会货币供给量成倍数增加。反之，若市场上银根松弛，货币供给量过多，中央银行可以提高再贴现率，商业银行就会减少向中央银行的"贴现"，于是商业银行的准备金减少，可贷出去的现金也减少，通过货币乘数的作用，社会上的货币供给量将成倍数减少。

中央银行调整贴现率对货币供给量的影响不是很大，实际上中央银行调整贴现率更多的是表达自己的意图，而不是发挥调整贴现率对货币供给量的直接影响。

【小案例】

雪中送炭最给力——再贴现政策

2001 年 9 月 11 日，在恐怖分子撞毁了纽约世界贸易中心的几个小时之后，尽管远在瑞士开会的格林斯潘因为禁飞令无法回到美国，但是联邦储备委员会还是立即宣布向美国各地的银行运送现金，以保证银行的支付。

为了保证整个美国银行系统和金融机构的正常运行，恐怖袭击发生后的第二天，美联储已经向美国银行系统补充了 382.5 亿美元的特别临时储备金。9 月 14 日，美国联邦储备委员会再次通过公开市场操作向商业银行放款 812.5 亿美元，相当于恐怖事件发生前 3 天向商业银行放款总额的 16 倍。

于是，一场本来可能造成严重后果的支付危机，甚至还没有来得及冒头，就被成功地化解了。在危机爆发后的 30 天里，在美国，没有一个城市发生挤提存款事件，没有一家银行因为支付危机而倒闭，甚至没有一家银行出现过支付困难。

3. 调整法定存款准备金率

中央银行有权在一定范围内调整法定准备金比率，从而影响货币供给量。在经济萧条时，为刺激经济的复苏，中央银行可以降低法定准备金率。在商业银行不保留超额储备的条件下，法定准备金率的下降将给商业银行带来多余的储备，使它们得以增加贷款。这样商业银行的存款和贷款将发生一轮一轮的增加，使得货币供给量增加。货币供给量的增加又会降低利率，从而刺激投资的增加，最终引起国民收入水平的成倍数增加。反之，在经济过热时，中央银行可用提高法定准备金率的方法减少货币供给，以抑制投资的增长，减轻通货膨胀的压力。

在以上三大主要货币政策工具中，从理论上说，调整法定准备金率是中央银行调整货币供给最简单的办法。但由于法定准备金率的变动在短期内会导致较大幅度的货币扩张或收缩，引起宏观经济活动的震动，其作用十分猛烈，因此这一政策手段在实践中很少使用。调整再贴现率政策除了上述所讲的期限短等限制外，还有其在实行过程中比较被动的缺点。这是因为中央银行可以通过降低贴现率使商业银行来借款，但不能强迫商业银行来借款。若商业银行不向中央银行借款，或者借款数量很小，则贴现率政策执行效果就不明显。尽管再贴现率政策对银行的影响较小，但实施再贴现率政策的意义却很重大，这是因为实施再贴现率政策是利率变化和信贷松紧的信号。一般来说，在贴现率变化以后，银行的利率也随之改变。

公开市场业务与上述两项政策工具相比有下述优点：第一，公开市场业务可以按任何规模进行，中央银行既可以大量也可以小量买卖政府债券，使货币供给量发生较大的或迅速的变化。第二，公开市场业务比较主动和灵活，并且可以连续进行。在公开市场业务中，中央银行可以根据经济情况的需要自由决定有价证券的数量、时间和方向，即使中央银行有时会出现某些政策失误，也可以及时纠正。第三，公开市场业务还可以比较准确地预测出其对货币供给的影响。一旦买进或卖出一定数量金额的证券，就可以根据货币乘数估计出货币供给量增加或减少了多少。基于上述原因，公开市场业务就成为中央银行控制货币供给量最重要、最常用的工具。

除了上述三种调节货币供给量的主要工具外，中央银行还有其他一些次要的货币政策工具。例如，道义上的劝告、控制利息率的上限以及"垫头规定"的局部控制等。

（三）货币政策的运用

在经济萧条时，$AD<AS$，为了刺激 AD，就要采用扩张性的货币政策，即在公开市场买进有价证券，降低贴现率并放松贴现条件，降低准备金率等。扩张性货币政策可以提高货币供给量，降低利息率，刺激总需求增长。

在经济繁荣时，$AD>AS$，为了抑制 AD，就要采用紧缩性的货币政策，即在公开市场卖出有价证券，提高贴现率并严格贴现条件，提高准备金率等。紧缩性的货币政策可以减少货币供给量，提高利息率，抑制总需求增长。

【小案例】

尼克松的"新经济政策"

面对"滞胀"并发症，1970年，尼克松在货币政策上来了个180度的大转变，他从一个货币主义者突然变成一个凯恩斯主义者，大力推行刺激经济的扩张信用政策。显然，他把重点押在遏制经济衰退和失业上面，而把通货膨胀暂时搁置下来。联邦银行的贴现率逐步下降，从1970年年初的8.78%降到1971年年底的4.5%；银行对大企业放款的优惠利率也从1969年6月的8.5%降到1971年年底的5.25%。货币供应量也逐步增加，从1969年年均增长率3.5%提高到1970年年均增长率6%。这些政策为更剧烈的通货膨胀创造了条件，同时会导致过头的经济景气，从而也为新的经济危机创造了条件。

【小知识】

货币主义是20世纪50~60年代在美国出现的一个经济学流派，又称货币学派。其创始人为美国芝加哥大学教授弗里德曼。货币学派在理论上和政策主张方面强调货币供应量的变动是引起经济活动和物价水平发生变动的根本的和起支配作用的原因。人们的财富具有多种形式：货币、债券、股票、住宅、珠宝、耐用消费品等。货币主义学派理论主要由现代货币数量论和自然率假说构成。

（1）现代货币数量论。货币主义学派把货币作为影响经济的最重要因素，认为物价水平或名义收入水平是货币需求与货币供应均衡的结果。货币供应由法律和货币当局的政策决定的，是外生的。因此，货币数量论主要研究货币需求的决定因素。弗里德曼说："货币数量论首先是货币需求理论，而不是关于产量、货币收入或价格水平的理论。"

（2）自然率假说。货币主义学派认为私人经济具有内在的有效性和稳定性，国家干预会破坏其稳定性。这种内在的有效性和稳定性被称作"自然率假说"。货币主义学派认为自由市场经济具有内在的动态平衡机制，外生力量只能产生短期影响，而不能影响其长期均衡。

货币主义学派的其他主要论点包括：一是货币数量变动导致了货币收入的短期波动。二是货币数量在长期只影响价格和货币收入，不影响实际收入和就业量，因此通货膨胀归根到底是一种货币现象。三是货币供给量在短期影响实际国民收入和就业量。弗里德曼强烈反对国家干预经济，主张实行一种"单一规则"的货币政策。这就是把货币存量作为唯一的政策工具，由政府公开宣布一个在长期内固定不变的货币增长率，这个增长率（如每年增加3%~5%）应该是在保证物价水平稳定不变的条件下与预计的实际国民收入在长期内会有的平均增长率相一致。

五、货币政策评价

(一) 从货币市场均衡的情况看, 增加或减少货币供给要影响利率的话, 必须以货币流通速度不变为前提

如果这一前提并不存在, 货币供给变动对经济的影响就要打折扣。在经济繁荣时期, 中央银行为抑制通货膨胀需要紧缩货币供给, 或者说放慢货币供给的增长率。然而, 那时公众一般来说支出会增加, 而且物价上升快时, 公众不愿把货币持在手上, 而希望尽快花费出去, 从而货币流通速度会加快, 这无异在流通领域增加了货币供给量。这时候, 即使中央银行减少货币供给, 也无法使通货膨胀率降下来。反之, 当经济衰退时期, 货币流通速度下降, 这时中央银行增加货币供给对经济的影响也就可能被货币流通速度下降所抵消。货币流通速度加快, 意味着货币需求增加; 流通速度放慢, 意味着货币需求减少。如果货币供给增加量和货币需求增加量相等, LM 曲线就不会移动, 因此利率和收入也不会变动。

(二) 在不同时期政策效果不同

在通货膨胀时期实行紧缩的货币政策可能效果比较显著, 但在经济衰退时期, 实行扩张的货币政策效果就不明显。那时候, 厂商对经济前景普遍悲观, 即使中央银行松动银根, 降低利率, 投资者也不肯增加贷款从事投资活动, 银行为安全起见, 也不肯轻易贷款。特别是由于存在着流动性陷阱, 不论银根如何松动, 利息率都不会降低。这样货币政策作为反衰退的政策, 其效果就相当微弱了。即使从反通货膨胀看, 货币政策的作用也主要表现于反对需求拉上的通货膨胀, 而对成本推进的通货膨胀, 货币政策效果就很小。因为物价的上升若是由工资上涨超过劳动生产率上升幅度引起或由垄断厂商为获取高额利润引起, 则中央银行想通过控制货币供给来抑制通货膨胀就比较困难了。

(三) 货币政策作用的外部时滞也影响政策效果

中央银行变动货币供给量, 要通过影响利率, 再影响投资, 然后再影响就业和国民收入, 因此货币政策作用要经过相当长一段时间才会充分得到发挥, 尤其是市场利率变动以后, 投资规模并不会很快发生相应变动。利率下降以后, 厂商扩大生产规模, 需要一个过程; 利率上升以后, 厂商缩小生产规模, 更不是一件容易的事。总之, 货币政策即使在开始采用时不要花很长时间, 但执行后到产生效果却要有一个相当长的过程, 在此过程中, 经济情况有可能发生和人们原先预料的相反变化。比方说, 经济衰退时中央银行扩大货币供给, 但未到这一政策效果完全发挥出来经济就已转入繁荣, 物价已开始较快地上升, 则原来扩张性货币政策不是反衰退, 却为加剧通货膨胀起了火上浇油的作用。

技能训练

一、单项选择题

1. 宏观经济政策的目标是（　　　）。

    A. 充分就业和物价稳定

    B. 物价稳定和经济增长

    C. 同时实现充分就业、物价稳定、经济增长和国际收支平衡

2. 在以下三种政策工具中，属于需求管理的是（　　　）。

    A. 收入政策

    B. 人力政策

    C. 货币政策

3. 当经济中存在失业时，应该采取的财政政策工具是（　　　）。

    A. 增加政府支出

    B. 提高个人所得税

    C. 提高公司所得税

4. 属于紧缩性财政政策工具的是（　　　）。

    A. 减少政府支出和增加税收

    B. 减少政府支出和减少税收

    C. 增加政府支出和减少税收

二、简答题

1. 如何理解宏观经济政策的目标和冲突？
2. 分析财政政策的内容及运用。
3. 分析货币政策的工具及运用。

三、单项实训

单项实训项目：交流讨论——收集并分析中国1998年以来的宏观经济政策变化的背景及效果。

实训要求如下：

（1）此次实训以个人形式完成。

（2）记录资料的来源。

（3）形成书面分析报告，内容应包括中国 1998 年以来的宏观经济政策及相应的数据，并分析宏观经济政策转变的原因。

【思政园地】

健全宏观审慎政策框架，防范重大金融风险

2021 年 12 月 31 日，中国人民银行发布《宏观审慎政策指引（试行）》（简称《指引》）。从我国实际出发，界定宏观审慎政策相关概念，阐述宏观审慎政策框架的主要内容，提出实施好宏观审慎政策所需的支持保障和政策协调要求，以提高防范和化解系统性金融风险的能力。此举意义重大。

系统性金融风险是对正常开展金融服务造成重要影响，进而对实体经济乃至经济发展全局可能产生巨大负面冲击的金融风险。《指引》明确宏观审慎政策的目标是防范系统性金融风险，其具备"宏观、逆周期、防传染"的基本属性，在防范化解系统性金融风险方面发挥着关键作用，有助于提高金融体系韧性和稳健性，降低金融危机发生的可能性和破坏性，促进金融体系的整体健康与稳定。

2008 年国际金融危机前，各国普遍采用以控制通货膨胀为目标的货币政策和以资本监管为核心的微观审慎政策。这种政策搭配组合有一定的缺陷，表现为：在防范金融机构个体风险发展成为系统性风险方面存在空白区域。由此一来，金融风险在微观层面不断积累，并通过金融机构、金融市场扩散或者链式传导，最终可能引发宏观层面的系统性金融风险。国际金融危机发生后，出于防范系统性金融风险的考虑，强化宏观审慎政策成为全球金融改革的核心内容之一。近年来，金融稳定理事会、国际清算银行等主要国际组织就建立健全宏观审慎政策框架发布了一系列标准，部分国家探索构建宏观审慎政策框架。

我国在宏观审慎政策方面也不断做出相关探索与创新。在政策规划层面，"十二五"规划、"十三五"规划都对构建宏观审慎政策框架提出要求，第五次全国金融工作会议明确要求建立宏观审慎管理框架，党的十九大强调要健全货币政策和宏观审慎政策双支柱调控框架。在实践层面，中国人民银行在 2009 年开始研究强化宏观审慎管理的政策措施，2011 年正式引入差别准备金动态调整机制，2015 年将外汇流动性和跨境资金流动纳入宏观审慎管理范畴，以提高跨境融资便利性，防范跨境资金流动风险。2016 年起正式将差别准备金动态调整机制升级为宏观审慎评估（MPA）。此后，我国又结合实际情况，陆续将表外理财、同业存单、绿色金融、普惠小微贷款等纳入 MPA，并逐步探索建立金融控股公司监管、系统重要性银行监管框架。

防范化解重大风险仍是重要挑战。随着金融创新步伐加快，金融机构类型多样化发展，金融市场快速发展，金融体系顺周期加杠杆、跨市场传播风险、羊群效应等现象也将较为突出，金融系统的脆弱性也随之逐步增强。就系统性金融风险而言，从时间维度体现为金融杠杆的过度扩张或收缩，风险顺周期的自我强化、自我放大；从结构维度体现为风

险跨机构、跨部门、跨市场、跨境传染。这意味着，防范化解系统性金融风险将更加重要。

　　如何更好发挥宏观审慎政策的作用？就宏观审慎政策自身而言，需进一步完善政策工具，将更广泛的金融资产、金融机构、金融市场等纳入宏观审慎管理。就其与相关政策配套应用来看，宏观审慎政策要与货币政策、财政政策、产业政策、信贷政策、微观审慎监管等做好协同配合。尤应从双支柱调控框架的角度考虑，做好宏观审慎政策与货币政策的协调配合，实现价格稳定和金融稳定。与此同时，还要做好宏观审慎政策相关统计数据的采集和共享，完善宏观审慎政策的支持与保障。

　　总之，宏观审慎政策的理念和实践属于新领域，各界对宏观审慎政策的认识仍在持续深化，主要经济体的实践还在不断发展。我国也在建立并不断完善宏观审慎政策框架，探索完善宏观审慎政策治理机制。《指引》是建立健全我国宏观审慎政策框架的重要举措，对推动形成统筹协调的系统性金融风险防范化解体系，促进金融体系和实体经济健康发展，实现高质量发展具有积极意义。

参考文献

亚当·斯密, 1981. 国民财富的性质和原因的研究 [M]. 郭大力, 王亚南, 译. 北京: 商务印书馆.

保罗·萨缪尔森, 威廉·诺德豪斯, 2004. 经济学 [M]. 17 版. 萧琛, 等, 译. 北京: 人民邮电出版社.

迈克尔·帕金, 2003. 经济学 [M]. 5 版. 梁小民, 译. 北京: 人民邮电出版社.

约瑟夫·斯蒂格利茨, 2001. 经济学 [M]. 2 版. 梁小民, 译. 北京: 中国人民大学出版社.

曼昆, 2002. 经济学原理 [M]. 2 版. 梁小民, 译. 北京: 北京大学出版社.

高鸿业, 2011. 西方经济学 [M]. 5 版. 北京: 中国人民大学出版社.

梁小民, 2002. 经济学是什么 [M]. 北京: 北京大学出版社.

梁小民, 2002. 微观经济学纵横谈 [M]. 北京: 生活·读书·新知三联书店.

徐辉, 2013. 经济学基础 [M]. 北京: 电子工业出版社.

卢进强, 2009. 应用经济学 [M]. 北京: 北京交通大学出版社.

陈福明, 2011. 经济学基础 [M]. 北京: 高等教育出版社.

陈国栋, 赖文艳, 2009. 经济学基础 [M]. 北京: 经济科学出版社.

邹伟, 谭少杰, 2009. 经济学基础 [M]. 广州: 华南理工大学出版社.

郑健壮, 王培才, 2009. 经济学基础 [M]. 2 版. 北京: 清华大学出版社.

黄泽民, 2010. 经济学基础 [M]. 3 版. 北京: 清华大学出版社.

姜法芹, 胡建明, 2017. 经济学基础 [M]. 北京: 机械工业出版社.